Go를 활용한 머신 러닝

Go를 활용한 머신 러닝

Go 프로그래밍 언어를 사용해
회귀분석, 분류, 클러스터링,
시계열 모델, 신경망 및 딥러닝 구현하기

다니엘 화이트낵 지음

장세윤 옮김

Packt>

| 지은이 소개 |

다니엘 화이트낵 Daniel Whitenack

파키덤Pachyderm을 활용해 데이터 과학을 연구하는 숙련된 데이터 과학자다. 예측 모델, 데이터 시각화, 통계 분석 등을 포함하는 혁신적인 분산 데이터 파이프라인을 개발한다. 전세계의 콘퍼런스(GopherCon, JuliaCon, PyCon, ODSC, Spark 서밋 등)에 활발히 참여해 발표하며 퍼듀 대학교에서 데이터과학과 엔지니어링을 가르치고 있다. 또한 주피터Juphyter의 Go 커널을 관리하며 다양한 오픈 소스 데이터 과학 프로젝트에 적극적으로 기여하고 있다.

이 책을 쓰는 동안 인내해주고 지원을 아끼지 않은 아내에게 감사를 전한다. 또한 나와 협력하고 격려하며 많은 가르침을 준 Go 프로그래머들과 데이터 과학자들에게 감사를 전한다. 특히 빌 케네디, 브렌든 트레이시, 세바스티앙 비넷, 알렉스 산체스, 조이 지커와 조 돌리너를 포함한 Pachyder 팀, 크리스 타바, 맷 라이어, 데이비드 에르난데스, 쉬앙이 츄 그리고 아난드 바부 페리아사미와 가리마 카푸르를 포함한 Minio 팀 등 많은 분들께 감사드린다.

신에게 모든 영광을(Soli Deo Gloria)

| 기술 감수자 소개 |

니클라스 전^{Niclas Jern}

Go 언어를 1.0 버전부터 사용해오고 있으며 Go를 활용해 흥미로운 문제들을 해결하고 있다. 아보 아카데미 대학교에서 소프트웨어 공학을 전공하고 컴퓨터 엔지니어링으로 석사 학위를 받았다.

니클라스는 데이터 처리 및 머신 러닝 분야에서 다양한 문제를 해결하기 위해 Go와 다른 언어를 즐겨 사용한다. 취미는 오래 걷기, 체육관에서 무거운 기구 들기, 취미는 오래 걷기, 체육관에서 무거운 기구 들기다. 가끔은 아내와 딸과 시간을 보내는 것도 즐긴다.

아보 아카데미 대학교의 친구들과 함께 설립한 회사인 워크베이스^{WalkBase}에서 근무하고 있으며 소매 분석에 혁명을 일으키고 있는 데이터 처리 문제를 다루는 엔지니어링팀을 이끌고 있다.

리차드 타운센드는 Wakwick 대학교에서 학부 과정을 공부하는 동안 2014년 GoLearn의 최고 기여자가 됐다. 그 후로 임베디드 시스템에서부터 안드로이드 운영 체제 프레임워크에 이르기까지 모든 부분에서 최고의 기술력을 가진 영국 최고의 기술 회사에서 근무했으며 현재 웹 브라우저를 최적화하는 데 많은 시간을 할애하고 있다. 리차드는 최신 딥 러닝 기술을 활용해 감성 분석^{sentiment analysis}과 품사 인식과 같은 자연어 처리 작업에 상당한 시간을 투자하고 있다.

| 옮긴이 소개 |

장세윤(ronniej@naver.com)

유니티 한국 지사에서 필드 엔지니어로 근무하며 기술 지원, 유니티 엔진 기술 홍보, 기술 문서 번역 업무를 진행했다. 현재는 유니티 엔진, 언리얼 엔진을 활용한 게임 개발 교육을 진행하는 프리랜서 강사 및 기술 서적 번역가로 활동하고 있다.

이 책은 데이터 분석 및 머신 러닝에서 Go 프로그래밍 언어를 활용하는 데 필요한 전반적인 내용을 다루고 있다. 머신 러닝과 데이터 분석에 관심이 있는, Go 언어를 다룰 줄 아는 프로그래머나 Go 언어와 머신 러닝을 연동하는 데 관심이 있는 독자들에게 좋은 참고 서적이 될 수 있다.

1부로 볼 수 있는 1장부터 3장은 머신 러닝을 위해 데이터를 준비하고 분석하는 내용으로 구성돼 있다. 데이터의 수집, 정리, 데이터의 구문 분석, 머신 러닝 프로그램의 성능을 측정하고 검증하는 내용으로 구성돼 있다. 2부, 4장에서 7장까지는 회귀분석, 분류, 클러스터링, 시계열 분석과 같은 다양한 머신 러닝 기법을 다루는 내용으로 구성돼 있다. 머신 러닝 모델의 가장 기본이 되는 회귀 분석을 시작으로 카테고리 형태로 데이터를 분류하는 분류 기법, 흩어져 있는 데이터를 여러 데이터 그룹으로 모으는 방법인 클러스터링, 시계열 데이터 분석에 대한 내용을 다룬다. 이를 통해 다양한 머신 러닝 기법에 대해 살펴보고 Go를 활용해 결과를 도출하는 방법을 살펴볼 수 있다. 3부, 8장과 9장에서는 머신 러닝을 활용하는 방법을 다룬다. 8장은 신경망 및 딥러닝을 통해 회귀분석, 분류와 같은 머신 러닝을 처리하는 데 신경망을 활용하는 기술을 소개한다. 8장을 통해 더 복잡한 데이터 모델링 기법을 적용하는 방법을 이해할 수 있다. 9장에서는 지금까지 개발한 머신 러닝 모델을 제품 환경으로 배포하는 방법과 데이터 처리 결과를 배포하는 방법을 살펴본다.

구글에서 만든 Go 언어는 출시 이후 여러 분야에서 점점 더 많이 활용되고 있다. Go 언어는 단순함을 유지하려고 노력하는 언어이기 때문에 빠르게 배울 수 있다는 장점이 있다. 책에서는 이런 특정을 반영해 높은 수준에서 유지보수가 가능한 프로그램을 생성하면서 머신 러닝에서 생산성을 유지하는 방법을 보여준다. 따라서 이 책은 생산성이 높은 머신 러닝 프로그램을 작성하고자 하는 데이터 과학자와 Go 언어를 활용해 머신 러닝 분야를 배우고자 하는 독자들에게 많은 도움이 될 것이다.

번역을 진행하면서 저자의 의도를 파악하려고 많은 노력을 기울였지만 의도를 제대로 파악하지 못한 부분이 있을지도 모르겠다. 번역이 잘못된 부분을 비롯해 책에 관련된 어떠한 의견이라도 보내준다면 소중히 여겨 더 좋은 책으로 만들어 가는 데 참고하겠다.

끝으로 일 때문에 피곤하다는 핑계로 가사와 육아에 소홀한 남편임에도 항상 옆에서 응원해주는 아내와 많이 놀아주지 못함에도 건강하게 잘 자라고 있는 아들에게 사랑한다는 말을 전하고, 번역 기회를 주신 에이콘 출판사에 감사의 말을 전하고 싶다.

| 차례 |

들어가며

좋은 기술력을 가진 회사와 대기업 모두 머신 러닝과 인공 지능이 유행이다. 데이터 과학자들은 무인 자동차에서부터 고양이 그리기에 이르기까지 모든 분야에 머신 러닝을 사용한다. 하지만 데이터 과학 커뮤니티를 찾아보면 파이썬과 R 사이에서 발생하는 언어 전쟁을 쉽게 접할 수 있을 것이다. 머신 러닝에 대한 대부분의 내용은 이런 언어들이 차지하고 있으며 기업 등 조직에서 머신 러닝을 연동할 때는 이런 언어가 유일한 선택인 것처럼 보인다. 이 책에서는 머신 러닝의 세 번째 옵션인, 구글에서 만든 오픈 소스 프로그래밍 언어 Go에 대해서 살펴본다.

Go 프로그래머의 사고 방식과 더불어 Go 언어의 고유한 기능이 데이터 과학자들이 접하는 공통된 문제를 극복하는 데 도움이 될 수 있다. 특히 데이터 과학자들은 (불행하게도) 비효율적이고 유지보수가 불가능하며 나쁜 코드를 생산하는 것으로 악명이 높다. 이 책은 이런 문제점을 언급하며, 높은 수준에서 유지보수가 가능한 애플리케이션을 생성하면서 머신 러닝에서 생산성을 유지하는 방법을 보여준다. 또한 기존 엔지니어링 조직 내에서 분석 및 머신 러닝 코드를 통합하는 공통 과제를 극복하는 방법에 대해서도 보여준다.

이 책은 독자들이 Go를 활용해 강력하고 가치 있는 애플리케이션의 제작을 통해 생산적이고 혁신적인 데이터 분석가로 발돋움할 수 있도록 도와줄 것이다. 이 책은 이를 위해 Go를 통한 머신 러닝의 기술적인 면과 프로그래밍적인 면을 분명하게 소개한다. 그러나 이 책은 또한 독자들이 현실 세계의 분석을 위한 작업 흐름과 철학을 이해할 수 있도록 안내하는 역할도 한다.

▮ 이 책의 구성

1장부터 3장까지는 머신 러닝 워크플로우를 위해 데이터를 준비하고 분석하는 내용이다.

1장, 데이터 수집 및 구성　로컬 및 원격 소스로부터 데이터를 수집, 정리하는 방법과 데이터의 구문을 분석하는 방법을 다룬다. 1장에서는 다양한 장소에 다양한 포맷으로 저장돼 있는 데이터와 상호작용하는 방법과 데이터를 정리하고 구문 분석한 뒤 출력하는 방법을 이해할 수 있다.

2장, 행렬, 확률, 통계　행렬 및 행렬 연산을 위해 데이터를 구성하는 방법을 다룬다. 머신 러닝에 활용되는 도구들로 Go 프로그램에서 행렬을 형성하는 방법과 이 행렬을 활용해 다양한 유형의 행렬 연산을 수행하는 방법을 이해할 수 있다. 또한 일상 데이터 분석 작업의 핵심인 통계적 측정과 수행 방법에 대해서도 다룬다. 2장을 통해 견고하게 데이터 분석을 요약하는 방법, 분포를 기술하고 시각화하는 방법, 가설을 정량화하고 차원^{Dimension} 감소와 같은 데이터세트를 변환하는 방법을 이해할 수 있다.

3장, 평가 및 검증　기계 학습 애플리케이션의 성능을 측정하고 일반화하는 데 핵심이 되는 평가 및 검증에 대한 내용을 다룬다. 3장을 통해 모델(즉, 평가 모델 측정)의 성능을 계량하기 위한 다양한 측정 방법 간의 차이점 뿐만 아니라 이런 성능 측정 모델을 좀 더 일반화해 검증하는 기법을 이해할 수 있다.

4장부터 7장까지는 머신 러닝의 기법을 다룬다.

4장, 회귀분석　연속적인 변수를 모델링하고 다른 모델의 기반이 되는 회귀^{Regression}를 설명한다. 회귀는 즉시 해석할 수 있는 모델을 만든다. 따라서 조직에서 예측 기능을 도입할 때 매우 좋은 시작점이 될 수 있다.

5장, 분류　대상 변수가 일반적으로 카테고리 형태이거나 레이블^{Label}이 붙어있다는 점에서 회귀분석과 다른 머신 러닝 기법인 '분류^{Clssification}'를 다룬다. 예를 들어 분류 모델은 이메일을 스팸 카테고리와 비-스팸 카테고리로 분류하거나 네트워크 트래픽이 사기성인지 사기성이 아닌지를 구분할 수 있다.

6장, 클러스터링　샘플의 그룹을 형성하는 데 사용되며 감독되지 않는 머신 러닝 기법인 클러스터링Clustering에 대한 내용을 다룬다. 데이터의 구조를 더 잘 이해하기 위해서 자동으로 데이터 요소 그룹을 형성하는 방법을 이해할 수 있을 것이다.

7장, 시계열 분석 및 이상 감지　주식 가격, 사용자 이벤트 등과 같은 시계열Time Series 데이터를 모델링하는 데 활용되는 기술을 소개한다. 시계열의 다양한 용어를 이해하고 시계열의 모델을 제작하고, 시계열에서 비정상적인 부분을 감지하는 방법을 알 수 있다.

8장부터 9장까지는 머신 러닝을 활용하는 방법을 다룬다.

8장, 신경망 및 딥러닝　신경망을 활용해 회귀, 분류, 이미지 처리를 수행하는 데 사용되는 기술을 소개한다. 더 복잡한 모델링 기술을 언제 그리고 어떻게 적용하는지 이해할 수 있다.

9장, 분석 결과 및 모델 배포하기　개발한 모델을 프로덕션 환경으로 배포하고 프로덕션 수준의 데이터를 통해 처리 결과를 배포하는 방법에 대해 다룬다. 책에서 사용한 코드를 크게 변경하지 않고 두 가지 작업을 쉽게 처리할 수 있는 방법을 설명한다.

부록, 기계 학습과 관련된 알고리즘 및 기술　이 책에서 사용하는 용어 및 기술에 대한 내용과 머신 러닝 워크플로우와 관련된 알고리즘, 최적화, 기술에 대한 정보를 제공한다.

▌ 준비사항

이 책의 예제를 실행하고 책에서 다루는 기술을 활용해 실험하기 위해서는 다음을 활용할 줄 알아야 한다.

- Bash와 같은 쉘Shell에 접근

- Go, 에디터, Go와 관련된 기본 또는 사용자 정의 환경 변수를 포함한 완전한 Go 프로그래밍 환경. 다음 링크에서 환경 설정에 관한 가이드를 참조할 수 있다. https://www.goinggo.net/2016/05/installing-go-and-your-workspace.html
- 다양한 Go 의존성Dependencies은 필요에 따라서 go get을 통해 얻을 수 있다.

데이터 파이프라인 딥러닝과 같은 일부 고급 주제와 관련된 예제를 실행하기 위해서는 몇 가지 추가 사항 필요하다.

- 파키덤Pachyderm 설치. 다음 문서를 참고하면 파키덤을 로컬이나 클라우드에서 실행할 수 있다. http://pachyderm.readthedocs.io/en/latest/
- 도커Docker 설치. https://www.docker.com/community-edition#/download
- 텐서플로TensorFlow 설치. 다음 가이드를 참고해 텐서플로를 로컬에 설치할 수 있다. https://www.tensorflow.org/install/

▌대상 독자

1. 기계 학습 및 데이터 분석에 관심이 있는 Go 프로그래머
2. Go에 관심이 있고 Go를 기계 학습과 데이터 분석 워크플로우에 연동하는 데 관심이 있는 데이터 과학자/데이터 분석가/데이터 엔지니어

▌규약

많은 Go 코드는 main 패키지와 메인 함수 main( ) { }를 포함하지 않는다. 별도로 명시하지 않는 한 Go 코드는 필요한 구조로 컴파일된다고 가정한다. 또한 책 전반에 걸쳐 예제

가 myprogram이라 불리는 디렉토리에서 컴파일된다고 가정하기 때문에 myprogram 바이너리로 컴파일된다. 하지만 코드는 GOPATH/src 디렉토리 내 모든 경로로 복사가 가능하며 독자가 선호하는 이름에 따라 바이너리를 컴파일할 수 있다.

이 책에는 다양한 종류의 정보를 구별하는 여러 텍스트 스타일이 있다. 다음은 이런 스타일의 예와 그 의미에 대한 설명이다. 텍스트, 데이터베이스 테이블 이름, 폴더 이름, 파일 이름, 파일 확장자, 경로 이름, 더미 URL, 사용자 입력에 대한 코드 단어는 다음과 같이 표시된다. "다음 코드는 링크를 읽고 이를 BeautifulSoup 함수에 할당한다." 코드 블록은 다음과 같이 설정된다.

```
#import packages into the project
from bs4 import BeautifulSoup
from urllib.request import urlopen
import pandas as pd
```

특정 코드 블록에 주의를 집중시키고 싶은 경우에는 관련 코드 라인이나 관련 항목을 굵게 표시한다.

```
[default] exten => s,1,Dial(Zap/1|30)
exten => s,2,Voicemail(u100)
exten => s,102,Voicemail(b100)
exten => i,1,Voicemail(s0)
```

커맨드 라인 입력이나 출력은 다음과 같이 작성된다.

```
C:\Python34\Scripts> pip install -upgrade pip
C:\Python34\Scripts> pip install pandas
```

새로운 용어와 중요한 단어는 굵게 표시된다. 예를 들어 메뉴나 대화 상자에서 화면에 표시되는 단어는 다음과 같이 표시된다. "새 모듈을 다운로드하기 위해 Files ➤ Settings ➤ Project Name ➤ Project Interpreter로 이동한다.

 경고나 중요한 메모는 느낌표 모양의 박스에 표기된다.

 팁은 팁 박스에 표기된다.

▎ 예제 코드 다운로드

이 책에서 사용된 예제 코드는 http://www.packtpub.com/support를 방문해 이메일을 등록하면 파일을 직접 받을 수 있으며, 이 링크를 통해 원서의 Errata도 확인할 수 있다. 또한 https://github.com/PacktPublishing/machine-learning-with-go에서 다운로드할 수 있으며, 에이콘출판사의 도서정보 페이지인 http://www.acornpub.co.kr/book/ml-with-go에서도 예제 코드를 다운로드할 수 있다.

▎ 컬러 이미지 다운로드

이 책에서 사용된 스크린샷/다이어그램의 컬러 이미지는 이 책 뒷부분에 있는 '컬러 이미지'에서 제공한다. 컬러 이미지를 통해 출력 결과에서 변경된 사항을 이해하는 데 도움을 얻을 수 있다.

PDF 파일도 제공한다. 파일은 http://www.acornpub.co.kr/book/ml-with-go에서 다운로드할 수 있다.

▌ 정오표

콘텐츠의 정확성을 기하기 위해 모든 노력을 기울였다 해도 실수가 있을 수 있다. 텍스트나 코드에서 발견한 책의 오류는 여러분의 보고를 통해 수정될 수 있다. 이를 통해 다른 독자가 실망하는 것을 방지하고 이 책의 후속버전을 개선하는 데 도움을 줄 수 있다. 오류를 발견한 경우 http://www.packtpub.com/submit-errata에 방문해 해당 책을 선택하고 정오표 제출 양식에 세부정보를 입력해 보고하면 된다. 정오표 내용의 확인이 끝나면 제출이 수락되고 웹 사이트에 정오표가 업로드되거나 해당 제목의 정오표 섹션 아래에 있는 기존 정오표 목록에 추가된다. https://www.packtpub.com/books/content/support로 접속한 다음 검색 항목에 책의 이름을 입력하면 이전에 제출된 정오표를 볼 수 있다. 정오표 섹션에서 필요한 정보를 확인할 수 있다.

한국어판의 정오표는 에이콘출판사 도서정보 페이지 http://www.acornpub.co.kr/book/ml-with-go에서 찾아볼 수 있다.

▌ 저작권 침해

인터넷 상의 저작권 자료에 대한 불법 복제는 모든 미디어에서 일어나는 문제다. 팩트출판사는 저작권 및 라이선스 보호를 매우 중요하게 생각한다. 인터넷상의 불법 복제물이 어떤 형태로든 발견되면 조치를 취할 수 있도록 주소나 웹 사이트 이름을 즉시 알려주기 바란다. copyright@packtpub.com로 연락해 저작권 침해가 의심되는 자료의 링크를 보내주기 바란다. 저자를 보호하고 귀중한 컨텐츠를 제공할 수 있는 기회를 보호하는데 기여하는 여러분의 도움에 감사 드린다.

01

데이터 수집 및 구성

설문 조사에 따르면 데이터 과학자들이 정교한 머신 러닝 모델을 설계하고 조절하는 데 대부분 시간을 보내는 것이 아니라, 업무 시간 중 90% 이상을 데이터 수집, 정리, 데이터를 다듬는 데 소비하는 것으로 나타났다. 왜 이런 현상이 발생할까? 머신 러닝이 재미가 없어서일까? 왜 데이터의 상태를 신경 써야 할까? 일단 데이터가 없으면 머신 러닝 모델은 학습을 진행할 수 없다. 이는 너무 뻔하게 보일 수도 있다. 하지만 우리가 제작한 모델의 강점 중 일부는 공급하는 데이터에 있다는 것을 깨달아야 한다. "쓸데없는 데이터가 들어가면 쓸데없는 결과가 나온다"라는 말이 있을 정도다. 따라서 머신 러닝 모델이 예상한 데이터를 처리하고 가치 있는 결과를 생산할 수 있도록 동작시키기 위해 적절하고 정리된 데이터를 수집해야 한다.

특정 모델을 사용할 때 모든 데이터 유형이 적합하지는 않다. 예를 들어 어떤 모델은 고차원 데이터(예: 텍스트 데이터)를 처리하는 데 적합하지 않을 수도 있다. 또 어떤 모델은 변수들이 일정하게 분산돼 있다고 가정하는데, 데이터가 항상 고르게 분포되지 않을 수 있다. 따라서 용도에 맞게 데이터를 수집하고 데이터와 모델이 어떤 방식으로 상호작용하는지를 명확하게 이해하는 것이 매우 중요하다.

데이터 과학자가 데이터를 수집하고 구성하면서 오랜 시간을 보내는 이유가 또 있다. 바로 데이터가 종종 정리돼 있지 않아 종합하기 어렵기 때문이다. 대부분의 조직에서 데이터는 다양한 시스템과 포맷으로 보관될 수 있으며 다양한 접근 제어 정책을 통해 운영될 수 있다. 따라서 머신 러닝 모델에 훈련(학습) 집합을 제공하는 일이 파일 경로를 지정하는 것만큼 쉽다고 가정할 수 없다. (훈련 집합을 제공하는 것이 쉽다고 생각되는 경우가 많지만 이는 사실이 아니다.)

훈련/테스트 데이터 집합을 구성하거나 예측을 위해 머신 러닝 모델에 변수를 공급하려면 CSV, JSON, 데이터베이스 테이블 등과 같은 다양한 데이터 포맷을 처리해야 하며 이를 개별 값으로 변환해야 한다. 일반적인 변환에는 날짜 해석, 범주 데이터를 숫자 데이터로 변환, 값 정규화, 여러 함수를 값에 적용하는 것 등이 포함된다. 하지만 특정 변수의 모든 값이 항상 존재하고 비슷한 방식으로 구문 분석(파싱, parsing)이 가능하다고 가정할 수는 없다.

종종 데이터에는 누락된 값, 혼합된 유형, 또는 손상된 값 등이 포함된다. 이런 각 시나리오를 처리하는 방법은 제작하는 머신 러닝 모델의 품질에 직접적인 영향을 미칠 수 있다. 따라서 데이터를 신중하게 수집하고 구성해야 하며 이를 명확하게 이해해야 한다.

이 책의 많은 부분에서 다양한 모델링 기법에 초점을 맞추겠지만, 성공적인 데이터 과학 프로젝트의 핵심 구성요소인 데이터 수집, 해석, 구성을 항상 고려해야 한다. 프로젝트에서 데이터를 수집, 해석, 구성할 때 무결성이 높은 수준으로 개발되지 않는 경우에는 장기적으로 문제가 발생할 수 있다.

데이터 처리하기 – Gopher 스타일[1]

데이터 과학/분석에 사용되는 다른 많은 언어들과 비교해 Go는 데이터 조작 및 구문 분석(파싱)을 위한 매우 강력한 기반을 제공한다. 파이썬이나 R과 같은 다른 언어들은 사용자가 데이터와 상호작용하는 방식으로 빠르게 데이터를 탐색할 수 있는 방법을 제공하지만 이런 편리한 방식이 무결성을 종종 파괴하기도 한다. 다시 말해, 동적이며 상호작용적인 데이터 탐색은 일반적으로 적용됐을 때 이상하게 동작하는 코드를 생성하는 경우가 발생할 수 있다.

다음과 같은 간단한 CSV 파일을 예로 들어보자.

```
1,blah1
2,blah2
3,blah3
```

이 CSV 파일을 분석하고 데이터에 어떤 타입이 있는지를 알지 못하는 상태에서도 정수 열로부터 최댓값을 출력하는 파이썬 코드를 매우 쉽고 빠르게 작성할 수 있다.

```python
import pandas as pd

# 열(column) 이름을 정의한다.
cols = [
    'integercolumn',
    'stringcolumn'
]

# pandas를 활용해 CSV 파일을 읽는다.
data = pd.read_csv('myfile.csv', names=cols)
```

---

1 Gopher: Go 프로그래머를 의미하는 용어다. – 옮긴이

```
# 정수 열로부터 최댓값을 출력한다.
print(data['integercolumn'].max())
```

이 간단한 프로그램은 정확한 결과를 출력한다.

```
$ python myprogram.py
3
```

이제 다음과 같이 정수값 중 하나를 제거해 누락된 값을 생성해보자.

```
1,blah1
2,blah2
,blah3
```

결과적으로 이 파이썬 프로그램은 완전한 무결성을 보장하지 못한다. 특히 프로그램은 여전히 실행되지만 다르게 동작한 부분에 대한 언급이 전혀 없으며, 값을 생산하지만 다른 유형의 값을 생산한다.[2]

```
$ python myprogram.py
2.0
```

이런 동작 방식이나 결과는 받아들일 수 없다. 모든 정수값 중에서 하나만 사라졌고 이런 변경사항에 대한 통찰을 전혀 얻을 수 없다. 이로 인해 머신 러닝 모델에 엄청난 변화가 생겨날 수도 있지만 이를 추적하기는 매우 어려울 것이다. 일반적으로 동적 유형 및 추상화의 편리함을 선택할 때는 이와 같은 동작의 다양성을 수용할 수밖에 없다.

---

2 위에서는 정수형값이 생산됐지만 이번에는 부동소수형값이 생산된다. - 옮긴이

파이썬 전문가는 이런 동작을 적절하게 처리할 수 있다는 점을 빠르게 인식할 것이다. 여기에서 중요한 점은 파이썬에서 이런 동작을 처리할 수 없다는 것이 아니다. 요점은 이런 편리함은 기본적으로 무결성을 추구하지 않는다는 점이다. 따라서 이런 편리함만 쫓다 보면 스스로 어려움을 자초하게 될 수 있다.

반면에 Go의 정적 유형 지정과 명시적인 오류 처리를 사용해 데이터가 예상대로 해석(파싱)될 수 있도록 만들 수 있다. 또한 이 작은 예제에서 큰 문제없이 CSV를 해석하는 Go 코드를 작성할 수 있다(코드의 자세한 내용에 대해서 지금은 너무 염려하지 않아도 된다).

```go
// CSV 열기.
f, err := os.Open("myfile.csv")
if err != nil {
    log.Fatal(err)
}

// CSV 레코드에서 읽기.
r := csv.NewReader(f)
records, err := r.ReadAll()
if err != nil {
    log.Fatal(err)
}

// 정수열에서 최댓값 구하기.
var intMax int
for _, record := range records {

    // 정수값 해석하기.
    intVal, err := strconv.Atoi(record[0])
    if err != nil {
        log.Fatal(err)
    }

    // 적당한 경우 최댓값 바꾸기.
    if intVal > intMax {
```

```
        intMax = intVal
    }
}

// 최댓값 출력하기.
fmt.Println(intMax)
```

이 코드를 통해 모든 정수값이 있는 CSV 파일에 대해 동일한 정확한 결과를 생성할 수 있다.

```
$ go build
$ ./myprogram
3
```

하지만 이전의 파이썬 코드와 비교했을 때 앞의 Go 코드는 CSV 입력에 예상하지 못한 상황이 발생하면 이에 대한 정보를 알려준다(예제의 경우 값 3을 제거).

```
$ go build
$ ./myprogram
2017/04/29 12:29:45 strconv.ParseInt: parsing "": invalid syntax
```

여기에서는 무결성을 유지했으며 사용 사례에 따라 적당한 방법으로 값이 누락된 상황을 처리할 수 있다.

▌ Go를 활용한 데이터 수집 및 구성의 모범 사례

이전 절을 통해 Go가 데이터 수집, 해석(파싱), 구성 측면에서 높은 수준의 무결성을 유지할 수 있는 기회를 제공한다는 점을 확인했다. 따라서 머신 러닝 작업을 준비할 때 Go의 고유한 속성을 활용하는 것이 좋다.

일반적으로 Go를 활용하는 데이터 과학자나 데이터 분석가는 데이터를 수집하고 구성할 때 모범 사례를 따르는 것이 좋다. 이런 모범 사례는 애플리케이션의 무결성을 유지하고 모든 분석을 재현할 수 있도록 도와준다.

1. **예상되는 유형을 확인하고 작업을 수행하기**: 이 항목은 명백해 보일 수 있지만 동적 타입을 지원하는 언어를 사용할 때는 간과하는 경우가 많다. 거창해 보일 수도 있지만 명시적으로 예상되는 타입으로 데이터의 구문을 분석하고 관련 오류를 처리하면 큰 어려움을 줄일 수 있다.

2. **데이터 입/출력 표준화 및 단순화하기**: 특정 유형의 데이터나 특정 데이터 소스와의 상호작용을 처리할 수 있는 서드파티Third-party 패키지가 많다(그중 몇 가지는 책에서 살펴볼 예정). 하지만 특히 stdlib의 사용을 위주로 데이터 소스와 상호작용하는 방식을 표준화하면 예측 가능한 패턴을 개발하고 팀 내에서 일관성을 유지할 수 있다. 이에 대한 좋은 예로는 데이터베이스 상호작용을 위해 서드파티 API 및 DSL을 사용하는 대신 데이터베이스나 sql을 사용하는 것이다.

3. **데이터 버전 관리하기**: 머신 러닝 모델은 사용하는 훈련(교육) 데이터, 선택한 파라미터, 입력 데이터에 따라 매우 다른 결과를 만들어낸다. 따라서 코드와 데이터의 버전 관리 없이는 결과를 재현하는 것이 불가능하다. 이 장의 뒷부분에서 데이터 버전 관리에 적절한 방법에 대해 살펴볼 예정이다.

 이런 일반적인 원칙에서 벗어나기 시작하면 그 즉시 작업을 중단하는 것이 좋다. 편의성을 쫓다 보면 무결성이 희생될 가능성이 높고 이는 위험한 방법이 될 수 있다. 이 책에서는 이런 원칙들을 적용하는 방법을 배운다. 다음 절에서 이런 원칙들을 다양한 데이터 포맷 및 데이터 소스에 적용하는 방법에 대해 살펴본다.

▌ CSV 파일

CSV 파일은 빅데이터에 적합한 포맷은 아닐 수 있지만 머신 러닝을 연구하는 데이터 과학자나 개발자라면 이 포맷을 접하게 될 가능성이 매우 높다. 인터넷에서 CSV 파일을 통해 우편번호를 위도/경도와 대응시키거나 영업 팀의 매출을 CSV 포맷으로 전달해야 할 수도 있다. 어떤 경우든 이런 파일의 구문을 분석하는 방법(파싱)을 이해해야 한다.

CSV 파일을 구문 분석하는 데 사용할 주요 패키지는 Go 표준 라이브러리의 encoding/csv다. 하지만 다음과 같이, CSV 데이터를 관리하거나 빠르게 변경할 수 있는 몇 가지 패키지에 대해서도 살펴볼 예정이다. --github.com/kniren/gota/dataframe 및 go-hep.org/x/hep/csvutil.

파일에서 CSV 데이터 읽기

iris.csv라는 이름의 간단한 CSV 파일을 살펴보자(이 파일은 나중에 다시 살펴볼 예정이며 https://archive.ics.uci.edu/ml/datasets/iris에서 사용 가능하다). 이 CSV 파일에는 네 개의 float 열과 꽃의 품종에 해당하는 string 열이 포함된다.

```
$ head iris.csv
5.1,3.5,1.4,0.2,Iris-setosa
4.9,3.0,1.4,0.2,Iris-setosa
4.7,3.2,1.3,0.2,Iris-setosa
4.6,3.1,1.5,0.2,Iris-setosa
5.0,3.6,1.4,0.2,Iris-setosa
5.4,3.9,1.7,0.4,Iris-setosa
4.6,3.4,1.4,0.3,Iris-setosa
5.0,3.4,1.5,0.2,Iris-setosa
4.4,2.9,1.4,0.2,Iris-setosa
4.9,3.1,1.5,0.1,Iris-setosa
```

encoding/csv를 임포트한 다음, 먼저 CSV 파일을 열고 CSV 리더reader 값을 생성한다.

```
// iris 데이터셋 파일을 연다.
f, err := os.Open("../data/iris.csv")
if err != nil {
    log.Fatal(err)
}
defer f.Close()

// 열린 파일을 읽어오는 새 CSV reader를 생성한다.
reader := csv.NewReader(f)
```

그러면 CSV 파일의 모든 레코드(레코드는 행에 해당한다)를 읽을 수 있다. 이 레코드들은 [][]string[3]형태로 임포트된다.

```
// 라인당 필드 수를 모른다고 가정한다.
// FieldsPerRecord를 음수로 설정해
// 각 행의 필드의 수를 얻을 수 있다.
reader.FieldsPerRecord = -1

// 모든 CSV 레코드를 읽는다.
rawCSVData, err := reader.ReadAll()
if err != nil {
    log.Fatal(err)
}
```

또한 무한 루프에서 레코드를 한 번에 하나씩 읽을 수도 있다. 이를 위해서는 데이터를 모두 읽은 후에 루프를 종료할 수 있도록 파일 종료 지점(io.EOF)을 확인해야 한다.

```
// 열린 파일을 읽어오는 새 CSV reader를 생성한다.
reader := csv.NewReader(f)
```

---

3 2차원 문자열(string) 배열. Go는 자료형 앞에 []를 추가해 배열을 선언한다. – 옮긴이

```go
reader.FieldsPerRecord = -1

// rawCSVData는 성공적으로 읽어온 행의 데이터를 저장한다.
var rawCSVData [][]string

// 레코드를 하나씩 읽는다.
for {

    // 열을 읽는다. 파일 종료 지점에 도달했는지 확인한다.
    record, err := reader.Read()
    if err == io.EOF {
        break
    }

    // 데이터 집합에 레코드를 추가한다.
    rawCSVData = append(rawCSVData, record)
}
```

> CSV 파일이 쉼표(콤마)로 구분되지 않거나 CSV 파일에 주석 행이 포함된 경우 csv.
> Reader.Comma와 csv.Reader.Comment 필드를 활용해 고유한 형식의 CSV 파일을 적절
> 하게 처리할 수 있다. CSV 파일의 필드가 작은 따옴표로 묶인 경우에는 작은 따옴표를 제
> 거하고 값의 구문을 분석해 읽어오는 함수를 추가해야 할 수도 있다.

예상하지 못한 필드 처리하기

앞의 방법은 명확하게 작성된 CSV 파일에서는 잘 동작한다. 하지만 일반적으로 데이터가 항상 명확하게 작성되어 있다는 보장은 없다. 일명 지저분한 데이터도 구문을 분석해 값을 읽어야 한다. 예를 들어 CSV 레코드에서 예상하지 못한 필드나 필드의 수를 발견할 수 있다. 이런 경우에 reader.FieldsPerRecord 필드를 활용해야 한다. reader.FieldsPerRecord 필드를 사용하면 다음과 같이 지저분한 데이터를 쉽게 처리할 수 있다.

```
4.3,3.0,1.1,0.1,Iris-setosa
5.8,4.0,1.2,0.2,Iris-setosa
5.7,4.4,1.5,0.4,Iris-setosa
5.4,3.9,1.3,0.4,blah,Iris-setosa
5.1,3.5,1.4,0.3,Iris-setosa
5.7,3.8,1.7,0.3,Iris-setosa
5.1,3.8,1.5,0.3,Iris-setosa
```

이 버전의 iris.csv 파일에는 필드가 추가된 행이 있다. 각 레코드는 5개의 필드를 가져야 한다는 점을 알고 있기 때문에 reader.FieldsPerRecord값을 5로 설정한다.

```go
// 각 라인마다 5개의 필드가 있어야 한다.
// FieldsPerRecord를 5로 설정하면 CSV의 각 행에 정확한
// 필드 수가 있는지 확인할 수 있다.
reader.FieldsPerRecord = 5
```

이렇게 하면 CSV 파일에서 레코드를 읽을 수 있으며 예상하지 못한 필드를 확인할 수 있고 이를 통해 무결성을 유지할 수 있다.

```go
// rawCSVData는 성공적으로 파싱된 행을 저장한다.
var rawCSVData [][]string

// 레코드를 읽고 예상하지 못한 필드 수를 찾는다.
for {

    // 열을 읽는다. 파일 종료 지점에 도달했는지 확인한다.
    record, err := reader.Read()
    if err == io.EOF {
        break
    }

    // 값을 읽는 과정에서 오류가 발생하면 오류를 로그에 기록하고 계속 진행한다.
    if err != nil {
```

```
        log.Println(err)
        continue
    }

    // 레코드가 기대한 필드 수를 갖는 경우
    // 데이터 집합에 해당 레코드를 추가한다.
    rawCSVData = append(rawCSVData, record)
}
```

여기에서는 오류를 처리하는 방법으로 로그에 기록하는 방식을 선택했다. 그리고 성공적으로 읽어온 레코드는 rawCSVData에 수집한다. 다양한 방법으로 이런 오류를 처리할 수 있다. 중요한 점은 데이터의 예상되는 특성을 확인해 애플리케이션의 무결성을 높였다는 점이다.

예상하지 못한 타입 처리하기

Go에서 CSV 데이터가 [][]string으로 읽혀진다는 것을 확인했다. 하지만 Go는 정적으로 타입(유형)을 지정하기 때문에 CSV 필드에 대해 엄격하게 검사를 수행할 수 있다. 처리를 위해 각 필드의 구문을 분석해 값을 읽을 때 이 작업을 수행할 수 있다. 한 열의 다른 값들과 일치하지 않는 임의의 필드를 갖는 지저분한 데이터를 생각해보자.

```
4.6,3.1,1.5,0.2,Iris-setosa
5.0,string,1.4,0.2,Iris-setosa
5.4,3.9,1.7,0.4,Iris-setosa
5.3,3.7,1.5,0.2,Iris-setosa
5.0,3.3,1.4,0.2,Iris-setosa
7.0,3.2,4.7,1.4,Iris-versicolor
6.4,3.2,4.5,1.5,
6.9,3.1,4.9,1.5,Iris-versicolor
5.5,2.3,4.0,1.3,Iris-versicolor
4.9,3.1,1.5,0.1,Iris-setosa
5.0,3.2,1.2,string,Iris-setosa
```

```
5.5,3.5,1.3,0.2,Iris-setosa
4.9,3.1,1.5,0.1,Iris-setosa
4.4,3.0,1.3,0.2,Iris-setosa
```

CSV 레코드에서 필드의 타입을 확인하기 위해 성공적으로 읽어온 값을 저장하는 구조체 변수를 생성해보자.

```
// CSVRecord는 CSV 파일에서 성공적으로 읽어온 행을 저장한다.
type CSVRecord struct {
    SepalLength float64
    SepalWidth float64
    PetalLength float64
    PetalWidth float64
    Species string
    ParseError error
}
```

그런 다음, 레코드를 루프로 처리하기 전에 이 값들을 초기화한다.

```
// CSV에서 성공적으로 읽어온 레코드를 저장하는 값을 생성한다.
var csvData []CSVRecord
```

이제 루프를 통해 레코드를 처리하면 레코드의 적절한 타입의 구문을 분석하고 오류를 포착해 필요에 따라 로그에 기록할 수 있다.

```
// 레코드를 읽고 예상하지 못한 타입을 찾는다.
for {

    // 열을 읽는다. 파일 종료 지점에 도달했는지 확인한다.
    record, err := reader.Read()
    if err == io.EOF {
        break
```

```go
}

// 열을 저장하기 위한 CSVRecord를 생성한다.
var csvRecord CSVRecord

// 기대하는 타입을 기반으로 레코드의 각 값을 읽는다.
for idx, value := range record {

    // 문자열 행에 대해 문자열로 레코드의 값을 읽는다.
    if idx == 4 {

        // 값이 빈 문자열이 아닌지 확인한다. 해당 값이 빈 문자열인 경우
        // 구문 분석을 처리하는 루프를 중단한다.
        if value == "" {
            log.Printf("Unexpected type in column %d\n", idx)
            csvRecord.ParseError = fmt.Errorf("Empty string value")
            break
        }

        // CSVRecord에 문자열값을 추가한다.
        csvRecord.Species = value
        continue
    }

    // 문자열 행이 아닌 경우 레코드의 값을 float64로 읽는다.
    var floatValue float64

    // 레코드의 값이 float로 읽혀지지 않으면 로그에 기록하고
    // 구문 분석 처리 루프를 중단한다.
    if floatValue, err = strconv.ParseFloat(value, 64); err != nil {
        log.Printf("Unexpected type in column %d\n", idx)
        csvRecord.ParseError = fmt.Errorf("Could not parse float")
        break
    }

    // CSVRecord의 해당 필드에 float값을 추가한다.
    switch idx {
    case 0:
```

```
            csvRecord.SepalLength = floatValue
        case 1:
            csvRecord.SepalWidth = floatValue
        case 2:
            csvRecord.PetalLength = floatValue
        case 3:
            csvRecord.PetalWidth = floatValue
        }
    }

    // 앞에서 생성해둔 csvData에 성공적으로 읽어온 레코드를 추가한다.
    if csvRecord.ParseError == nil {
        csvData = append(csvData, csvRecord)
    }
}
```

데이터 프레임을 활용해 CSV 데이터 조작하기

이미 확인했듯이 다양한 종류의 많은 필드를 직접 구문 분석하고 행 단위 작업을 수행하는 것은 다소 장황하고 지루한 면이 있다. 이는 의심의 여지없이 복잡성을 증가시키고 비표준 기능을 가져오게 하는 원인이 될 수 있다. 대부분의 경우 encoding/csv를 기본값으로 사용하는 것이 좋다.

하지만 데이터 과학 커뮤니티에서는 표 형식의 데이터를 처리할 때 데이터 프레임을 조작하는 것이 성공적이며 일종의 표준화된 방법이 됐다. 따라서 경우에 따라 CSV 데이터와 같은 표 형식의 데이터를 조작하기 위해 서드파티(3rd Party) 기능을 사용하는 것이 효과적일 수 있다. 예를 들어 데이터 프레임과 해당 기능은 필터링, 부분 집합 생성, 표 형식의 데이터 집합 일부를 선택할 때 매우 유용할 수 있다. 이 절에서는 Go의 훌륭한 데이터 프레임 패키지인 github.com/kniren/gota/dataframe을 소개한다.

```
import "github.com/kniren/gota/dataframe"
```

CSV 파일로부터 데이터 프레임을 생성하기 위해 os.Open( )을 사용해 파일을 연 다음, 반
환된 포인터를 dataframe.ReadCSV( ) 함수에 제공한다.

```
// CSV 파일 열기.
irisFile, err := os.Open("iris.csv")
if err != nil {
    log.Fatal(err)
}
defer irisFile.Close()

// CSV 파일로부터 데이터프레임 생성하기.
// 열의 유형은 추론된다.
irisDF := dataframe.ReadCSV(irisFile)
// 검사를 위해 레코드를 stdout(표준 출력)으로 보여준다.
// gota 패키지는 적절한 형태로 출력될 수 있도록 데이터프레임의 형식을 지정한다.
fmt.Println(irisDF)
```

이 Go 프로그램을 컴파일하고 실행하면 구문 분석 과정에서 추론된 형식이 지정된 데이
터가 적절한 형태로 출력되는 것을 볼 수 있다.

```
$ go build
$ ./myprogram
[150x5] DataFrame
  sepal_length sepal_width petal_length petal_width species
  0: 5.100000 3.500000 1.400000 0.200000 Iris-setosa
  1: 4.900000 3.000000 1.400000 0.200000 Iris-setosa
  2: 4.700000 3.200000 1.300000 0.200000 Iris-setosa
  3: 4.600000 3.100000 1.500000 0.200000 Iris-setosa
  4: 5.000000 3.600000 1.400000 0.200000 Iris-setosa
  5: 5.400000 3.900000 1.700000 0.400000 Iris-setosa
  6: 4.600000 3.400000 1.400000 0.300000 Iris-setosa
```

```
  7: 5.000000 3.400000 1.500000 0.200000 Iris-setosa
  8: 4.400000 2.900000 1.400000 0.200000 Iris-setosa
  9: 4.900000 3.100000 1.500000 0.100000 Iris-setosa
  ... ... ... ... ...
<float> <float> <float> <float> <string>
```

일단 데이터를 데이터프레임으로 읽고 나면 필터링, 부분 집합으로 나누기, 데이터 선택을 쉽게 할 수 있다.

```
// 데이터 프레임의 필터를 생성한다.
filter := dataframe.F{
    Colname: "species",
    Comparator: "==",
    Comparando: "Iris-versicolor",
}

// 붓꽃(iris) 품종이 "Iris-versicolor"인 행만 볼 수 있도록
// 데이터프레임을 필터링한다.
versicolorDF := irisDF.Filter(filter)
if versicolorDF.Err != nil {
    log.Fatal(versicolorDF.Err)
}

// 데이터프레임을 다시 필터링한다. 하지만 이번에는
// sepal_width 및 species 열만 선택한다.
versicolorDF = irisDF.Filter(filter).Select([]string{"sepal_width",
"species"})

// 데이터프레임을 필터링하고 다시 선택한다. 하지만 이번에는
// 처음 세 개의 결과만 보여준다.
versicolorDF = irisDF.Filter(filter).Select([]string{"sepal_width",
"species"}).Subset([]int{0, 1, 2})
```

앞의 내용은 github.com/kniren/gota/dataframe 패키지의 극히 일부만 살펴본 것에 불과하다. 데이터 집합 병합, 다른 포맷으로 출력, JSON 데이터를 처리하는 것도 가능하

다. 이 패키지에 대한 더 자세한 내용은 https://godoc.org/github.com/kniren/gota/dataframe에 자동 생성되는 GoDocs를 방문하기 바란다. 이 방법은 일반적으로 책에서 설명하는 모든 패키지를 살펴보기 위한 좋은 방법이다.

▌ JSON

다수의 데이터가 웹을 통해 접근되는 경우 대부분의 엔지니어링 조직에서는 JSON 형식의 데이터를 자주 접할 수 있는 마이크로서비스[4]를 구현한다. JSON은 API로부터 임의의 데이터를 가져오거나 분석 및 머신 러닝 작업을 주도하는 주요 데이터 형식인 경우에만 다루면 된다.

일반적으로 데이터 교환이 주된 목적인 경우에 JSON을 사용한다. JSON은 사람이 읽을 수 있기 때문에 잘못된 부분이 있을 때 이를 쉽게 고칠 수 있다. Go를 활용해 데이터를 처리하는 과정에서 데이터 처리의 무결성을 유지해야 한다는 점을 명심하자. 또한 가능한 경우 데이터를 처리하는 과정에서 데이터를 해석하고 읽을 수 있도록 하는 것이 좋다. JSON은 이런 목표를 달성하는 데 매우 유용하다고 알려져 있다(여러 경우에서 JSON이 로그를 기록하는데 사용되는 이유이기도 하다).

Go는 표준 라이브러리 `encoding/json`을 통해 매우 훌륭한 JSON 기능을 제공한다. 책 전반에 걸쳐 이 표준 라이브러리의 기능을 사용할 예정이다.

JSON 파싱하기

Go에서 JSON 데이터의 구문 분석을 위해 뉴욕시에서 운영하는 자전거 공유 서비스인 Citi Bike API(https://www.citibikenyc.com/system-data)의 데이터를 사용할 예정이다.

---

4 다른 프로세스와 통신이 가능한 작은 독립 프로세스를 말하며, 복잡한 작업을 작은 단위의 단순한 작업 여러 개로 나누는 데 사용된다. - 옮긴이

Citi Bike는 https://gbfs.citibikenyc.com/gbfs/en/station_status.json을 통해 자전거 공유 정류장 네트워크 운영 정보를 JSON 포맷으로 제공하며 이 정보는 자주 업데이트 된다.

```json
{
  "last_updated": 1495252868,
  "ttl": 10,
  "data": {
    "stations": [
      {
        "station_id": "72",
        "num_bikes_available": 10,
        "num_bikes_disabled": 3,
        "num_docks_available": 26,
        "num_docks_disabled": 0,
        "is_installed": 1,
        "is_renting": 1,
        "is_returning": 1,
        "last_reported": 1495249679,
        "eightd_has_available_keys": false
      },
      {
        "station_id": "79",
        "num_bikes_available": 0,
        "num_bikes_disabled": 0,
        "num_docks_available": 33,
        "num_docks_disabled": 0,
        "is_installed": 1,
        "is_renting": 1,
        "is_returning": 1,
        "last_reported": 1495248017,
        "eightd_has_available_keys": false
      },

      etc...
```

```
        {
          "station_id": "3464",
          "num_bikes_available": 1,
          "num_bikes_disabled": 3,
          "num_docks_available": 53,
          "num_docks_disabled": 0,
          "is_installed": 1,
          "is_renting": 1,
          "is_returning": 1,
          "last_reported": 1495250340,
          "eightd_has_available_keys": false
        }
      ]
    }
  }
```

Go에서 이런 유형의 데이터를 가져오고 이를 읽기 위해서는 먼저 encoding/json(표준 라이브러리로부터 net/http와 같은 다른 기능들과 함께 앞에서 언급한 웹 사이트의 데이터를 가져오기 위해)을 임포트해야 한다. 또한 앞의 코드에 표시된 JSON의 구조와 비슷한 구조체를 정의해야 한다.

```go
import (
        "encoding/json"
        "fmt"
        "io/ioutil"
        "log"
        "net/http"
)

// citiBikeURL은 CitiBike 자전거 공유 정류장의 상황을 알려준다.
const citiBikeURL = "https://gbfs.citibikenyc.com/gbfs/en/station_status.json"
// stationData는 citiBikeURL로부터 반환된 JSON 문서의 구문을 분석하는 데 사용된다.
type stationData struct {
    LastUpdated int `json:"last_updated"`
    TTL int `json:"ttl"`
```

```
    Data struct {
        Stations []station `json:"stations"`
    } `json:"data"`
}

// station은 stationData 안의 각 station 문서의 구문을 분석하는 데 사용된다.
type station struct {
    ID string `json:"station_id"`
    NumBikesAvailable int `json:"num_bikes_available"`
    NumBikesDisabled int `json:"num_bike_disabled"`
    NumDocksAvailable int `json:"num_docks_available"`
    NumDocksDisabled int `json:"num_docks_disabled"`
    IsInstalled int `json:"is_installed"`
    IsRenting int `json:"is_renting"`
    IsReturning int `json:"is_returning"`
    LastReported int `json:"last_reported"`
    HasAvailableKeys bool `json:"eightd_has_available_keys"`
}
```

여기에는 몇 가지 유의사항이 있다. (1)밑줄이 있는 필드를 피함으로써 Go의 관용적 사용
법을 따랐지만 (2)JSON 데이터에서 예상되는 필드에 따라 구조체 필드에 레이블Label을 추
가하기 위해 json 구조체 태그를 사용했다.

 JSON 데이터를 적절하게 구문 분석해 값을 읽으려면 구조체 필드는 내보낸(exported)
필드여야 한다. 다시 말해, 필드는 대문자로 시작해야 한다. 필드가 내보내지지 않으면
encoding/json은 리플렉션(reflection)을 사용해 해당 필드를 볼 수 없다.

이제 URL에서 JSON 데이터를 가져와 새 stationData값으로 읽을 수 있다. 이렇게 하면
각 필드에 태그가 있는JSON 데이터 필드의 데이터가 저장돼 있는 구조체가 생성된다. 여
러 정류장 중 하나를 출력해 이를 확인해볼 수 있다.

```go
// URL로부터 JSON 응답을 얻는다.
response, err := http.Get(citiBikeURL)
if err != nil {
    log.Fatal(err)
}
defer response.Body.Close()
// 응답의 Body를 []byte로 읽는다.
body, err := ioutil.ReadAll(response.Body)
if err != nil {
    log.Fatal(err)
}
// stationData 유형의 변수를 선언한다.
var sd stationData
// stationData 변수로 JSON 데이터를 읽는다.
if err := json.Unmarshal(body, &sd); err != nil {
    log.Fatal(err)
}
// 첫 번째 정류장 정보를 출력한다.
fmt.Printf("%+v\n\n", sd.Data.Stations[0])
```
이 코드를 실행하면 URL로부터 읽어온 데이터가 저장된 구조체를 확인할 수 있다.
```
$ go build
$ ./myprogram
{ID:72 NumBikesAvailable:11 NumBikesDisabled:0 NumDocksAvailable:25
NumDocksDisabled:0 IsInstalled:1 IsRenting:1 IsReturning:1
LastReported:1495252934 HasAvailableKeys:false}
```

이 코드를 실행하면 URL로부터 읽어온 데이터가 저장된 구조체를 확인할 수 있다.

```
$ go build
$ ./myprogram
{ID:72 NumBikesAvailable:11 NumBikesDisabled:0 NumDocksAvailable:25
NumDocksDisabled:0 IsInstalled:1 IsRenting:1 IsReturning:1
LastReported:1495252934 HasAvailableKeys:false}
```

JSON 출력

이제 stationData 구조체값에 Citi Bike 정류장에 대한 정보가 있고 이를 파일로 저장해야 하는 경우를 생각해볼 수 있다. 이 작업은 json.marshal을 사용해 처리할 수 있다.

```go
// 데이터를 마샬링한다(다시 JSON으로 만든다)[5].
outputData, err := json.Marshal(sd)
if err != nil {
    log.Fatal(err)
}

// JSON 형식으로 생성된 데이터를 파일에 저장한다.
if err := ioutil.WriteFile("citibike.json", outputData, 0644); err != nil {
    log.Fatal(err)
}
```

▌ SQL 유형 데이터베이스

주변에서 NoSQL 데이터베이스와 Key-Value 저장소에 대한 광고들로 넘쳐나지만 여전히 SQL 유형의 데이터베이스를 매우 흔히 접할 수 있다. 모든 데이터 과학자는 어느 시점에서 Postgres, MySQL, SQLite와 같은 SQL 유형 데이터베이스를 처리하게 된다.

예를 들어 머신 러닝 모델을 훈련하기 위한 기능 집합을 생성하기 위해 Postgres 데이터베이스에서 하나 이상의 쿼리를 처리해야 할 수도 있다. 이 모델을 사용해 예측을 하거나 변칙적인 부분을 식별한 후 대시보드나 기타 보고서 도구를 제공하는 다른 데이터베이스 테이블로 이 결과를 보낼 수 있다.

---

5 마샬링(Marshaling)은 서로 다른 프로그램(또는 컴퓨터) 간에 데이터가 교환될 수 있도록 자료 형태를 적당한 형태로 변형하는 것을 의미한다. – 옮긴이

Go는 물론 SQL, NoSQL, Key-Value 등과 같은 모든 유명한 데이터 저장소와 상호작용
이 잘 이루어진다. 하지만 책에서는 SQL 유형 데이터베이스와의 상호작용에 초점을 맞
출 예정이다. SQL 유형 데이터베이스와의 상호작용을 위해 database/sql을 사용한다.

SQL 데이터베이스에 연결하기

SQL 유형 데이터베이스에 연결하기 전에 먼저 상호작용하고 드라이버에 임포트할 대
상 데이터베이스를 식별해야 한다. 다음 예제에서는 Postgres 데이터베이스에 연결하고
database/sql을 위해 github.com/lib/pq 데이터베이스 드라이버를 사용한다. 이 드라이
버는 빈 임포트(empty import)를 통해 로드할 수 있다(주석 포함).

```
import (
        "database/sql"
        "fmt"
        "log"
        "os"

        // pq는 databases/sql를 활용해 postgres에 연결하는
        // 기능을 제공하는 라이브러리다.
        _ "github.com/lib/pq"
)
```

이제 Postgres 연결 문자열을 환경 변수 PGURL로 내보냈다고 가정해보자. 그러면 다음 코
드를 통해 연결을 위한 sql.DB값을 쉽게 생성할 수 있다.

```
// postgres 연결 URL을 얻는다. 이를 환경 변수에 저장한다.
pgURL := os.Getenv("PGURL")
if pgURL == "" {
    log.Fatal("PGURL empty")
}
```

```
// 데이터베이스값을 연다. databases/sql를 위한
// postgres 드라이버를 지정한다.
db, err := sql.Open("postgres", pgURL)
if err != nil {
    log.Fatal(err)
}
defer db.Close()
```

defer 키워드를 사용해 이 값에 대해 close 메소드의 호출을 연기해야 한다는 점에 주의한다. 또한 이 값을 생성한다고 해서 데이터베이스에 성공적으로 연결됐다는 것을 의미하지 않는다는 점에도 주의한다. 이 값은 단지 특정 작업(쿼리와 같은 작업)에 의해 database/sql이 데이터베이스에 연결하는 데 사용되는 값이다.

데이터베이스에 성공적으로 연결됐는지 확인하기 위해 Ping 메소드를 사용할 수 있다.

```
if err := db.Ping(); err != nil {
    log.Fatal(err)
}
```

데이터베이스 쿼리하기

데이터베이스에 연결하는 방법을 살펴봤으니 데이터베이스에서 데이터를 가져오는 방법에 대해 살펴보자. 책에서는 특정 SQL 쿼리Query나 구문에 대한 내용을 다루지 않는다. SQL에 익숙하지 않은 경우에는 query, insert 등의 데이터베이스 작업 방법을 먼저 익힐 것을 권장한다. 기본적으로 책의 내용을 이해하기 위해서는 관련 SQL 데이터베이스에서 수행할 두 종류의 작업에 대해 알아야 한다.

- 쿼리Query 작업은 데이터베이스의 선택Select, 그룹화Group, 집계 등의 작업을 거친 후 얻은 데이터 행을 반환한다.

- Exec 작업은 데이터베이스에 저장된 데이터의 일부를 반환해야 한다는 조건이 없이 데이터베이스의 상태 갱신, 데이터 삽입, 데이터 수정과 같은 작업을 처리하는 데 사용한다.

데이터베이스에서 데이터를 가져오기 위해서는 쿼리[Query] 작업을 사용해야 한다. 쿼리를 사용하기 위해서는 SQL 구문 문자열을 사용해 데이터베이스에 요청[Query]해야 한다. 예를 들어 여러 붓꽃[iris flower]의 측정 결과(꽃잎 길이, 꽃잎의 넓이 등)를 저장하는 데이터베이스를 가지고 있다고 가정하면 다음과 같이 특정 붓꽃 품종에 관련된 데이터 일부를 요청할 수 있다.

```
// 데이터베이스 요청하기.
rows, err := db.Query(`
    SELECT
            sepal_length as sLength,
            sepal_width as sWidth,
            petal_length as pLength,
            petal_width as pWidth
    FROM iris
    WHERE species = $1`, "Iris-setosa")
if err != nil {
    log.Fatal(err)
}
defer rows.Close()
```

이 코드는 sql.Rows값에 대한 포인터를 반환한다. 따라서 이 값을 닫는 작업을 지연해야 한다는 점에 주의한다. 그러면 루프를 통해 행에 대한 데이터를 예상되는 유형의 값으로 파싱할 수 있다. Scan 메소드를 사용해 SQL 쿼리에 의해 반환된 열을 파싱할 수 있으며 이를 표준 출력으로 보내 출력할 수 있다.

```
// 루프를 통해 행에 대한 데이터를 반복해서 읽어
// 결과를 표준 출력으로 보낸다.
```

```
for rows.Next() {

    var (
        sLength float64
        sWidth float64
        pLength float64
        pWidth float64
    )

    if err := rows.Scan(&sLength, &sWidth, &pLength, &pWidth); err != nil {
        log.Fatal(err)
    }

    fmt.Printf("%.2f, %.2f, %.2f, %.2f\n", sLength, sWidth, pLength,
pWidth)
}
```

마지막으로 행을 처리하는 동안 발생할 수 있는 오류를 확인해야 한다. 데이터 처리 과정에서 무결성을 유지하기 위해 행 데이터에 대한 루프 작업이 완료된 후 오류가 발생하지 않는다고 가정할 수 없다.

```
// 행 데이터에 대한 루프 작업이 완료되면 오류를 확인한다.
if err := rows.Err(); err != nil {
    log.Fatal(err)
}
```

데이터베이스 수정하기

앞에서 언급했듯이 Exec라는(Query가 아닌) 다른 종류의 데이터베이스 상호작용이 있다. 이 유형의 구문을 사용하면 데이터베이스의 하나 또는 그 이상의 테이블의 상태를 갱신하거나 추가하거나 변경할 수 있다. 이를 위해 동일한 데이터베이스 연결을 사용하지만 dq.Query를 호출하는 대신 db.Exec를 호출한다.

예를 들어 앞서 사용했던 붓꽃 데이터베이스에서 값을 일부 갱신하려고 한다고 가정해 보자.

```go
// 일부 값을 갱신한다.
res, err := db.Exec("UPDATE iris SET species = 'setosa' WHERE species = 'Iris-setosa'")
if err != nil {
    log.Fatal(err)
}
```

하지만 내용 변경 작업이 성공적으로 처리됐는지 어떻게 확인할 수 있을까? 앞의 코드에서 반환되는 res 함수를 활용하면 갱신 작업에 의해 영향을 받은 열의 수를 확인할 수 있다.

```go
// 업데이트된 행의 수를 확인한다.
rowCount, err := res.RowsAffected()
if err != nil {
    log.Fatal(err)
}

// 업데이트된 행의 수를 표준 출력을 통해 출력한다.
log.Printf("affected = %d\n", rowCount)
```

캐싱

머신 러닝 알고리즘은 종종 예측을 위해 외부 소스(예: API)의 데이터를 입력받아 훈련(학습)하는 경우가 있다. 다시 말해, 머신 러닝 모델이나 분석을 실행하는 애플리케이션에 로컬에 저장되지 않은 데이터를 사용하는 경우가 있다. 또한 자주 접근하거나 가까운 미래에 업데이트될 수 있고 애플리케이션이 실행되는 동안 사용이 가능해야 하는 다양한 데이터 집합을 접하게 될 것이다.

52

적어도 이중의 일부는 데이터를 메모리에 캐싱Caching하거나 애플리케이션이 실행되는 로컬 공간에 데이터를 가져오는 것이 좋은 경우가 있다. 예를 들어, 정부 API에 접근해야 하는 경우(일반적으로 대기 시간이 길다) 사용되는 인구 통계 정보를 로컬이나 메모리 내부 캐시에 저장하는 것을 고려하면 지속적으로 정부 API에 접근하는 것을 피할 수 있다.

메모리에 데이터 캐싱하기

메모리에 여러 값을 캐싱하기 위해 github.com/patrickmn/go-cache를 사용할 예정이다. 이 패키지를 사용하면 키Key와 해당하는 값Value의 조합으로 인-메모리 캐시를 생성할 수 있다. 특정 키-값 조합의 캐시에 유지시간과 같은 특정 값을 저장하는 것도 가능하다.

다음과 같이 인-메모리 캐시를 생성하고 생성한 캐시에 키-값 조합의 데이터를 저장할 수 있다.

```
// 기본 만료 시간이 5분이며 30초마다 만료된 항목을 제거하는
// 캐시를 생성한다.
c := cache.New(5*time.Minute, 30*time.Second)

// 캐시에 키-값(Key-Value)을 넣는다.
c.Set("mykey", "myvalue", cache.DefaultExpiration)
```

그런 다음, 캐시에서 mykey의 값을 가져올 때는 Get 메소드를 사용하면 된다.

```
v, found := c.Get("mykey")
if found {
    fmt.Printf("key: mykey, value: %s\n", v)
}
```

디스크에 로컬로 데이터 캐싱하기

앞에서 살펴본 캐싱 방법은 메모리 캐싱이다. 즉, 애플리케이션이 실행되는 동안에만 캐시에 저장된 데이터가 존재하며 접근이 가능하다. 따라서 애플리케이션이 종료되면 데이터가 사라진다. 경우에 따라 애플리케이션이 재시작되거나 종료되는 경우에도 캐시된 데이터를 유지해야 하는 경우가 있다. 캐시를 백업하면 애플리케이션을 처음부터 시작해 필요한 데이터를 캐시에 저장하지 않아도 된다.

이런 시나리오에서는 github.com/boltdb/bolt와 같은 로컬에 저장되는 캐시를 고려해야 한다. BoltDB는 이런 종류의 애플리케이션에서 매우 자주 사용되는 프로젝트이며 기본적으로 로컬 키-값 저장소를 포함한다. 로컬 키-값 저장소를 초기화할 때는 다음 작업을 수행한다.

```go
// 현재 디렉토리에서 embedded.db 데이터 파일을 연다.
// 파일이 존재하지 않는 경우에는 파일을 생성한다.
db, err := bolt.Open("embedded.db", 0600, nil)
if err != nil {
    log.Fatal(err)
}
defer db.Close()

// 데이터를 저장하기 위해 boltdb 파일에 "bucket"을 생성한다.
if err := db.Update(func(tx *bolt.Tx) error {
    _, err := tx.CreateBucket([]byte("MyBucket"))
    if err != nil {
        return fmt.Errorf("create bucket: %s", err)
    }
    return nil
}); err != nil {
    log.Fatal(err)
}
```

물론 BoltDB에 여러 "buckets"를 저장할 수 있으며 embedded.db 대신 다른 파일 이름을
사용할 수 있다.

```
// BoltDB 파일에 키-값 조합의 데이터를 넣는다.
if err := db.Update(func(tx *bolt.Tx) error {
    b := tx.Bucket([]byte("MyBucket"))
    err := b.Put([]byte("mykey"), []byte("myvalue"))
    return err
}); err != nil {
    log.Fatal(err)
}
```

그런 다음, BoltDB에서 값을 가져오기 위해 데이터를 확인할 수 있다.

```
// BoltDB 파일에 저장된 키-값 조합의 데이터를
// 표준 출력으로 출력한다.
if err := db.View(func(tx *bolt.Tx) error {
    b := tx.Bucket([]byte("MyBucket"))
    c := b.Cursor()
    for k, v := c.First(); k != nil; k, v = c.Next() {
        fmt.Printf("key: %s, value: %s\n", k, v)
    }
    return nil
}); err != nil {
    log.Fatal(err)
}
```

█ 데이터 버전 관리

앞서 설명했듯이 머신 러닝 모델은 사용하는 훈련 데이터, 매개변수의 선택, 입력 데이터에 따라 매우 다른 결과를 생성한다. 따라서 협업, 창조, 기준을 유지하기 위해 결과를 재현할 수 있어야 한다.

- **협업**: 여러분이 소셜 미디어에서 보는 것과 달리 데이터 과학 및 머신 러닝 유니콘(즉, 데이터 과학과 머신 러닝의 모든 영역에서 지식과 능력을 갖춘 사람들)은 없다. 따라서 동료의 검토가 필요하며 협업을 통해 작업을 향상시켜야 한다. 그런데 결과 및 분석을 재현할 수 없으면 이런 것들이 불가능하다.
- **창조**: 여러분은 어떨지 모르지만 나는 어제 한 일을 기억하기 어려울 때가 있다. 따라서 우리 스스로가 추론과 논리를 항상 기억할 수 있다고 믿기 어렵고, 머신 러닝 모델을 다룰 때는 스스로를 더욱 믿을 수 없다. 사용하는 데이터, 생성된 결과, 해당 결과를 생성한 방법을 정확하게 추적해야 한다. 이것이 머신 러닝 모델과 기술을 지속적으로 향상시킬 수 있는 유일한 방법이다.
- **규정 준수**: 마지막으로 머신 러닝에서 데이터 버전 관리 및 재현성에 관해서는 선택의 여지가 없다. 유럽 연합의 일반 데이터 보호 규정(GDPR)과 같이 알고리즘을 통해 결정된 사항에 대한 설명을 사용자에게 제공해야 하는 법안이 전 세계적으로 통과되고 있다. 처리하는 데이터와 생산되는 결과를 추적할 수 있는 강력한 방법이 없다면 단순히 이런 규칙에 이의를 제의할 수 없다.

다양한 오픈 소스 데이터 버전 관리 프로젝트들이 있다. 이들 중 일부는 보안 및 데이터의 피어 투 피어Peer-to-Peer 분산 저장에 중점을 둔다. 데이터 과학 작업 흐름에 중점을 두는 다른 프로젝트들도 있다. 책에서는 데이터 버전 관리 및 데이터 파이프라인 작업을 위한 오픈 소스 프레임워크인 파키덤Pachyderm(http://pachyderm.io/)에 초점을 맞추고 이 프레임워크를 사용할 예정이다. 파키덤을 사용하는 이유는 책의 뒷부분에서 생산된 결과를 배포하고 머신 러닝 파이프라인의 관리를 설명할 때 분명히 알 수 있을 것이다. 지금은 Go 기반 머신 러닝 프로젝트 중에서 버전 관리를 위한 매력적인 선택이 될 수 있는 파키덤의 기능 중 일부를 요약하는 것으로 시작해보자.

- 편리한 Go 클라이언트인 github.com/pachyderm/pachyderm/src/client를 제공한다.
- 모든 유형 및 형식의 데이터를 버전 관리 할 수 있는 기능을 제공한다.
- 버전이 있는 데이터에 대한 유연한 객체 저장소 백업 기능을 제공한다.
- 버전이 있는 머신 러닝 모델을 수행하는 데이터 파이프라인 시스템을 통합할 수 있는 기능을 제공한다.

파키덤 용어

파키덤에서 데이터의 버전을 관리하는 것을 Git에서 코드를 관리하는 것과 같이 생각해볼 수 있다. 기본 원리는 비슷하다.

- **저장소**Repositories: 버전 관리되는 데이터의 모음으로 Git 저장소에서 버전 관리되는 코드의 모음과 비슷하다.
- **커밋**Commit: 커밋을 통해 데이터 저장소에 저장된 데이터가 파키덤에서 버전 관리된다.
- **브랜치**Branches: 특정 커밋 또는 커밋 집합(최근 HEAD 커밋에 대한 마스터 포인트를 예로 들 수 있다)에 대한 간략한 지점을 나타낸다.
- **파일**: 파키덤에서는 데이터가 파일 단위로 버전 관리되며 파키덤은 자동으로 중복 제거와 같은 전략을 사용해 데이터 저장 공간을 효율적으로 유지시킨다.

파키덤을 활용한 데이터 버전 관리는 Git에서 코드의 버전을 관리하는 것과 비슷할 수 있지만 몇 가지 중요한 차이점이 있다. 예를 들어 데이터 병합은 불가능하다. 페타바이트(petabytes) 단위의 데이터가 충돌하는 경우 이를 해결할 수 없다. 또한 Git 프로토콜은 일반적으로 대용량 데이터 집합에 대해 효율적이지 않다. 파키덤은 버전 관리 작업 및 버전이 지정된 데이터를 활용한 작업에 대해 자체 내부 로직을 사용해 이를 수행하며 이 로직은 공간 및 캐싱 측면에서 효율적으로 처리된다.

파키덤 설치

책에서는 데이터의 버전 관리뿐만 아니라 분산된 머신 러닝 모델을 생성하는 등 다양한 곳에서 파키덤을 활용할 예정이다. 파키덤 자체는 쿠버네티스Kubernetes(https://kubernetes.io/)를 기반으로 실행되는 응용프로그램이며 원하는 객체 저장소를 선택할 수 있다. 책의 주요 목적인 개발, 실험을 위해 파키덤을 로컬에서 쉽게 설치하고 사용할 수 있다. 설치는 보통 5−10분 정도가 소요되며 쉽게 설치할 수 있다. 로컬에 설치하는 방법에 대한 안내는 파키덤 문서 http://docs.pachyderm.io에서 확인할 수 있다.

머신 러닝 모델을 제품 수준에서 실행하거나 머신 러닝 모델을 배포할 준비가 완료되면 로컬 설치와 같이 매우 쉬운 방법으로 생산 가능한 수준의 파키덤 클러스터를 배포할 수 있다. 파키덤은 모든 클라우드에 배포 가능하며 로컬에도 배포할 수 있다.

앞서 설명했듯이 파키덤은 오픈 소스 프로젝트이며 적극적인 사용자 그룹을 가지고 있다. 질문이 있거나 도움이 필요한 경우 공개 파키덤 슬랙Pachyderm Slack 채널인 http://slack.pachyderm.io/에 가입해 필요한 도움을 얻을 수 있다. 이 채널을 통해 질문하면 적극적인 파키덤 사용자들과 파키덤 팀이 여러분에 질문에 신속하게 대응할 수 있을 것이다.

데이터 버전 관리를 위한 데이터 저장소 생성하기

파키덤 문서 내용에 따라 파키덤의 로컬 설치가 완료되면 다음과 같은 기능이 준비된다.

- 파키덤이 설치된 컴퓨터에 Minikube VM에서 실행되는 쿠버네티스
- 파키덤 클러스터에 연결된 pachctl 커맨드 라인 도구가 설치된다.

물론 클라우드에서 실행되는 제품군이 있는 경우 다음 단계가 적용된다. 이 경우 pachctl 커맨드 라인 도구는 원격 클러스터에 연결된다.

 Go 프로그램인 pachctl CLI(Command-Line Interface) 도구를 활용해 데이터 버전 관리 기능을 수행하는 데모를 진행할 예정이다. 하지만 앞서 설명했듯이 파키덤은 모든 기능을 갖춘 Go 클라이언트를 내장하고 있다. 따라서 저장소 생성, 데이터 커밋, 기타 작업을 바로 Go 프로그램을 통해 처리할 수 있다. 이런 기능들은 9장, '분석 결과 및 모델 배포하기'에 서 설명할 예정이다.

myrepo라는 이름의 데이터 저장소를 생성할 때는 다음 코드를 실행한다.

```
$ pachctl create-repo myrepo
```

위의 명령을 실행한 다음 list-repo 명령을 통해 해당 저장소가 존재하는지 확인할 수 있다.

```
$ pachctl list-repo
NAME CREATED SIZE
myrepo 2 seconds ago 0 B
```

myrepo 저장소는 직접 정의한 데이터의 모음이며 버전이 지정된 데이터를 저장할 준비가 완료된 저장소다. 아직 데이터를 저장하지 않았기 때문에 저장소에는 데이터가 존재하지 않는다.

데이터 저장소에 데이터 넣기

간단한 텍스트 파일이 있다고 가정해보자.

```
$ cat blah.txt
이 텍스트 파일은 예제 파일입니다.
```

만약 이 텍스트 파일이 머신 러닝 모델에 사용하는 데이터의 일부인 경우 이 텍스트 파일에 대해 버전을 지정해 관리해야 한다. 앞에서 생성한 myrepo 저장소에서 이 파일에 대해 버전을 지정하려면 이 파일을 저장소에 커밋Commit해야 한다.

```
$ pachctl put-file myrepo master -c -f blah.txt
```

-c 옵션(플래그)은 파키덤에서 새로운 커밋을 열고, 참조하는 파일을 삽입하고, 커밋하는 작업을 한번에 처리하려는 경우에 지정한다. -f 옵션(플래그)은 파일을 제공할 때 지정한다.

여기에서는 단일 저장소의 마스터 브랜치에 파일 하나를 커밋한다는 점에 주의하자. 파키덤 API는 매우 유연하기 때문에 버전 관리되는 여러 파일에 대해 커밋, 삭제, 수정 등의 작업을 한번의 커밋 또는 여러 커밋을 통해 처리할 수 있다. 또한 이런 파일들은 URL, 객체 저장소 링크, 데이터베이스 덤프(dump) 등을 통해 버전 관리할 수 있다.

검사를 통해 저장소에 파일에 버전이 지정됐는지 확인할 수 있다.

```
$ pachctl list-repo
NAME CREATED SIZE
myrepo 10 minutes ago 25 B
$ pachctl list-file myrepo master
NAME TYPE SIZE
blah.txt file 25 B
```

버전 관리되는 데이터 저장소에서 데이터 가져오기

이제 파키덤에 버전 관리되는 데이터가 준비됐으니 저장된 데이터와 상호작용하는 방법에 대해 살펴보자. 이를 위한 첫 번째 방법은 파키덤 데이터 파이프라인을 사용하는 것이다(이는 책의 뒷부분에서 설명한다). 파이프라인을 사용할 때 버전 관리되는 데이터와 상호작용하는 메커니즘은 단순한 파일 I/O다.

하지만 파키덤에서 버전 관리되는 데이터의 특정 집합을 수동으로 가져와 이를 상호작용하는 방식으로 분석하려는 경우에는 pachctl CLI를 사용해 데이터를 가져올 수 있다.

```
$ pachctl get-file myrepo master blah.txt
이 텍스트 파일은 예제 파일입니다.
```

▮ 참조

CSV 데이터

- **encoding/csv 문서**: https://golang.org/pkg/encoding/csv/
- **github.com/kniren/gota/dataframe 문서**: https://godoc.org/github.com/kniren/gota/dataframe

JSON 데이터

- **encoding/json 문서**: https://golang.org/pkg/encoding/json/
- **빌 케네디의 JSON 디코딩에 대한 블로그 포스트**: https://www.goinggo.net/2014/01/decode-json-documents-in-go.html
- **벤 존슨의 Go 작업 방법에 대한 블로그 포스트**: https://medium.com/go-walkthrough/go-walkthrough-encoding-json-package-9681d1d37a8f

캐싱

- github.com/patrickmn/go-cache 문서: https://godoc.org/github.com/patrickmn/go-cache
- github.com/boltdb/bolt 문서: https://godoc.org/github.com/boltdb/bolt
- BoltDB에 대한 정보 및 동기: https://npf.io/2014/07/introto-boltdb-painless-performant-persistence/

파키덤

- 일반 문서: http://docs.pachyderm.io
- Go 클라이언트 문서: https://godoc.org/github.com/pachyderm/pachyderm/src/client
- 공개 사용자 슬랙Slack 팀 등록 주소: http://docs.pachyderm.io

▍요약

이 장에서는 데이터의 수집, 구성 및 데이터의 구문을 분석하는 방법에 대해 배웠다. 이는 머신 러닝 모델을 개발하는 첫 번째 단계이며 가장 중요한 단계 중 하나다. 데이터에 대한 통찰이 없는 경우에는 단순히 데이터만 확보한다고 해서 데이터 처리를 위한 표준 형식으로 이를 구조화 한다는 것과 거리가 멀다. 2장에서는 데이터를 구조화하고(행렬) 데이터를 더 잘 이해하기 위한 기술(확률 및 통계)에 대해 살펴본다.

02

행렬, 확률, 통계

책에서는 머신 러닝에 대한 실용적, 응용적 접근 방법을 사용하겠지만 기본적인 주제에 대해 이해하고 머신 러닝을 적절히 적용하는 것이 필수적이다. 특히 확률 및 통계에 대한 기본적인 이해가 바탕이 되면 관련 문제와 특정 알고리즘을 대응시키고 데이터와 결과를 이해하고 필요한 변환을 데이터에 적용할 수 있다. 행렬과 약간의 선형대수학은 데이터를 적절하게 표현하고 최적화, 최소화 및 행렬 기반의 변환을 구현하는 데 사용한다.

여러분이 수학이나 통계에 잘 알지 못한다 해도 너무 걱정하지 않길 바란다. 2장에서 기본 내용들을 일부 다루고 책의 뒷부분에서 사용할 관련 통계 방법 및 행렬 기법을 활용해 프로그래밍적으로 동작하는 방법에 대해 보여줄 예정이다. 또한 이 책은 통계, 확률, 선형대수학에 대한 책이 아니다. 하지만 머신 러닝에 대한 더 깊은 이해를 위해 이런 주제들에 대해 시간을 갖고 더 깊이 배울 필요가 있다.

▌ 행렬 및 벡터

머신 러닝에 대해 배우고 적용하는 데 시간을 많이 할애하면서 행렬과 벡터를 많이 참조한다는 사실을 알게 된다. 사실, 여러 머신 러닝 알고리즘을 분해해보면 행렬의 반복 연산으로 이루어져 있다. 행렬과 벡터란 무엇이며 행렬과 벡터를 Go 프로그램에서 어떻게 표현하는지에 대해 살펴보자.

책에서는 대부분 github.com/gonum 패키지를 활용해 행렬과 벡터를 구성하고 이들을 사용해 작업한다. github.com/gonum 패키지는 수치 계산에 초점을 맞춘 여러 개의 훌륭한 Go 패키지들 중 하나이며 점점 더 발전하고 있다.

벡터

벡터는 순서를 정해 행(왼쪽에서 오른쪽) 또는 열(위 아래)로 정렬해 숫자를 모아서 표현하는 것을 말한다. 벡터 내 각 숫자들을 구성요소라 부른다. 예를 들어 벡터는 기업의 매출을 나타내는 숫자의 모음이나 온도를 나타내는 숫자들의 모음일 수 있다.

물론 다음과 같이 Go 슬라이스slice[1]를 통해 순서가 정해진 숫자들의 모음을 쉽게 사용할 수 있다.

```
// 슬라이스(slice)를 통해 "벡터"를 초기화한다.
var myvector []float64

// 벡터에 구성요소를 몇 개 추가한다.
myvector = append(myvector, 11.0)
myvector = append(myvector, 5.2)

// 표준 출력으로 결과를 출력한다.
fmt.Println(myvector)
```

---

1 Go 언어에서 슬라이스(slice)는 배열의 일종이다. 배열과 마찬가지로 인덱스(index)를 통해 접근 가능하며 길이를 가진다. 배열과 달리 길이가 바뀔 수 있다. – 옮긴이

실제로 슬라이스는 순서가 지정된 데이터 모음이다. 슬라이스가 행이나 열의 개념을 표현하지는 않기 때문에 슬라이스를 활용해 다양한 벡터 계산을 하기 위한 별도의 작업이 필요하다. 고맙게도 벡터 운영 측면에서 gonum은 float64로 구성된 슬라이스를 계산하기 위한 gonum.org/v1/gonum/floats를 제공하고 벡터 유형(관련 메소드 포함)과 행렬을 활용한 계산이 가능한 gonum.org/v1/gonum/mat를 제공한다.

```
// 새로운 벡터값 생성하기.
myvector := mat.NewVector(2, []float64{11.0, 5.2})
```

벡터 연산

앞서 설명했듯이 벡터를 활용해 작업하려면 벡터/행렬 관련 연산 및 규칙의 사용이 필요하다. 예를 들어 벡터의 곱, 두 벡터가 유사한지 확인하는 등의 작업을 위해서는 벡터/행렬 관련 연산 및 규칙을 적용해야 한다. gonum.org/v1/gonum/floats와 gonum.org/v1/gonum/mat에는 모두 내적, 정렬, 벡터의 거리 계산 등과 같은 벡터/슬라이스 연산을 위한 메소드 및 함수가 내장돼 있다. 내장된 기능이 상당히 많기 때문에 책에서는 모든 기능을 다루지는 않지만 벡터를 활용한 작업 방법에 대한 일반적인 이해는 얻을 수 있을 것이다. 먼저 gonum.org/v1/gonum/floats를 활용해 다음과 같이 작업할 수 있다.

```
// 슬라이스로 표현되는 두 "벡터"를 초기화한다.
vectorA := []float64{11.0, 5.2, -1.3}
vectorB := []float64{-7.2, 4.2, 5.1}

// A와 B 벡터의 내적을 계산한다.
// (https://en.wikipedia.org/wiki/Dot_product).
dotProduct := floats.Dot(vectorA, vectorB)
fmt.Printf("A와 B 벡터의 내적: %0.2f\n", dotProduct)

// A 벡터의 각 요소에 1.5를 곱한다.
```

```
floats.Scale(1.5, vectorA)
fmt.Printf("A 벡터에 1.5 곱한 결과: %v\n", vectorA)

// B 벡터의 놈(norm)/길이를 계산한다.
normB := floats.Norm(vectorB, 2)
fmt.Printf("벡터 B의 놈/길이: %0.2f\n", normB)
```

gonum.org/v1/gonum/mat를 활용해 비슷한 연산을 작업할 수 있다.

```
// 슬라이스로 표현되는 두 "벡터"를 초기화한다.
vectorA := mat.NewVector(3, []float64{11.0, 5.2, -1.3})
vectorB := mat.NewVector(3, []float64{-7.2, 4.2, 5.1})

// A와 B 벡터의 내적을 계산한다.
// (https://en.wikipedia.org/wiki/Dot_product).
dotProduct := mat.Dot(vectorA, vectorB)
fmt.Printf("A와 B 벡터의 내적: %0.2f\n", dotProduct)

// A 벡터의 각 요소에 1.5배 곱한다.
vectorA.ScaleVec(1.5, vectorA)
fmt.Printf("A 벡터에 1.5 곱한 결과: %v\n", vectorA)

// B 벡터의 놈(norm)/길이를 계산한다.
normB := blas64.Nrm2(3, vectorB.RawVector())
fmt.Printf("벡터 B의 놈/길이: %0.2f\n", normB)
```

두 경우의 의미는 비슷하다. 벡터(행렬이 아닌)로만 작업하는 경우에는 float로 이루어진 슬라이스에 대해 좀 더 빠르고 가벼운 연산이 필요한데, 이 경우 gonum.org/v1/gonum/floats가 좋은 선택이 될 수 있다. 하지만 행렬과 벡터 모두를 활용해 작업하는 경우에는 벡터/행렬에 대한 좀 더 넓은 범위의 기능에 접근해야 하기 때문에 gonum.org/v1/gonum/mat를 사용하는 것이 더 나은 선택이다(종종 gonum.org/v1/gonum/blas/blas64를 사용하는 것이 좋은 선택인 경우도 있다).

행렬

많은 사람들이 행렬과 선형대수학을 복잡하게 생각하지만, 간단하게 설명하면 다음과 같다. 행렬은 단지 직사각형의 숫자 집합에 불과하며 선형 대수는 행렬과 관련된 규칙을 규정한다. 예를 들어 4 x 3 직사각형에 배열된 숫자가 있는 행렬 A는 다음과 같다.

$$\begin{pmatrix} a_{11} & a_{12} & a_{13} & a_{14} \\ a_{21} & a_{22} & a_{23} & a_{24} \\ a_{31} & a_{32} & a_{33} & a_{34} \\ a_{41} & a_{42} & a_{43} & a_{44} \end{pmatrix}$$

A(a_{11}, a_{12}, 등등)의 구성요소는 행렬에 배치할 개별 숫자들이며 아래 첨자는 행렬 내 구성요소의 위치를 나타낸다. 첫 번째 인덱스index는 행을 나타내고 두 번째 인덱스는 열을 나타낸다. 일반적으로 행렬 A는 M 행과 N 열이 있는 임의의 모양 및 크기를 가질 수 있다.

$$\begin{pmatrix} a_{11} & a_{12} & \cdots & a_{1N} \\ a_{21} & a_{22} & \cdots & a_{2N} \\ \vdots & \vdots & \vdots & \vdots \\ a_{M1} & a_{M2} & \cdots & a_{MN} \end{pmatrix}$$

gonum.org/v1/gonum/mat를 활용해 이와 같은 행렬을 만들려면 float64값을 활용해 행렬의 모든 구성요소를 수평적으로 표현하는 슬라이스를 생성해야 한다. 예를 들어 다음과 같은 행렬을 만든다고 가정해보자.

$$\begin{pmatrix} 1.2 & -5.7 \\ -2.4 & 7.3 \end{pmatrix}$$

이 행렬을 위해서는 다음과 같이 float64값을 활용한 슬라이스를 생성해야 한다.

```
// 행렬의 수평적인 표현을 생성한다.
data := []float64{1.2, -5.7, -2.4, 7.3}
```

그런 다음, 이 정보를 치수 정보와 함께 gonum.org/v1/gonum/mat에 제공해 새 mat.Dense 행렬값을 만든다.

```
// 행렬을 만든다(첫 번째 인자는 행의 수이며 두 번째 인자는
// 열의 수를 나타낸다).
a := mat.NewDense(2, 2, data)

// 검사를 위해 행렬을 표준 출력을 통해 출력한다.
fa := mat.Formatted(a, mat.Prefix(" "))
fmt.Printf("mat = %v\n\n", fa)
```

앞의 코드에서는 검사를 위해 행렬을 출력할 때 gonum.org/v1/gonum/mat의 훌륭한 행렬 구성 기능을 사용한 점에 주목하자. 앞의 코드를 실행하면 다음과 같은 출력 결과를 볼 수 있다.

```
$ go build
$ ./myprogram
A = ⎡ 1.2 -5.7⎤
    ⎣-2.4  7.3⎦
```

그런 다음 내장 메소드를 통해 A 행렬의 특정 값에 접근하거나 수정할 수 있다.

```
// 행렬에서 값 하나를 가져온다.
val := a.At(0, 1)
fmt.Printf("The value of a at (0,1) is: %.2f\n\n", val)

// 특정 열에서 값을 가져온다.
col := mat.Col(nil, 0, a)
fmt.Printf("The values in the 1st column are: %v\n\n", col)

// 특정 행에서 값을 가져온다.
row := mat.Row(nil, 1, a)
fmt.Printf("The values in the 2nd row are: %v\n\n", row)
```

```
// 행렬의 값 하나를 변경한다.
a.Set(0, 1, 11.2)

// 전체 행을 변경한다.
a.SetRow(0, []float64{14.3, -4.2})

// 전체 열을 변경한다.
a.SetCol(0, []float64{1.7, -0.3})
```

행렬 연산

벡터와 마찬가지로 행렬도 산술 연산에 대한 고유 규칙을 가진다. 행렬과 관련된 산술 연산의 일부는 일반적으로 예상되는 것과 비슷한 방식으로 동작한다. 하지만 행렬끼리 곱셈을 하거나 역행렬을 구하는 계산을 할 때는 특히 주의를 기울여야 한다.

이를 위해 gonum.org/v1/gonum/mat는 산술 연산 및 특별한 연산을 편리하게 처리하기 위한 훌륭한 API를 제공한다. 다음은 더하기, 곱하기, 나누기 등과 같은 연산의 일부를 보여주는 예제다.

```
// 같은 크기의 두 개의 행렬 a와 b를 생성한다.
a := mat.NewDense(3, 3, []float64{1, 2, 3, 0, 4, 5, 0, 0, 6})
b := mat.NewDense(3, 3, []float64{8, 9, 10, 1, 4, 2, 9, 0, 2})

// 다른 크기의 세 번째 행렬을 생성한다.
c := mat.NewDense(3, 2, []float64{3, 2, 1, 4, 0, 8})

// a와 b 행렬을 더한다.
d := mat.NewDense(0, 0, nil)
d.Add(a, b)
fd := mat.Formatted(d, mat.Prefix(" "))
fmt.Printf("d = a + b = %0.4v\n\n", fd)

// a와 c 행렬을 곱한다.
```

```
f := mat.NewDense(0, 0, nil)
f.Mul(a, c)
ff := mat.Formatted(f, mat.Prefix(" "))
fmt.Printf("f = a c = %0.4v\n\n", ff)

// 행렬값에 제곱 연산을 한다.
g := mat.NewDense(0, 0, nil)
g.Pow(a, 5)
fg := mat.Formatted(g, mat.Prefix(" "))
fmt.Printf("g = a^5 = %0.4v\n\n", fg)

// 행렬 a의 각 요소에 함수를 적용한다.
h := mat.NewDense(0, 0, nil)
sqrt := func(_, _ int, v float64) float64 { return math.Sqrt(v) }
h.Apply(sqrt, a)
fh := mat.Formatted(h, mat.Prefix(" "))
fmt.Printf("h = sqrt(a) = %0.4v\n\n", fh)
```

특히 앞의 Apply( ) 메소드에 주목하자. 이 기능은 행렬의 요소에 함수를 적용할 수 있는 기능을 제공하기 때문에 매우 유용하게 활용될 수 있다. 같은 함수를 행렬의 모든 요소에 적용할 수도 있고 행렬 요소의 인덱스별로 함수를 만들어 적용할 수도 있다. 예를 들어 이 기능을 요소 단위의 곱셈, 사용자 정의 함수의 적용, 외부 패키지의 함수의 적용 등의 작업을 수행하는 데 활용할 수 있다.

또한 gonum.org/v1/gonum/mat는 행렬식, 고유값 또는 고유벡터, 역행렬 구하기 등 다양한 작업을 처리할 수 있는 기능을 제공한다. 제공하는 기능이 매우 다양하기 때문에 책에서는 모든 기능을 다루지는 않는다. 일부 기능만 샘플로 확인해보자.

```
// 새 행렬 a를 생성한다.
a := mat.NewDense(3, 3, []float64{1, 2, 3, 0, 4, 5, 0, 0, 6})

// 행렬의 전치를 계산하고 이를 출력한다.
ft := mat.Formatted(a.T(), mat.Prefix(" "))
fmt.Printf("a^T = %v\n\n", ft)
```

```
// 행렬 a의 행렬식을 계산하고 이를 출력한다.
deta := mat.Det(a)
fmt.Printf("det(a) = %.2f\n\n", deta)

// 행렬 a의 역행렬을 구하고 이를 출력한다.
aInverse := mat.NewDense(0, 0, nil)
if err := aInverse.Inverse(a); err != nil {
    log.Fatal(err)
}
fi := mat.Formatted(aInverse, mat.Prefix(" "))
fmt.Printf("a^-1 = %v\n\n", fi)
```

앞의 예제에서는 무결성과 가독성을 유지하기 위해 Go의 명시적 오류 처리 기능을 활용했다는 점에 주목하자. 모든 행렬이 역행렬을 갖지는 않는다. 즉, 역행렬을 구할 수 없는 행렬도 존재한다. 행렬 및 규모가 큰 데이터 집합을 활용해 작업할 때는 이렇게 다양한 상황이 발생할 수 있고, 이런 상황에서도 우리가 제작하는 프로그램이 예상대로 동작할 수 있도록 오류 처리를 하는 것이 중요하다.

▌ 통계

결국 데이터의 품질, 데이터에 대한 이해, 결과에 대한 평가 및 확인이 머신 러닝 응용프로그램의 성공에서 가장 중요한 요인이다. 이 세 가지 모두 통계를 이해하기 위해 필수적인 요소들이다.

통계 분야는 데이터를 이해하고 결과를 계량화하는 데 도움을 준다. 또한 머신 러닝 응용프로그램의 성능을 측정하고 특정 머신 러닝 문제(예: 과적합overfitting)를 방지하는 메커니즘도 제공한다.

책에서는 선형대수학과 마찬가지로 통계 분야를 자세히 소개할 수는 없다. 하지만 통계를 배울 수 있는 온라인 자료 및 인쇄 자료들이 많다. 책에서는 Go에서 구현하는 실용적인 내용과 함께 통계 분야의 기초에 대한 근본적인 이해에 초점을 맞출 예정이다. 분포^{distribution}의 개념과 이런 분포를 정량화하고 시각화하는 방법에 대해 소개한다.

분포

분포는 데이터 집합 내에서 값들이 얼마나 자주 나오는지를 나타낸 것이다. 예를 들어, 여러분이 데이터 과학자로서 특정 제품이나 서비스의 일일 판매에 대한 데이터를 추적하며 이런 일일 판매 수치의 긴 목록(벡터나 행렬의 한 부분으로 나타낼 수 있는)을 가지고 있다고 가정해보자. 이런 판매 수치는 데이터집합의 일부이며 어떤 날은 하루 판매 수치가 121달러, 어떤 날은 207달러 등과 같은 수치가 포함될 수 있다.

축적한 데이터 중에서 가장 낮은 판매 수치를 기록한 데이터가 있을 것이다. 축적한 데이터 중에서 가장 높은 판매 수치를 기록한 데이터도 존재할 것이며 나머지는 가장 낮은 수치에서 가장 높은 수치 사이에 존재하게 될 것이다(중복이 없다고 가정했을 때). 다음 이미지는 판매 수치의 낮은 값, 높은 값, 중간 값을 보여준다.

다시 말하면, 매출 분포 또는 적어도 판매 분포의 여러 표현 중 하나라고 할 수 있다. 이 영역에는 숫자가 많이 존재하는 영역이 있고 적은 숫자들이 차지하는 영역이 있다는 점에 주목하자. 또한 숫자들이 분포의 중심에 가까워지는 경향이 있다는 점에 주목한다.

통계적 측정 방법

분포가 어떤 모양을 갖는지 정량화하기 위해 다양한 통계적 측정 방법을 사용할 예정이다. 일반적으로 이런 측정 방법에는 두 가지 유형이 있다.

1. **중심 경향 측정**^{Central tendency measures}: 이 측정 방법은 값들이 가장 많이 존재하는 위치는 어디인지 또는 분포의 중심이 어디인지를 측정한다(앞의 그림 참조).
2. **확산 또는 분산 측정**: 이 측정 방법은 분포된 값들이 전체 범위에 걸쳐 어떻게 분포돼 있는지를 측정한다(가장 낮은 값에서부터 가장 높은 값에 이르기까지).

이러한 통계적 측정 방법을 신속하게 계산하는 데 사용할 수 있는 다양한 패키지들이 있다. 책에서는 gonum.org/v1/gonum/stat(아마 gonum이 광범위하게 사용된다는 것을 눈치챘을 것이다)과 github.com/montanaflynn/stats를 사용한다.

 gonum.org/v1/gonum/stat과 github.com/montanaflynn/stats의 패키지 이름에는 한 단어가 차이 난다는 점에 주의하자. 다음 절에서 예제를 확인할 때 이점을 명심하기 바란다.

중심 경향 측정 방법

중심 경향 측정 방법에는 다음과 같은 내용들이 포함된다.

- **평균**^{Mean}: 평균은 가장 흔하게 참조되는 값이다. 분포의 모든 수를 더하고, 이를 더한 수의 개수로 나눠 평균을 계산한다.
- **중앙값**^{Median}: 분포에서 가장 작은 수에서부터 가장 높은 수에 이르기까지 모든 수들을 정렬한다면 중앙값^{Median}은 가장 작은 수와 가장 높은 수의 절반을 의미한다.
- **최빈값**^{Mode}: 최빈값^{Mode}은 분포에서 가장 자주 발생하는 값을 의미한다.

1장, '데이터 수집 및 구성'에서 소개한 붓꽃 데이터 집합의 한 열에 있는 값에 대해 앞서 설명한 측정 방법을 계산해보자. 상기해보면 이 데이터 집합에는 꽃의 품종과 함께 꽃을 측정한 네 개의 열이 포함돼 있다. 따라서 측정치가 저장된 각 열에는 해당 측정값의 분포를 나타내는 일련의 값이 포함된다.

```go
// CSV 파일 열기.
irisFile, err := os.Open("../data/iris.csv")
if err != nil {
    log.Fatal(err)
}
defer irisFile.Close()

// CSV 파일에서 데이터프레임 생성하기.
irisDF := dataframe.ReadCSV(irisFile)

// 이 변수에 대한 측정값을 확인하기 위해
// "sepal_length" 열에서 float값을 가져온다.
sepalLength := irisDF.Col("sepal_length").Float()

// 변수의 평균(Mean) 계산하기.
meanVal := stat.Mean(sepalLength, nil)

// 변수의 최빈값(Mode) 계산하기.
modeVal, modeCount := stat.Mode(sepalLength, nil)

// 변수의 중앙값(Median) 계산하기.
medianVal, err := stats.Median(sepalLength)
if err != nil {
    log.Fatal(err)
}

// 표준 출력으로 결과 출력하기.
fmt.Printf("\n꽃받침 길이 요약 통계:\n")
fmt.Printf("평균값: %0.2f\n", meanVal)
fmt.Printf("최빈값: %0.2f\n", modeVal)
```

```
fmt.Printf("최빈값의 개수: %d\n", int(modeCount))
fmt.Printf("중앙값: %0.2f\n\n", medianVal)
```

이 프로그램을 실행하면 다음과 같은 결과를 확인할 수 있다.

```
$ go build
$ ./myprogram

꽃받침 길이 요약 통계:
평균값: 5.84
최빈값: 5.00
최빈값의 개수: 10
중앙값: 5.80
```

평균값, 최빈값, 중앙값이 모두 약간 다른 것을 볼 수 있다. 하지만 평균값과 중앙값은 sepal_length 열에 있는 값과 매우 비슷한 것을 볼 수 있다.

반면에 앞의 코드에서 꽃받침 길이^{sepal_length}를 꽃잎 길이^{petal_length}로 변경하면 다음과 같은 결과가 나타난다.

```
$ go build
$ ./myprogram

꽃받침 길이 요약 통계:
평균값: 3.76
최빈값: 1.50
최빈값 개수: 14
중앙값: 4.35
```

꽃잎 길이^{petal_length}의 경우 평균값과 중앙값이 서로 비슷하지 않다. 따라서 이미 이 정보로부터 데이터에 대한 통찰을 가질 수 있다. 평균값과 중앙값이 비슷하지(가깝지) 않은 경우 높은 값과 낮은 값은 각각 평균값을 높게 또는 낮게 끌어당긴다. 이런 영향은 중앙값에서는 눈에 띄지 않는다. 이런 현상을 기울어진 분포^{skewed distribution}이라고 한다.

확산 또는 분산 측정하기

이제 측정한 값이 어디에 위치해 있는지(또는 분포의 중심이 어딘지)에 대해 확인했기 때문에 분포된 값들이 분포의 중앙에서 어떻게 확산되어 있는지를 정량화해 보자. 이를 정량화하는 데 널리 사용되는 측정값들은 다음과 같다.

- **최댓값**: 분포에서 가장 높은 값
- **최솟값**: 분포에서 가장 낮은 값
- **범위**: 최댓값과 최솟값 사이의 차이
- **분산**: 분산은 분포된 모든 값을 취한 다음 분포의 중앙값과의 차이를 구하고 이 차이 값을 제곱한다. 이어서 각각의 차이 값을 제곱한 수를 모두 더하고 분포의 값의 개수로 나눈다.
- **표준 편차**: 분산의 제곱근
- **분위수/사분위수**: 중앙값과 유사하게 이 측정값은 특정 수의 값이 측정값 아래에 있는 위치와 특정 수의 값이 측정값 위에 있는 위치를 확인해 분포의 중단점을 정의한다.

gonum.org/v1/gonum/stat을 사용하면 이 측정값의 계산은 다음과 같이 수행할 수 있다.

```
// CSV 파일 열기.
irisFile, err := os.Open("../data/iris.csv")
if err != nil {
    log.Fatal(err)
}
defer irisFile.Close()

// CSV 파일에서 데이터프레임 생성하기.
irisDF := dataframe.ReadCSV(irisFile)

// 이 변수에 대한 측정값을 확인하기 위해
// "sepal_length" 열에서 float값을 가져온다.
```

```go
sepalLength := irisDF.Col("petal_length").Float()

// 변수의 최솟값을 계산한다.
minVal := floats.Min(sepalLength)

// 변수의 최댓값을 계산한다.
maxVal := floats.Max(sepalLength)

// 변수의 중앙값을 계산한다.
rangeVal := maxVal - minVal

// 변수의 분산을 계산한다.
varianceVal := stat.Variance(sepalLength, nil)

// 변수의 표준 편차를 계산한다.
stdDevVal := stat.StdDev(sepalLength, nil)

// 값을 정렬한다.
inds := make([]int, len(sepalLength))
floats.Argsort(sepalLength, inds)

// 분위수를 계산한다.
quant25 := stat.Quantile(0.25, stat.Empirical, sepalLength, nil)
quant50 := stat.Quantile(0.50, stat.Empirical, sepalLength, nil)
quant75 := stat.Quantile(0.75, stat.Empirical, sepalLength, nil)

// 표준 출력을 통해 결과를 출력한다.
fmt.Printf("\n꽃받침 길이 요약 통계:\n")
fmt.Printf("최댓값: %0.2f\n", maxVal)
fmt.Printf("최솟값: %0.2f\n", minVal)
fmt.Printf("범위값: %0.2f\n", rangeVal)
fmt.Printf("분산: %0.2f\n", varianceVal)
fmt.Printf("표준 편차: %0.2f\n", stdDevVal)
fmt.Printf("25분위: %0.2f\n", quant25)
fmt.Printf("50분위: %0.2f\n", quant50)
fmt.Printf("75분위: %0.2f\n\n", quant75)
```

이 프로그램을 실행하면 다음과 같은 결과를 확인할 수 있다.

```
$ go build
$ ./myprogram

꽃받침 길이 요약 통계:
최댓값: 6.90
최솟값: 1.00
범위값: 5.90
분산: 3.11
표준 편차: 1.76
25분위: 1.60
50분위: 4.30
75분위: 5.10
```

이제 이 값들이 sepal_length 열에 있는 값에 대해 어떤 의미를 갖는지 살펴보자. 다음과 같은 추론이 가능하다.

먼저 표준 편차는 1.76이고 값의 전체 범위는 5.90이다. 분산과는 반대로 표준 편차는 자체 값들과 단위가 동일하기 때문에 값의 범위에 따라 값이 달라지는 것을 볼 수 있다(표준 편차 값은 전체 값 범위의 약 30%다).

다음으로 분위수를 살펴보자. 25%분위는 분포에 있는 값의 25%가 측정값보다 아래에 위치하며 나머지 75%는 이보다 높은 값을 갖는다는 것을 의미한다. 이는 50%와 75% 분위에서도 비슷하다. 25%분위는 75%분위와 최댓값 사이의 거리보다 최솟값에 더 가깝다. 따라서 분포에서 높은 값이 낮은 값보다 확산될 가능성이 크다는 것을 추론할 수 있다.

물론 분포가 어떤 모양을 갖는지 정량화하는 데 도움을 얻기 위해 중심 경향 측정 방법과 이런 측정값들을 조합해 사용하는 것도 가능하며 책에서 다루지 않는 다른 방법들도 존재한다.

여기에서 중요한 점은 데이터에 대한 이해를 돕기 위해 이런 측정 방법 및 측정값들을 활용하는 것이 좋다는 것이다. 이를 통해 정확한 결과를 얻을 수 있고 작업을 점검할 수 있다.

분포 시각화하기

분포의 모양을 정량화하는 것이 중요하지만 데이터에 대한 직관력을 얻기 위한 가장 좋은 방법은 분포를 시각화하는 것이다. 값의 분포를 시각적으로 표현할 수 있는 다양한 유형의 도표Plot 및 그래프가 있다. 이런 도구들을 활용하면 데이터의 멘탈 모델Mental Model을 형성하고 데이터에 대한 정보를 팀의 다른 구성원 응용프로그램 사용자 등에 전달하는 데 도움이 된다.

히스토그램

분포를 이해하는 데 도움을 주는 그래프 또는 차트 유형에서 가장 먼저 살펴볼 유형은 히스토그램histogram이라 불리는 유형이다. 사실 히스토그램은 값을 구성하고 값의 개수를 세는 데 활용할 수 있는 방법이며, 히스토그램 도표에 해당 값을 표시할 수 있다. 이를 위해 지난 절에서 살펴봤던 판매량에 대한 분포를 예로 들어보자.

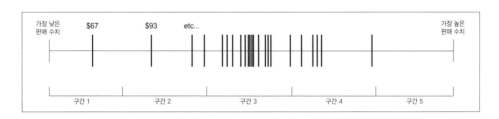

다음으로 얼마나 많은 값이 각 칸Bin에 있는지 개수를 센다.

이런 개수들은 구간의 정의와 함께 히스토그램을 형성한다. 그런 다음 이 정보를 개수에 대한 도표로 쉽게 변환할 수 있으며, 이 도표를 활용하면 분포를 시각적으로 잘 표현할 수 있다.

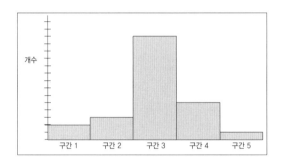

이번에도 실제 데이터에서 히스토그램을 만들고 막대그래프를 나타내는 데 gonum을 사용할 수 있다. 다른 유형과 함께 이런 유형의 도표를 위해 gonum에서 제공하는 패키지는 gonum.org/v1/plot에서 찾을 수 있다. 예를 들어 붓꽃에 대한 데이터 집합의 각 열에 대한 히스토그램 도표를 작성해보자.

먼저 gonum을 임포트한다.

```
import (
    "gonum.org/v1/plot"
    "gonum.org/v1/plot/plotter"
    "gonum.org/v1/plot/vg"
)
```

그리고 붓꽃 데이터 집합을 읽고, 데이터프레임을 생성한 다음, 히스토그램 도표를 형성하는 숫자 열을 살펴본다.

```go
// CSV 파일 열기.
irisFile, err := os.Open("../data/iris.csv")
if err != nil {
    log.Fatal(err)
}
defer irisFile.Close()

// CSV 파일에서 데이터프레임 생성하기.
irisDF := dataframe.ReadCSV(irisFile)

// 데이터 집합에 있는 각 숫자 열에서 히스토그램을 생성한다.
for _, colName := range irisDF.Names() {

    // 특정 열이 숫자 열인 경우
    // 해당 값의 히스토그램을 생성한다.
    if colName != "species" {

        // plotter.Values값을 생성하고 데이터프레임에서 각각에
        // 해당하는 값들로 plotter.Values값을 채운다.
        v := make(plotter.Values, irisDF.Nrow())
        for i, floatVal := range irisDF.Col(colName).Float() {
            v[i] = floatVal
        }

        // 도표를 만들고 제목을 설정한다.
        p, err := plot.New()
        if err != nil {
            log.Fatal(err)
        }
        p.Title.Text = fmt.Sprintf("Histogram of a %s", colName)

        // 표준 정규 분포로 그려지는 히스토그램을 만든다.
        h, err := plotter.NewHist(v, 16)
        if err != nil {
```

```
            log.Fatal(err)
        }

        // 막대그래프를 정규화한다.
        h.Normalize(1)

        // 히스토그램을 도표에 추가한다.
        p.Add(h)

        // 도표를 PNG 파일로 저장한다.
        if err := p.Save(4*vg.Inch, 4*vg.Inch, colName+"_hist.png"); err != nil {
            log.Fatal(err)
        }
    }
}
```

히스토그램을 정규화(h.Normalize( )를 사용해서)한 것에 주의한다. 개수가 다른 분포와 비교해야 하는 경우가 발생할 수 있기 때문에 정규화하는 것이 일반적이다. 히스토그램을 정규화하면 다른 분포를 나란히 표시할 수 있다.

앞의 코드는 붓꽃 데이터 집합의 숫자 열에 대해 다음과 같이 4개의 *.png 파일을 생성한다.

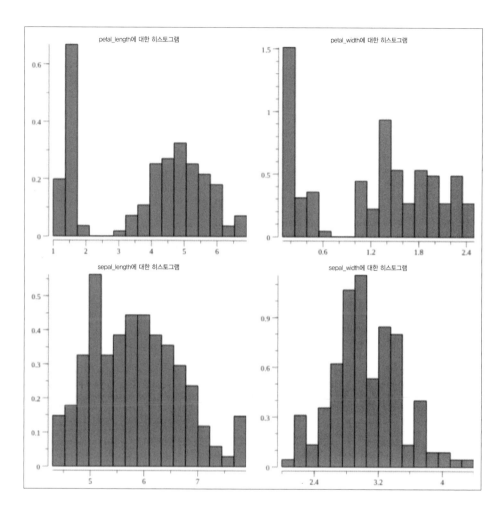

이 분포는 다른 분포들과 서로 다른 모양을 가지고 있다. sepal_width 분포는 종형곡선 Bell Curve 또는 정규/가우시안 분포(책에 뒷부분에서 이 내용에 대해 다룰 예정이다)와 유사한 모양을 하고 있다. 반면에 petal 분포는 서로 다른 값들이 두 분류로 나뉜 것처럼 보인다. 나중에 이런 관찰 방법을 활용해 머신 러닝 모델을 개발할 예정이다. 하지만 지금은 이런 시각화가 데이터에 대한 멘탈 모델Metal Model을 개발하는 데 어떻게 도움이 되는지에 대해 주목해 살펴보기 바란다.

박스 도표

데이터에 대해 시각적으로 이해하는 방법에 히스토그램만 있는 것은 아니다. 가장 널리 사용되는 다른 유형의 도표로 **박스 도표**Box Plot라 불리는 방법도 있다. 또한 박스 도표는 분포에서 값의 그룹화 및 확산에 대한 이해도 제공한다. 하지만 히스토그램과는 달리 박스 도표는 데이터에 대한 이해를 도와주는 여러 특징이 있다.

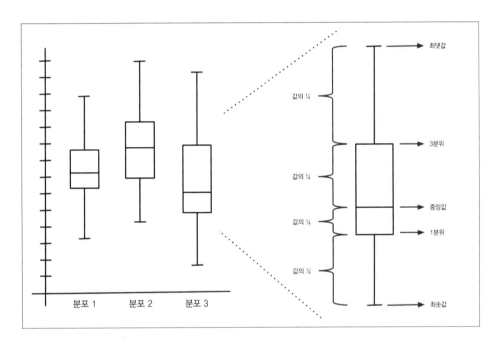

박스 도표의 경계선은 중앙값, **1분위**(25% 분위/백분위), **3분위**로 정의되기 때문에 중앙의 두 개의 상자에 같은 개수의 분포값이 포함된다. 한 상자가 다른 상자보다 큰 경우 분포가 기울었다는 것을 의미한다.

박스 도표는 두 개의 꼬리 또는 수염으로 불리는 정보를 포함한다. 이 정보들은 값의 대부분이 포함된(중앙 50%) 영역과 비교해 분포 범위를 시각적으로 빠르게 알려주는 역할을 한다.

박스 도표에 대한 이해를 하기 위해 붓꽃 데이터 집합에 대한 도표를 다시 만들어보자. 히스토그램과 마찬가지로 gonum.org/v1/plot을 사용할 예정이다. 하지만 이번에는 모든 박스 도표를 동일한 *.png 파일에 넣는다.

```
// CSV 파일을 연다.
irisFile, err := os.Open("../data/iris.csv")
if err != nil {
    log.Fatal(err)
}
defer irisFile.Close()

// CSV 파일에서 데이터프레임을 생성한다.
irisDF := dataframe.ReadCSV(irisFile)

// 도표를 생성하고 제목과 축 레이블을 설정한다.
p, err := plot.New()
if err != nil {
    log.Fatal(err)
}

p.Title.Text = "Box plots"
p.Y.Label.Text = "Values"

// 데이터에 대한 박스를 생성한다.
w := vg.Points(50)

// 데이터 집합에 있는 각 숫자 열에서 박스 도표를 생성한다.
for idx, colName := range irisDF.Names() {

    // 특정 열이 숫자 열인 경우,
    // 해당 값의 박스 도표를 생성한다.
    if colName != "species" {

        // plotter.Values값을 생성하고 데이터프레임에서 각각에
        // 해당하는 값들로 plotter.Values값을 채운다.
        v := make(plotter.Values, irisDF.Nrow())
```

```
        for i, floatVal := range irisDF.Col(colName).Float() {
            v[i] = floatVal
        }

        // 도표에 데이터를 추가한다.
        b, err := plotter.NewBoxPlot(w, float64(idx), v)
        if err != nil {
            log.Fatal(err)
        }
        p.Add(b)

    }
}

// x=0, x=1 등의 지정된 이름을 사용해
// 도표의 X 축의 이름을 설정한다.
p.NominalX("sepal_length", "sepal_width", "petal_length", "petal_width")

if err := p.Save(6*vg.Inch, 8*vg.Inch, "boxplots.png"); err != nil {
    log.Fatal(err)
}
```

이 프로그램을 실행하면 다음과 같은 그림이 생성된다.

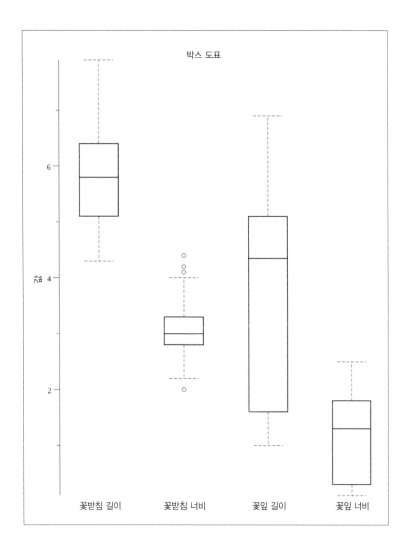

히스토그램에서 관찰했듯이 sepal_length 열은 상대적으로 대칭적인 모습을 보인다. 반면에 petal_length는 상대적으로 덜 대칭적인 모습을 하고 있다. gonum이 박스 도표 외곽선에 몇 가지 특징(점 또는 원형으로)을 추가시킨 점에 주목한다. 이 값들은 분포의 중앙값과 적어도 일정 거리 이상 떨어진 값을 나타낸다.

▌ 확률

이 시점에서 여러분은 데이터(행렬 및 벡터)를 표현하고 조작하는 여러 방법에 대해 이해할 수 있을 것이다. 또한 데이터를 수집하고 데이터에 대해 이해하고 데이터가 어떤 모양(통계)을 하고 있는지를 정량화하는 방법에 대한 이해도 생겼다. 하지만 머신 러닝 응용프로그램을 개발하다 보면 종종 어떤 예측이 정확할 가능성이 얼마나 큰지, 결과의 기록을 고려했을 때 특정 결과가 얼마나 중요한 의미를 갖는지에 대해 알고 싶은 경우가 발생할 수 있다. 확률은 이런 질문에 대한 답을 얻는 데 도움을 줄 수 있다.

일반적으로 확률은 사건이나 관측의 가능성과 연관돼 있다. 예를 들어 결정을 위해 동전을 던지는 경우 동전의 앞면이 나올 확률(50%), 동전의 뒷면이 나올 확률(50%), 던지는 동전이 공정한 동전일(확률이 동일한) 확률은 얼마일까? 이 예제는 사소해 보일 수 있지만 머신 러닝에 대한 작업을 하다 보면 이와 유사한 질문이 떠오르게 된다. 사실 일부 머신 러닝 알고리즘은 확률론적 규칙과 이론에 기초한다.

확률 변수

동전 던지기 시나리오와 유사하게 여러 결과(동전의 앞면과 뒷면)가 나올 수 있는 실험을 하고 있다고 가정해보자. 여러 결과 중 하나가 될 수 있는 변수를 정의한다. 이 변수를 **확률 변수**Random Variable라고 한다.

동전 던지기의 경우(확률이 공정한 동전이라고 가정할 때) 확률 변수의 각 결과에 대한 확률은 같다. 다시 말해, 동전의 앞면이 나올 확률과 뒷면이 나올 확률은 각각 50%다. 하지만 확률 변수의 다양한 값에 대해 발생할 확률이 동일할 필요는 없다. 비가 올지 안 올지를 예측할 때 그 결과에 대한 확률은 동일하지 않다.

확률 변수를 사용하면 앞서 언급한 이런 종류의 질문들에 대해 결과가 발생할 확률이 얼마이고 해당 결과가 얼마나 중요한지에 대해 정의하는 데 도움이 된다. 확률 변수는 한정된 결과를 가질 수 있고 연속된 변수의 범위를 나타낼 수 있다.

확률 측정방법

그렇다면 실험의 특정 결과가 발생할 가능성은 어떻게 관찰할 수 있을까? 이 질문에 대한 답을 정량화하기 위해 종종 확률이라 부르는 **확률 측정방법**을 도입한다. 확률은 0과 1사이의 수 또는 0%와 100% 사이의 수로 표현될 수 있다.

확률이 공정한 동전을 던지는 다음과 같은 시나리오가 있다고 가정해보자.

- 동전의 앞면이 나올 기회 또는 확률은 0.5 또는 50%이며 여기에서 0.5 또는 50% 는 확률 측정값이다.
- 동전의 뒷면이 나올 확률은 0.5 또는 50%다.

어떤 사건이 발생하면 가능한 결과 중 하나에 해당해야 하기 때문에 확률을 모두 더한 수 는 최대 1이어야 한다.

독립 및 조건부 확률

사건 중 하나의 확률이 다른 사건의 확률에 아무런 영향을 미치지 않는 경우 두 사건(실험의 결과)은 독립적이다. 독립 사건Independent Event의 예로 동전 던지기나 주사위 던지기를 들 수 있다. 반면에 종속 사건Dependent Event은 사건 중 하나의 확률이 다른 사건의 확률에 의존하는 경우다. 종속 사건의 예로 카드 한 벌에서 교체 없이 카드를 꺼내는 경우를 들 수 있다.

일반적으로 조건부 확률이라 부르는 두 번째 유형의 확률은 어떻게 정량화할 수 있을까? 기호로 나타내면, 독립적인 확률은 A의 확률인 $P(A)$로 나타낼 수 있다(여기에서 A는 동전 던지기, 주사위 던지기 등으로 표현될 수 있다). 조건부 확률은 주어진 A에 대한 B의 확률인 $P(B|A)$로 표현될 수 있다(여기에서 B는 다른 결과를 나타낸다).

조건부 확률을 계산할 때는 베이즈 정리/규칙Bayes Theorem/Rule: $P(A|B) = P(B|A)P(A) / P(B)$을 사용할 수 있다. 조건부 확률을 계산할 때는 다음에 정의된 용어를 사용한다.

- $P(A|B)$: B를 관찰한 후에 A를 알 수 있기 때문에 A의 사후 확률이라 부른다.
- $P(A)$: B를 관찰하기 전에 A에 대한 데이터를 갖기 때문에 A의 사전 확률이라 부른다.
- $P(B|A)$: B와 A에 대한 호환성을 측정하기 때문에 우도(likelihood)라 부른다.
- $P(B)$: 이미 알고 있는 B의 확률을 측정하기 때문에 B의 사전 확률(증거)이라 부른다.

베이즈 정리는 분류에 대한 기본 베이즈 기법과 같이 책의 뒷부분에서 다룰 다양한 기법의 기초가 된다.

가설 검정

베이즈 정리를 사용해 확률을 가진 문제에 대한 가능성을 정량화하고 조건부 확률을 계산할 수도 있다. 하지만 실제 관찰에 얼마나 중요한 질문이 포함되는지를 어떻게 정량화할 수 있을까? 예를 들어 공정한 동전의 앞면/뒷면이 나올 확률은 정량화할 수 있지만 결과가 얼마나 중요한지는 어떻게 결정할 수 있을까? 동전을 여러 번 던진 후에 앞면이 48% 뒷면이 52%의 확률로 나왔을 때 과연 이 결과는 중요한가? 동전이 공정하지 못해 이런 결과가 나온 것일까?

특정 문제가 얼마나 중요한지에 대한 해답을 얻기 위해 가설 검정Hypothesis testing이라는 프로세스를 사용한다. 이 프로세스는 일반적으로 다음과 같은 단계를 포함한다.

1. H_0라 지칭하는 **귀무 가설**과 H_a로 지칭하는 **대립 가설**을 공식화한다. H_0는 관찰한 대상(앞면 48%와 뒷면 52%)이 순수한 확률인 시나리오를 나타낸다. 반대로 H_a는 근본적으로 어떤 영향이 순수한 확률로부터 크게 벗어나는 시나리오(예를 들어 공정하지 않은 동전)를 나타낸다. 귀무 가설은 항상 참이라고 가정한다.
2. H_0의 유효성을 판별하는 데 사용할 **검정 통계량**을 결정한다.

3. p-값(유의확률)을 결정한다. 이 값은 H_0가 참이라고 가정할 때 적어도 시험 통계량만큼 유의한 결과를 관찰할 확률을 나타낸다. 이 p-값은 시험 통계량에 해당하는 확률 분포에서 얻을 수 있다(종종 표나 분포 함수로 표현된다).

4. 미리 정한 임계값과 p-값을 비교한다. p-값이 미리 정한 임계값보다 작거나 같다면 H_0는 H_a에 대해 배제된다.

다소 추상적으로 보일 수 있지만 이 과정은 특정 부분에서 머신 러닝 모델과 유사하다. 머신 러닝 모델을 광고에 최적화된 모델로 변경한 다음, 판매량의 변화가 실제로 통계적으로 중요한 의미를 갖는지 정량화하려는 경우를 예로 들 수 있다. 다른 시나리오로는 발생 가능한 사기성 네트워크 트래픽을 나타내는 로그를 분석해야 하는 경우를 들 수 있다. 이 경우 예상되는 네트워크 트래픽에서 통계적으로 중요한 편차를 인식하는 모델의 제작이 필요할 수 있다.

 여러분은 A/B 검정이라고 지칭하는 특정 가설 검정 방법을 마주하게 될 수도 있다. 책에서 나열한 프로세스가 일반적이지만 가설 검정을 위한 유일한 방법은 아니다. 베이지안(Bayesian) A/B 검정, 최적화를 위한 Badit 알고리즘 등 다양한 방법이 있다. 책에서는 이런 내용을 자세히 다루지는 않는다.

검정 통계량

가설 검정에 사용할 수 있는 다양한 검정 통계량이 있다. 여기에는 Z통계량, T통계량, F통계량, 카이제곱chi square 통계량이 포함된다. 물론 아무런 문제없이 Go에서 처음부터 이런 방법들을 구현하는 것도 가능하다. 하지만 여러분이 사용할 수 있는 기존에 구현된 라이브러리들이 있다.

gonum.org/v1/gonum/stat으로 돌아가보자. gonum.org/v1/gonum/stat을 사용하면 다음과 같이 카이제곱 통계량을 계산할 수 있다.

```
// 관찰값과 예상값을 정의한다.
// 이 값들은 대부분 여러분의 데이터로부터 얻어진다
// (웹 사이트 방문 등).
observed := []float64{48, 52}
expected := []float64{50, 50}

// 카이제곱 검정 통계량을 계산한다.
chiSquare := stat.ChiSquare(observed, expected)
```

p-값 계산하기

다음과 같은 시나리오가 있다고 가정해보자.

지역 주민을 대상으로 한 설문조사에 따르면 전체 주민의 60%는 정기적으로 운동하지 않고 25%는 가끔 운동을 하며 15%는 정기적으로 운동을 한다고 답했다. 훌륭한 모델을 설정하고 지역사회 서비스를 제공한 후에 동일한 질문으로 설문조사를 반복했다. 500명의 지역 주민을 대상으로 한 후속 설문조사는 다음과 같은 결과를 얻었다.

정기적으로 운동하지 않음: 260

가끔 운동함: 135

정기적으로 운동함: 105

전체: 500

이제 주민들의 반응에 통계적으로 유의미한 변화가 있는지를 확인하려고 한다. 책에서 설정한 가무 가설 및 대립 가설은 다음과 같다.

- H_0: 이전에 관찰된 백분율과의 편차는 순수한 우연에 기반한 것이다.
- H_a: 편차는 순수한 우연을 벗어난 주어진 어떤 영향에 기반한 것이다(새로운 지역 사회 서비스일 가능성이 있다).

먼저, 카이제곱 검정 통계량을 사용해 검정 통계량을 계산해보자.

```go
// 관찰된 빈도를 정의한다.
observed := []float64{
    260.0, // 정기적으로 운동하지 않는다고 답한 수를 나타낸다.
    135.0, // 가끔 운동한다고 답한 수를 나타낸다.
    105.0, // 정기적으로 운동한다고 답한 수를 나타낸다.
}

// 관찰한 전체 수를 정의한다.
totalObserved := 500.0

// 예상되는 빈도를 계산한다(다시 가무 가설을 추정한다).
expected := []float64{
    totalObserved * 0.60,
    totalObserved * 0.25,
    totalObserved * 0.15,
}

// 카이제곱 검정 통계량을 계산한다.
chiSquare := stat.ChiSquare(observed, expected)

// 표준 출력으로 검정 통계량을 출력한다.
fmt.Printf("\n카이-제곱 검정 통계량: %0.2f\n", chiSquare)
```

이 프로그램을 실행하면 다음과 같은 카이제곱 검정 통계량을 얻을 수 있다.

```
$ go build
$ ./myprogram
카이-제곱 검정 통계량: 18.13
```

다음으로 이 카이제곱 검정 통계량에 해당하는 p−값을 계산해야 한다. 이를 위해서는 **카이제곱 분포**에 대한 정보를 알아야 한다. 카이제곱 분포는 특정 카이제곱과 특정 **자유도**에 대한 p-값을 정의한다. github.com/gonum/stat에는 이 카이제곱 분포의 표현도 포함돼 있으며 이를 활용하면 p-값을 계산할 수 있다.

```
// K의 자유도를 적용해 카이제곱 분포를 만든다.
// 카이제곱 분포에 대한 자유도는 가능한 범주에서 1을 뺀 값이기 때문에
// 이 경우 K=3-1=2을 가진다.
chiDist := distuv.ChiSquared{
    K: 2.0,
    Src: nil,
}

// 특정 검정 통계량에 대한 p-값을 계산한다.
pValue := chiDist.Prob(chiSquare)

// 표준 출력으로 p-값을 출력한다.
fmt.Printf("p-value: %0.4f\n\n", pValue)
```
프로그램을 실행하면 다음과 같은 결과를 얻을 수 있다.
```
$ go build
$ ./myprogram

카이-제곱 검정 통계량: 18.13
p-value: 0.0001
```

따라서 두 번째 설문조사에서 볼 수 있는 편차의 결과가 우연히 발생했을 확률은 0.01% 다. 예를 들어 5%의 임계 값을 사용하는 경우(매우 흔하게 사용된다) 귀무 가설을 배제하고 대립 가설을 채택해야 한다.

▌ 참조

벡터와 행렬

- gonum.org/v1/gonum/floats 문서: https://godoc.org/gonum.org/v1/gonum/floats

- gonum.org/v1/gonum/mat 문서: https://godoc.org/gonum.org/v1/gonum/mat

통계

- gonum.org/v1/gonum/stat 문서: https://godoc.org/gonum.org/v1/gonum/stat
- github.com/montanaflynn/stats 문서: https://godoc.org/github.com/montanaflynn/stats

시각화

- gonum.org/v1/plot 문서: https://godoc.org/gonum.org/v1/plot
- gonum.org/v1/plot 예제를 제공하는 위키: https://github.com/gonum/plot/wiki/Example-plots

확률

- gonum.org/v1/gonum/stat/distuv 문서: https://godoc.org/gonum.org/v1/gonum/stat/distuv

▌ 요약

Go에서 행렬, 선형 대수, 통계 및 확률을 처리할 수 있는 기능에 대한 이번 내용을 통해 데이터를 이해하고 구조화하고 동작시키는 도구들을 활용할 수 있게 됐다. 이 도구들은 다양한 문제에 대한 작업을 진행하면서 책 전반에 걸쳐 사용된다. 또한 머신 러닝 외의 다양한 상황에서 이런 도구들을 활용할 수 있다. 다음 장에서는 머신 러닝 과정, 특히 평가 및 검증에서 매우 중요한 개념과 기술(기법)에 대한 내용에 대해 배운다.

03

평가 및 검증

머신 러닝 모델이 지속 가능하도록 유지시키고 진정한 가치를 생산하는 머신 러닝 응용프로그램을 개발하기 위해서는 머신 러닝 모델이 수행해야 하는 내용을 얼마나 잘 수행하고 있는지에 대해 측정할 수 있어야 한다. 또한 머신 러닝 모델이 생산된 결과에서 보게 될 데이터로 일반화됐는지에 대해서도 확인해야 한다. 이런 일들을 수행하지 않으면 이는 어둠 속에서 촬영하는 것과 같다고 할 수 있다. 머신 러닝 모델의 예상되는 동작을 이해하지 못하게 되므로 시간이 지나도 머신 러닝 모델의 성능을 향상할 수 없게 된다.

머신 러닝 모델이 자신의 역할을 얼마나 잘 수행하고 있는지(특정 데이터와 관련해)를 측정하는 프로세스를 **평가**evaluation라 부른다. 머신 러닝 모델이, 출력될 것으로 예상하는 데이터로 일반화될 수 있도록 확인하는 프로세스를 **검증**validation이라 부른다. 두 프로세스 모두 모든 머신 러닝 모델 및 응용프로그램에서 수행되어야 하며 3장에서는 두 프로세스를 모두 살펴본다.

▌ 평가

과학의 기본 원리는 측정이며 머신 러닝 과학에도 예외는 없다. 머신 러닝 모델이 자신의 역할을 얼마나 잘 수행하고 있는지에 대해 측정 또는 평가가 가능해야 한다. 측정을 통해 머신 러닝 모델의 성능을 향상하고, 다른 모델과 비교하며, 머신 러닝 모델이 제대로 동작하지 않는 경우 이를 감지할 수 있다.

하지만 여기에는 한 가지 문제가 있다. 머신 러닝 모델이 작업을 수행하는 정도를 어떻게 측정할 수 있을까? 머신 러닝 모델이 훈련(학습)하는 속도를 측정해야 할까? 아니면 얼마나 빨리 추론할 수 있는지를 측정해야 할까? 정확한 답을 얻어내는 횟수를 측정해야 할까? 측정하는 우리의 입장에서 정확한 답은 어떻게 알 수 있을까? 관찰된 값에서 얼마나 벗어나 있는지를 측정해야 할까? 그렇다면 벗어난 정도는 어떻게 측정할 수 있을까?

앞에서 잠시 살펴봤듯이 머신 러닝 모델을 평가할 때는 결정해야 하는 사항들이 매우 많다는 것을 알 수 있다. 여기에서 중요한 것은 문맥^{context}이다. 어떤 경우에는 효율이 정말 중요하지만, 모든 머신 러닝 문맥에서는 예측, 추론, 결과가 이상적인 예측, 추론, 결과와 얼마나 일치하는지를 측정해야 한다. 따라서 속도 최적화를 측정하기에 앞서, 계산된 결과와 이상적인 결과 간의 차이를 우선 비교 측정해야 한다.

일반적으로 평가해야 하는 결과에는 몇 가지 유형이 있다.

- **연속형**^{Continuous}: 총 판매액, 주가, 온도와 같이 연속적인 수치($12102.21, 92도 등)를 가질 수 있는 결과
- **범주형**^{Categorical}: 유한한 여러 범주에서 하나의 값을 가질 수 있는 사기성 여부, 활동, 이름과 같은 결과(사기, 서 있기, 프랭크 등)

각 유형의 결과에는 각각에 해당하는 측정 방법이 있으며 이런 측정 방법들을 이 장에서 다룰 예정이다. 하지만 측정 방법의 선택은 머신 러닝 모델을 통해 달성하고자 하는 바에 따라 달라질 수 있다는 점을 명심해야 한다. 모든 경우에 사용할 수 있는 단 한 가지 측정 방법은 없으며 경우에 따라서는 일반적이지 않은 자체적인 측정 방법을 직접 만들어 사용해야 할 수도 있다.

연속형 측정 방법

머신 러닝 모델이 주식과 같이 연속적인 값을 예측한다고 해보자. 그리고 실제 관측된 값과 비교할 수 있도록 예측된 값이 몇 개 축적됐다고 가정해보자.

```
관찰된 값, 예측값
22.1,17.9
10.4,9.1
9.3,7.8
18.5,14.2
12.9,15.6
7.2,7.4
11.8,9.7
...
```

이제 이 머신 러닝 모델의 성능은 어떻게 측정할 수 있을까? 이를 위한 첫 번째 단계는 관찰된 값과 예측값 간의 차이를 측정해 오차를 얻는 것이다.

```
관찰된 값, 예측값, 오차
22.1,17.9,4.2
10.4,9.1,1.3
9.3,7.8,1.5
18.5,14.2,4.3
12.9,15.6,-2.7
```

```
7.2,7.4,-0.2
11.8,9.7,2.1
...
```

오차는 예측된 값에서 실제 관찰된 값이 얼마나 벗어나 있는지에 대한 정보를 준다. 하지만 모든 오차를 개별적으로 확인하는 것은 실용적이지 않다. 특히 데이터의 양이 많은 경우 오차를 확인하는 것이 더욱 어려울 수밖에 없다. 이런 오차 값은 수백만 또는 그 이상이 될 수도 있다. 따라서 오차를 전체적으로 이해할 필요가 있다.

MSE^{Mean Squared Error}, 평균 제곱근 오차)와 MAE^{Mean Absolute Error}, 평균 절대값 오차)는 오차를 종합적으로 보여준다.

- MSE 또는 **평균 제곱 편차**^{Mean Squared Deviation, MSD}는 모든 오차를 제곱하고 평균을 구한 값이다.
- MAE는 모든 오차의 절대값의 평균을 구한 값이다.

MSE와 MAE 모두 우리의 예측이 얼마나 잘 진행됐는지에 대한 전반적인 정보를 전달해주지만 두 방법에는 차이가 있다. MSE는 오차의 제곱을 구하기 때문에 큰 오차값이 MAE에 비해 더욱 강조된다. 다시 말해, MSE는 큰 오차 값에 더욱 민감하게 반응한다. 반면 MAE는 예측하려는 변수와 동일한 단위를 유지하기 때문에 예측값과 직접 비교할 수 있다.

앞의 데이터 집합의 경우 관찰된 값과 예측값을 해석해 다음과 같이 MAE와 MSE를 계산할 수 있다.

```go
// 연속형 관찰값 및 예측값에 대한 결과를 연다.
f, err := os.Open("continuous_data.csv")
if err != nil {
    log.Fatal(err)
}
defer f.Close()
```

```
// 열린 파일을 읽는 새 CSV reader를 생성한다.
reader := csv.NewReader(f)

// observed 및 predicted 변수는 연속형 데이터 파일로부터
// 읽어온 관찰된 값 및 예측값에 대한 정보를 저장하는 데 사용된다.
var observed []float64
var predicted []float64

// line 변수는 로그를 위해 행(row)의 수를 기록한다.
line := 1

// 열(columns)에서 예기치 않은 유형에 대한 레코드를 읽는다.
for {

    // 행을 읽는다. 파일 끝에 도달했는지 확인한다.
    record, err := reader.Read()
    if err == io.EOF {
        break
    }

    // 헤더는 건너뛴다.
    if line == 1 {
        line++
        continue
    }

    // 관찰된 값과 예측값을 읽는다.
    observedVal, err := strconv.ParseFloat(record[0], 64)
    if err != nil {
        log.Printf("예상하지 못한 유형으로 인한 %d줄 읽기 실패\n", line)
        continue
    }

    predictedVal, err := strconv.ParseFloat(record[1], 64)
    if err != nil {
        log.Printf("예상하지 못한 유형으로 인한 %d줄 읽기 실패\n", line)
        continue
    }
```

```go
        // 예상되는 유형인 경우 슬라이스(slice)에 해당 레코드를 추가한다.
        observed = append(observed, observedVal)
        predicted = append(predicted, predictedVal)
        line++
    }

    // 평균 절대값 오차(MAE) 및 평균 제곱근 오차(MSE)를 계산한다.
    var mAE float64
    var mSE float64
    for idx, oVal := range observed {
        mAE += math.Abs(oVal-predicted[idx]) / float64(len(observed))
        mSE += math.Pow(oVal-predicted[idx], 2) / float64(len(observed))
    }

    // 표준 출력으로 MAE 및 MSE를 출력한다.
    fmt.Printf("\nMAE = %0.2f\n", mAE)
    fmt.Printf("\nMSE = %0.2f\n\n", mSE)
```

예제 데이터의 경우 앞의 코드를 실행하면 다음과 같은 출력을 확인할 수 있다.

```
$ go build
$ ./myprogram

MAE = 2.55

MSE = 10.51
```

이 결과 값이 좋은지 아닌지 여부를 판단하기 위해서는 이 결과를 관찰된 데이터의 값과 비교해야 한다. 특히 MAE는 2.55이고 관찰된 값의 평균은 14.0이기 때문에 MAE는 관찰된 값의 평균의 약 20%다. 이는 문맥Context을 기준으로 봤을 때 그리 좋지 않다.

MSE, MAE와 함께 **R-제곱**(R^2 또는 R2라고도 한다)또는 결정 계수coefficient of determination도 연속형값 모델을 측정하는 방법으로 사용된다.

R-제곱은 역시 예측값의 편차에 대한 일반적인 정보를 제공하지만 R-제곱은 약간 다르다. R-제곱은 예측값에서 수집한 관찰값에서 분산의 비율을 측정한다. 예측하고자 하는 값에는 변동성이 있다는 점을 기억하자. 예를 들어 주식 가격, 금리, 질병의 진행 상황을 예측하려고 할 때 이런 값들은 본질적으로 동일하지 않다(즉 값이 변한다). 관측된 값을 통해 이런 변동성을 예측하는 머신 러닝 모델을 만들려고 할 때 수집한 분산의 비율이 R-제곱으로 표시된다.

편리하게도 gonum.org/v1/gonum/stat에는 R-제곱을 계산할 수 있는 기능이 내장돼 있다.

```
// R^2값을 계산한다.
rSquared := stat.RSquaredFrom(observed, predicted, nil)

// 표준 출력으로 R^2값을 출력한다.
fmt.Printf("\nR^2 = %0.2f\n\n", rSquared)
```

예제 데이터 집합에 대해 앞의 코드를 실행하면 다음과 같은 결과를 얻을 수 있다.

```
$ go build
$ ./myprogram

R^2 = 0.37
```

이 R-제곱 결과는 과연 좋은 결과일까 나쁜 결과일까? R-제곱은 비율이라는 점과 비율에서는 더 높은 비율이 좋다는 점을 명심하자. 여기에서는 예측하려는 변수에서 분산의 약 37%라는 결과를 얻었다. 이는 그리 좋지 못한 결과다.

범주형 측정 방법

사기성 여부, 서 있기/앉아 있기/걷기, 승인/비승인 등 연속적이지 않은 이산적인 값을 예측하는 머신 러닝 모델을 만든다고 가정해보자. 이런 경우 데이터는 다음과 같을 것이다.

```
관찰된 값, 예측값
0,0
0,1
2,2
1,1
1,1
0,0
2,0
0,0
...
```

관찰된 값은 값의 유한한 수 중에서 하나를 가질 수 있다(여기에서는 1, 2 또는 3). 이런 값들
은 각각, 데이터에서 개별 카테고리 중 하나를 나타낸다(class 1은 사기성 거래, class 2는 비
사기성 거래, class 3은 유효하지 않은 거래 등에 해당될 수 있다). 예측값 또한 이런 값들 중 하나
를 가질 수 있다. 예측을 평가할 때는 이런 이산적인 예측이 얼마나 잘 진행됐는지를 측
정해야 한다.

범주형 변수에 대한 개별 평가 방법

실제로 정확도accuracy, 정밀도precision, 재현율recall, 특이도specificity, 민감도sensitivity, 위양성율
fallout, 허위 누락율false omission rate 등 다양한 방법이 존재한다. 연속형 변수와 마찬가지로
모든 경우에 사용할 수 있는 단 하나의 평가 방법은 없다. 문제에 접근할 때마다 문제에 알
맞고 프로젝트 목표에 부합하는 방법을 결정해야 한다. 여러분 모두 잘못된 방법으로 최
적화하고 이로 인해 다른 방법을 기반으로 머신 러닝 모델을 다시 구현하는 데 시간 낭비
를 하고 싶지는 않을 것이다.

각 평가 방법에 대해 이해하고 어떤 방법이 문제에 적합한지 판단하기 위해서는 이산적
인 변수에 대해 예측할 때는 다양한 시나리오가 발생할 수 있다는 점을 인지해야 한다.

- True Positive (TP): 특정 범주형 결과를 예측했고 관찰한 결과가 예측한 범주와 같
  은 범주라고 나온 경우(예를 들어, 사기성이라고 예측했는데 사기성이라고 관찰된 경우)

104

- **False Positive (FP):** 특정 범주형 결과를 예측했지만 실제 관찰 결과는 다른 범주라고 나온 경우(예를 들어, 사기성이라고 예측했는데 관찰 결과는 사기성이 아닌 경우)
- **True Negative (TN):** 관찰 결과가 특정 범주가 아니라고 예측했고 실제 관찰 결과가 해당 범주가 아니라고 나온 경우(예를 들어, 사기성이 아니라고 예측했는데 관찰 결과가 사기성이 아니라고 나온 경우)
- **False Negative (FN):** 관찰 결과가 특정 범주가 아니라고 예측했지만 실제 관찰 결과는 해당 범주라고 나온 경우(예를 들어, 사기성이 아니라고 예측했는데 관찰 결과가 사기성이라고 나온 경우)

이런 시나리오를 결합하고 집계하고 측정하는 데 사용할 수 있는 다양한 방법이 있다는 것을 살펴봤다. 실제로 특정 문제와 관련된 일종의 고유한 방법으로 이런 시나리오를 집계하고 측정하는 것도 가능하다. 하지만 이런 시나리오를 집계하고 측정하는 데 사용되는 몇 가지 표준 방법이 있으며 이들은 다음과 같은 일반적인 방법으로 정리할 수 있다.

- **정확도**^{Accuracy}: 올바른 예측의 비율, $(TP + TN) / (TP + TN + FP + FN)$
- **정밀도**^{Precision}: 실제로 양성^{positive}으로 나온 양성 예측의 비율, $TP / (TP + FP)$
- **재현율**^{Recall}: 양성^{positive}인 것으로 확인된 양성 예측의 비율, $TP / (TP + FN)$

> ℹ️ 이 책에서는 이런 방법들을 강조하지만 다른 방법과 그 의미에 대해서도 살펴보기를 권장한다. 이에 대한 소개는 https://en.wikipedia.org/wiki/Precision_and_recall에 잘 정리돼 있다.

다음 예제는 데이터를 해석해서 정확도^{accuracy}를 계산하는 예제다. 먼저 `labeled.csv` 파일을 읽고 CSV reader를 생성한 다음, 구문 분석의 결과로 얻은 관찰값과 예측값을 저장하는 두 개의 슬라이스^{slice}를 초기화한다.

```go
// 이진 관찰값과 예측값을 연다.
f, err := os.Open("labeled.csv")
if err != nil {
    log.Fatal(err)
}
defer f.Close()

// 앞에서 연 파일을 읽는 새 CSV reader를 생성한다.
reader := csv.NewReader(f)

// observed 및 predicted 변수는 labeled 데이터 파일에서 읽어온
// 관찰값과 예측값을 저장하는 데 사용된다.
var observed []int
var predicted []int
```

CSV의 레코드에서 값을 읽어오는 작업을 반복하고 정확도를 계산하기 위해 관찰된 값과 예측값을 비교한다.

```go
// line 변수는 로그를 위해 행(row)의 수를 기록한다.
line := 1

// 열(columns)에서 예기치 않은 유형에 대한 레코드를 읽는다.
for {

    // 행을 읽는다. 파일 끝에 도달했는지 확인한다.
    record, err := reader.Read()
    if err == io.EOF {
        break
    }

    // 헤더는 생략한다.
    if line == 1 {
        line++
        continue
    }
```

```go
    // 관찰된 값과 예측값을 읽는다.
    observedVal, err := strconv.Atoi(record[0])
    if err != nil {
        log.Printf("예상하지 못한 유형으로 인한 %d줄 읽기 실패\n", line)
      continue
    }

    predictedVal, err := strconv.Atoi(record[1])
    if err != nil {
        log.Printf("예상하지 못한 유형으로 인한 %d줄 읽기 실패\n", line)
        continue
    }

    // 예상되는 유형인 경우 슬라이스(slice)에 해당 레코드를 추가한다.
    observed = append(observed, observedVal)
    predicted = append(predicted, predictedVal)
    line++
}

// 이 변수는 true positive와 true negative값의 횟수를
// 저장하는 데 사용된다.
var truePosNeg int

// true positive/negative 횟수를 누적시킨다.
for idx, oVal := range observed {
    if oVal == predicted[idx] {
        truePosNeg++
    }
}

// 정확도(accuracy)를 계산한다(부분 정확도).
accuracy := float64(truePosNeg) / float64(len(observed))

// 표준 출력을 통해 정확도값을 출력한다.
fmt.Printf("\n정확도 = %0.2f\n\n", accuracy)
```

앞의 코드를 실행하면 다음과 같은 결과를 확인할 수 있다.

```
$ go build
$ ./myprogram

정확도 = 0.97
```

97%의 결과가 나왔다. 꽤 괜찮은 결과를 얻었다. 이 결과는 예측한 결과 중 97% 정도가 맞았다는 것을 의미한다.

이와 비슷하게 정밀도precision와 재현율recall을 계산할 수 있다. 하지만 두 개 이상의 범주나 클래스가 있는 경우에는 작업을 수행할 수 있는 여러 방법이 있다는 것을 눈치챘을 것이다. 클래스 1을 양성positive으로 간주하고 다른 클래스를 음성negative으로 간주하거나 클래스 2를 양성으로 간주하고 다른 클래스를 음성으로 간주하는 등 여러 방법이 나올 수 있다. 다음 코드 샘플에서 볼 수 있듯이 각 클래스에 대한 정밀도 및 재현율을 계산할 수 있다.

```go
// classes 변수는 labeled 데이터에서 3가지 가능한 클래스를 포함한다.
classes := []int{0, 1, 2}

// 각 클래스에 대해 루프를 통해 작업한다.
for _, class := range classes {

    // 이 변수들은 true positive의 횟수와
    // false positive/flase negative의 횟수를 저장하는 데 사용된다.
    var truePos int
    var falsePos int
    var falseNeg int

    // true positive와 false positive의 횟수를 누적시킨다.
    for idx, oVal := range observed {

        switch oVal {

        // 관찰된 값이 특정 클래스인 경우
```

108

```go
            // 예측한 값이 해당 클래스였는지를 확인한다.
        case class:
            if predicted[idx] == class {
                truePos++
                continue
            }
            falseNeg++

            // 관찰된 값이 다른 클래스인 경우
            // 예측값이 false positive 였는지 확인한다.
        default:
            if predicted[idx] == class {
                falsePos++
            }
        }
    }

    // 정밀도(precision)를 계산한다.
    precision := float64(truePos) / float64(truePos+falsePos)

    // 재현율(recall)을 계산한다.
    recall := float64(truePos) / float64(truePos+falseNeg)

    // 표준 출력을 통해 정밀도와 재현율값을 출력한다.
    fmt.Printf("\n정밀도 (클래스 %d) = %0.2f", class, precision)
    fmt.Printf("\n재현율 (클래스 %d) = %0.2f\n\n", class, recall)
}
```

앞의 코드를 실행하면 다음과 같은 결과를 확인할 수 있다.

```
$ go build
$ ./myprogram

정밀도 (클래스 0) = 1.00
재현율 (클래스 0) = 1.00

정밀도 (클래스 1) = 0.96
```

재현율 (클래스 1) = 0.94

정밀도 (클래스 2) = 0.94
재현율 (클래스 2) = 0.96

정밀도와 재현율은 약간 다른 측정 방법이며 서로 다른 의미를 갖는다는 점을 주의한다. 전반적인 정밀도나 재현율을 계산하고 싶은 경우에는 클래스당 정밀도 및 재현율의 평균을 사용할 수 있다. 실제로 특정 클래스가 다른 클래스보다 중요한 경우, 더 중요한 클래스에 가중치를 적용하고 이 값을 평가 방법에 사용할 수 있다.

일부 측정 결과가 100%인 것을 볼 수 있다. 이는 결과가 좋게 나온 것처럼 보이지만 실제로는 문제로 지적될 수 있다. 이에 대해서는 나중에 더 자세히 살펴볼 예정이다.

 금융 및 은행 업무, false positive 등과 같은 일부 사례는 특정 클래스에 대해 매우 비싼 값을 치러야 할 수도 있다. 예를 들어, 사기성 거래로 거래가 잘못 표시되면 심각한 손실을 초래할 수도 있다. 반면에 다른 클래스에 대한 특정 결과는 무시할 수 있는 경우도 있다. 이런 시나리오에서는 특정 측정 방법의 사용을 보장하거나 특정 클래스, 특정 결과 또는 다른 결과보다 중요한 결과의 특정 조합에 가중치를 적용하는 비용 함수(cost function)의 사용을 보장할 수 있다.

혼동 행렬, AUC, ROC

머신 러닝 모델에 대한 개별적인 수치를 계산하는 측정 방법 외에도 머신 러닝 모델의 성능을 좀 더 잘 보여주는 형태로 결합하는 데 사용되는 다양한 기법들이 있다. 대표적으로 **혼동 행렬**Confusion matrices, **곡선 아래 영역**AUC, Area under the curve/**수신자 동작 특성**ROC, Receiver Operating Characteristic 곡선이 있고, 그 밖에도 많은 기법이 있다.

혼동 행렬은 2차원의 형식으로 예측하는 다양한 TP, TN, FP, FN값을 시각화할 수 있게 해준다. 혼동 행렬에는 예측해야 하는 범주에 해당하는 행과 예측된 범주에 해당하는 열이 포함돼 있다. 그런 다음, 각 요소의 값은 해당 횟수를 나타낸다.

		예측	
		사기	사기 아님
관찰	사기	TP	FN
	사기 아님	FP	TN

그림에서 볼 수 있듯이 이상적인 상황은 혼동 행렬에 대각선에만(TP, TN) 항목이 있는 상황이다. 대각 요소들은 특정 범주를 예측하고 관찰된 결과가 실제로 해당 범주에 있다는 것을 나타낸다. 대각 요소들이 아닌 요소에는 정확하지 않은 예측에 대한 횟수가 포함된다.

이 유형의 혼동 행렬은 두 개 이상의 범주를 갖는 문제에 특히 유용하게 활용될 수 있다. 예를 들어 모바일 가속도 센서와 위치 데이터를 기반으로 다양한 활동을 예측하려고 하는 경우를 생각해볼 수 있다. 이런 활동은 서 있기, 앉기, 뛰기, 운전하기 등과 같이 두 개 이상의 범주를 포함할 수 있다. 이 문제를 위한 혼동 행렬의 크기는 2 x 2보다 커야 하며 모든 범주에서 머신 러닝 모델의 전반적인 성능을 빠르게 측정하고 머신 러닝 모델의 성능이 매우 낮은 범주를 식별하는 데 도움을 준다.

혼동 행렬 외에도 ROC 곡선은 이진 분류자(또는 두 범주 중에서 하나를 예측하도록 훈련(학습)된 머신 러닝 모델)에 대한 성능의 전반적인 그림을 그리는 데 흔하게 사용된다. ROC 곡선은 모든 가능한 분류 임계값에 대한 재현율 대비 false positive 비율($FP / (FP + TN)$)을 보여준다.

ROC 곡선에서 사용되는 임계값은 두 범주를 분리하는 분류에서 다양한 경계나 순위를 나타낸다. 즉, ROC 곡선에 의해 평가되는 머신 러닝 모델은 확률, 순위 또는 점수(다음 그림에서 점수라고 지칭함)를 기반으로 두 범주에 대해 예측해야 한다. 앞서 언급한 모든 예제에서 점수는 한 가지 방법으로 분류된다.

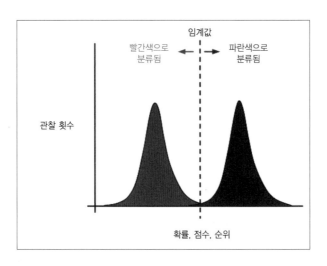

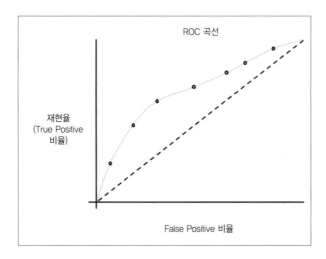

ROC 곡선을 생성하기 위해 테스트 예제의 각각의 점수 또는 순위를 나타내는 지점에 점을 표시한다(재현율Recall, false positive 비율). 그런 다음, 곡선을 만들기 위해 각 지점을 연결한다. 많은 경우에서 ROC 곡선의 아래에 대각선 직선이 그려지는 것을 볼 수 있다. 이 직선은 분류자를 참조하는 참조선으로서 대략적인 임의의 예측 능력을 가진다.

112

좋은 ROC 곡선은 직선의 왼쪽 상단에 있는 곡선이다. 이것은 측정하고 있는 머신 러닝 모델이 임의의 예측 능력보다 훨씬 낫다는 것을 의미한다. ROC 곡선이 직선의 왼쪽 상단 영역을 더 많이 감쌀수록 머신 러닝 모델이 더 좋은 성능을 낸다는 것을 의미한다. 다시 말해, 좋은 ROC 곡선은 더 많은 AUC^Area under the curve를 갖는다. ROC 곡선에 대한 AUC는 평가의 척도로도 사용된다. 다음 그림을 참고하자.

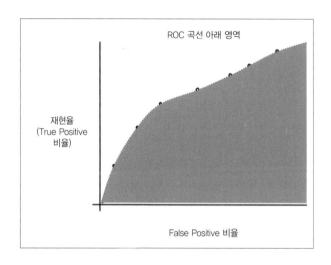

gonum.org/v1/gonum/stat에는 ROC 곡선과 AUC를 만드는데 도움이 되는 함수와 타입이 내장돼 있다.

```
func ROC(n int, y []float64, classes []bool, weights []float64) (tpr, fpr []
float64)
```

다음은 gonum을 활용해 ROC 곡선과 AUC를 계산하는 방법을 보여주는 간단한 예제다.

```
// 점수 및 클래스를 정의한다.
scores := []float64{0.1, 0.35, 0.4, 0.8}
classes := []bool{true, false, true, false}
```

```
    // true positive 비율과 false positive 비율을
    // 계산한다.
    tpr, fpr := stat.ROC(0, scores, classes, nil)

    // AUC(Area Under Curve)를 계산한다.
    auc := integrate.Trapezoidal(fpr, tpr)

    // 표준 출력을 통해 결과를 출력한다.
    fmt.Printf("true positive 비율: %v\n", tpr)
    fmt.Printf("false positive 비율: %v\n", fpr)
    fmt.Printf("auc: %v\n", auc)
```

앞의 코드를 실행하면 다음과 같은 결과를 얻을 수 있다.

```
$ go build
$ ./myprogram
true positive 비율: [0 0.5 0.5 1 1]
false positive 비율: [0 0 0.5 0.5 1]
auc: 0.75
```

▌ 검증

이제 머신 러닝 모델이 얼마나 잘 동작하고 있는지를 측정하는 몇 가지 방법에 대해 살펴봤다. 사실 오류 없이 모든 관찰을 예측할 수 있는 매우 정교하고 복잡한 머신 러닝 모델을 만들 수 있다. 예를 들어 관찰에 해당하는 행의 번호(Index, 인덱스)를 입력받고 각 행에 해당하는 정확한 답을 반환시킬 수 있다. 이 기능은 많은 매개변수를 필요로 하는 매우 큰 함수일 가능성이 아주 높지만 정확한 답을 반환할 것이다.

그렇다면 이 경우에는 무엇이 문제일까? 이 경우에는 새로운 데이터에 대해 일반화할 수 없다는 것이 문제가 될 수 있다. 이 복잡한 머신 러닝 모델은 이미 알고 있는(노출된) 데이

터에 대해서는 매우 정확한 예측을 할 수 있지만 새로운 입력 데이터(훈련(학습) 데이터 집합의 일부가 아닌 새로운 데이터)에 대해서는 성능이 좋지 못할 가능성이 매우 높다.

이런 유형의 머신 러닝 모델(일반화되지 않은 모델)을 과적합Overfit 모델이라 부른다.[1] 즉, 이런 머신 러닝 모델의 제작 과정은 모델에 초과 적용된 데이터로 인해 점점 더 복잡해진다.

과적합Overfitting은 연속형값이나 이산/범주형값을 예측할 때 발생할 수 있다.

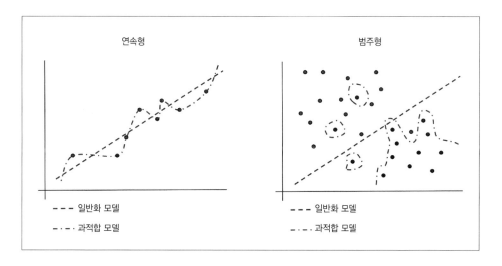

과적합을 방지하기 위해서는 머신 러닝 모델을 검증해야 한다. 머신 러닝 모델을 검증하는 방법에는 여러 가지가 있으며 이중 일부를 3장에서 살펴본다.

 머신 러닝 모델을 제품화할 때마다 머신 러닝 모델을 검증하고 모델이 어떤 방식으로 새로운 데이터를 일반화하는지에 대해 이해해야 한다.

---

1 데이터 집합이 조금만 변해도 이에 대응하지 못하는 상태를 과적합이라고 한다. —옮긴이

훈련(학습) 및 테스트 데이터 집합

과적합을 방지하는 데 도움이 되는 첫 번째 방법은 데이터 집합의 일부분에서 머신 러닝 모델을 훈련(학습) 또는 적합시킨 다음, 데이터 집합의 다른 부분을 활용해 머신 러닝 모델을 평가하는 방법이다. 일반적으로 머신 러닝 모델을 훈련(학습)시키는 것은 머신 러닝 모델을 구성하는 함수들을 매개변수화하는 과정으로 구성되며, 이런 함수들은 예측하려고 하는 값을 예측하는 기능을 한다. 그런 다음, 앞에서 살펴봤던 평가 방법 중에서 하나 이상의 평가 방법을 이용해 머신 러닝 모델을 평가할 수 있다. 여기에서 중요한 점은 머신 러닝 모델을 테스트/평가할 때 모델을 훈련(학습)시킬 때 사용했던 것과 동일한 데이터를 사용하지 않아야 한다는 것이다. 즉, 머신 러닝 모델을 평가를 할 때는 훈련(학습)했을 때와 다른 데이터 집합을 사용해야 한다.

테스트를 위해서 데이터 집합의 일부를 남겨두면 머신 러닝 모델이 새로운 데이터를 보는 시나리오를 시뮬레이션하는 것이 가능하다. 이렇게 하면 머신 러닝 모델은 모델을 매개변수화할 때 사용하지 않았던 데이터를 기반으로 예측을 진행하게 된다.

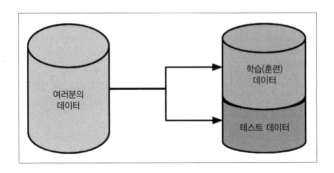

많은 사람들이 데이터 집합의 80%를 훈련(학습) 데이터 집합으로 20%를 테스트 용도의 집합으로 분할해 사용한다(80/20 분할). 하지만 데이터 집합을 다른 비율로 나누어 사용하는 사람들도 있다. 훈련(학습) 데이터 집합 대비 테스트 집합의 비율은 각자 갖는 데이터의 유형 및 데이터의 양 그리고 훈련(학습)시키려는 머신 러닝 모델에 따라 달라질 수 있다. 일반적으로 대규모 데이터에서도 훈련(학습)용 데이터 집합과 테스트용 데이터 집합에서 모두 데이터를 정확하게 표현할 수 있도록 보장해야 한다.

예를 들어, A, B, C와 같이 여러 범주 중 하나를 예측하려고 하는 경우에는 훈련(학습)용 데이터가 A와 B에만 부합하는 관찰값을 포함하지 않도록 해야 한다. 이와 같은 데이터 집합을 통해 훈련(학습)된 A 모델은 A와 B 범주만 예측할 수 있을 것이다. 마찬가지로 테스트용 데이터 집합이 범주의 특정 부분만 포함하거나 인공적으로 범주의 특정 부분에 가중치가 적용되지 않도록 하는 것이 중요하다. 이런 상황은 데이터가 생성된 방식에 따라서 쉽게 발생할 수 있기 때문에 주의해야 한다.

또한, 테스트용 데이터는 반복해서 계산되기 때문에 변동성을 줄이기 위해 결정된 매개변수에서 충분한 테스트용 데이터를 준비해야 한다. 훈련(학습)용 데이터가 너무 적은 경우나 적절하게 샘플링 되지 못한 훈련(학습)용 데이터의 경우에는 머신 러닝 모델의 훈련(학습) 과정에서 변동성이 아주 많은 매개변수를 생산하거나 특정 수치로 수렴하지 못하는 경우가 발생할 수도 있다. 이런 상황들은 모두 훈련(학습)중인 머신 러닝 모델의 예측 능력이 부족하다는 것을 암시한다.

일반적으로 머신 러닝 모델의 복잡도가 증가하면 훈련(학습)용 데이터를 위해 사용하는 평가 수치를 향상시킬 수 있다. 하지만 어느 시점에 다다르면 테스트 데이터에 대한 평가 수치가 나빠지기 시작한다. 평가 과정에서 테스트 데이터에 대해 나쁜 결과를 내기 시작하면 머신 러닝 모델이 과적합됐다는 의미다. 가장 이상적인 시나리오는 머신 러닝 모델의 복잡도를 변곡점inflection point까지 증가시킬 수 있는 경우다. 변곡점은 평가에서 테스트 데이터에 대해 나쁜 결과를 내기 시작하는 지점이다. 가장 이상적인 시나리오를 만드는 또 다른 방법(이 책에서 제작하는 머신 러닝 모델에 대한 일반적인 철학에 가장 부합하는 방법)은 가치 있는 결과를 생산할 수 있는 해석 가능한 모델(또는 단순한 모델)을 만드는 것이다.

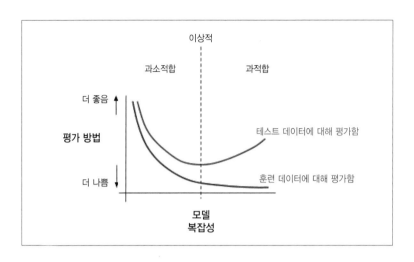

데이터 집합을 훈련(학습)용 집합과 테스트 집합으로 빠르게 분할하는 방법 중 하나는 github.com/kniren/gota/dataframe을 사용하는 것이다. 질병과 당뇨병의 진행 상황에 관한 익명의 정보를 포함하는 데이터 집합을 사용해 이에 대한 데모를 진행해보자.

```
age,sex,bmi,map,tc,ldl,hdl,tch,ltg,glu,y
0.0380759064334,0.0506801187398,0.0616962065187,0.021872354995,-0.044223498
4244,-0.0348207628377,-0.043400845652,-0.00259226199818,0.0199084208763,-0.
0176461251598,151.0
-0.00188201652779,-0.044641636507,-0.0514740612388,-0.0263278347174,-0.0084
4872411122,-0.0191633397482,0.0744115640788,-0.0394933828741,-0.06832974362
44,-0.0922040496268,75.0
0.0852989062967,0.0506801187398,0.0444512133366,-0.00567061055493,-0.045599
4512826,-0.0341944659141,-0.0323559322398,-0.00259226199818,0.0028637705189
4,-0.0259303389895,141.0
-0.0890629393523,-0.044641636507,-0.0115950145052,-0.0366564467986,0.012190
5687618,0.0249905933641,-0.0360375700439,0.0343088588777,0.0226920225667,-0
.00936191133014,206.0
0.00538306037425,-0.044641636507,-0.0363846922045,0.021872354995,0.00393485
161259,0.0155961395104,0.00814208360519,-0.00259226199818,-0.0319914449414,
-0.0466408735636,135.0
```

다음 링크에서 데이터 집합을 받을 수 있다. https://archive.ics.uci.edu/ml/datasets/diabetes.

다음과 같은 방법으로 github.com/kniren/gota/dataframe을 활용해 데이터 집합을 분할할 수 있다(훈련(학습)용 집합과 테스트용 집합을 각각 CSV 파일로 분할해 저장했다).

```go
// 당뇨병 데이터 집합 파일을 연다.
f, err := os.Open("diabetes.csv")
if err != nil {
    log.Fatal(err)
}
defer f.Close()

// CVS 파일에서 dataframe을 생성한다.
// 열(columns)의 유형은 추론된다.
diabetesDF := dataframe.ReadCSV(f)

// 각각의 집합에서 요소의 수를 계산한다.
trainingNum := (4 * diabetesDF.Nrow()) / 5
testNum := diabetesDF.Nrow() / 5
if trainingNum+testNum < diabetesDF.Nrow() {
    trainingNum++
}

// 훈련(학습)용 인덱스와 테스트용 인덱스를 저장할 배열을 생성한다.
trainingIdx := make([]int, trainingNum)
testIdx := make([]int, testNum)

// 훈련(학습)용 인덱스를 배열에 저장한다.
for i := 0; i < trainingNum; i++ {
    trainingIdx[i] = i
}

// 테스트용 인덱스를 배열에 저장한다.
for i := 0; i < testNum; i++ {
    testIdx[i] = trainingNum + i
```

```go
}

// 각 데이터 집합에 대한 데이터프레임을 생성한다.
trainingDF := diabetesDF.Subset(trainingIdx)
testDF := diabetesDF.Subset(testIdx)

// 데이터를 파일에 쓸 때 사용될 맵(map)을 생성한다.
setMap := map[int]dataframe.DataFrame{
   0: trainingDF,
   1: testDF,
}

// 각각의 파일을 생성한다.
for idx, setName := range []string{"training.csv", "test.csv"} {

   // 필터링을 거친 데이터집합 파일을 저장한다.
   f, err := os.Create(setName)
   if err != nil {
      log.Fatal(err)
   }

   // buffered writer를 생성한다.
   w := bufio.NewWriter(f)

   // 데이터프레임을 CSV 파일로 쓴다.
   if err := setMap[idx].WriteCSV(w); err != nil {
      log.Fatal(err)
   }
}
```

앞의 프로그램을 실행하면 다음과 같은 결과를 얻을 수 있다.

```
$ go build
$ ./myprogram
$ wc -l *.csv
   443 diabetes.csv
```

```
      89 test.csv
     355 training.csv
     887 total
```

홀드아웃 집합

지금 우리는 머신 러닝 모델이 훈련(학습) 및 테스트 집합을 사용해 일반화하는 과정을 진행하고 있다.

하지만 다음과 같은 시나리오를 생각해보자.

1. 훈련(학습)용 데이터 집합을 기반으로 머신 러닝 모델의 첫 번째 버전을 개발한다.
2. 테스트 데이터 집합을 사용해 머신 러닝 모델의 첫 번째 버전을 테스트한다.
3. 테스트 데이터 집합에서 얻은 결과가 만족스럽지 않기 때문에 1단계로 되돌아가 작업을 반복한다.

이 과정은 논리적인 것처럼 보이지만 독자 여러분은 이런 절차로 인해 발생할 수 있는 문제를 이미 눈치챘을 거라 생각한다. 머신 러닝 모델을 테스트용 데이터 집합에 반복적으로 노출시킴으로써 실제로는 머신 러닝 모델이 테스트용 데이터 집합에 과적합될 수 있다.

이런 추가적인 과적합 문제를 처리할 수 있는 몇 가지 방법이 있다. 첫 번째 방법은 데이터 집합을 더 분할하는 것으로 이를 홀드아웃 집합Holdout Set이라 부른다(검증 집합Validation Set 이라고도 한다). 따라서 이제는 데이터를 훈련(학습)용 데이터 집합, 테스트용 데이터 집합, 홀드아웃 데이터 집합으로 분할해 사용할 것이다. 이를 세 가지 데이터 집합 유효성 검사라고 부르기도 한다.

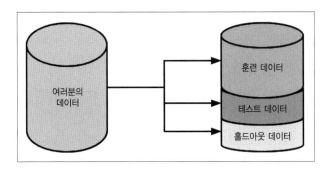

여기에서 명심할 것은 머신 러닝 모델의 일반적인 성능에 대한 정보를 얻기 위해서는 홀드아웃 데이터 집합을 훈련(학습) 및 테스트용 데이터 집합에 사용해서는 안 된다는 점이다. 머신 러닝 모델을 훈련(학습)시키고, 모델을 조정하고, 테스트 데이터 집합에서 허용가능한 정도의 성능을 얻은 후에 유효성 검사를 위해 홀드아웃 데이터 집합을 따로 예비해 둬야 한다.

 TIP 독자 여러분은 데이터를 분할해 사용하는 내용을 보면서 시간이 지남에 따라 이렇게 분할한 데이터를 관리하고 특정 머신 러닝 모델을 훈련(학습)시키거나 테스트하기 위해 사용되는 여러 데이터 집합을 복구하는 방법이 궁금할 수 있다. 머신 러닝 모델에서 무결성을 유지하기 위해 이런 "기반" 데이터는 매우 중요하다. 파키덤의 데이터 버전관리(1장, '데이터 수집 및 구성'에서 소개한) 기능이 만들어진 이유이기도 하다. 나중에 9장, '분석 결과 및 모델 배포하기'에서 이 기능이 어떤 역할을 하는지 명확하게 확인할 수 있을 것이다.

교차 검증

유효성 검사를 위해 홀드아웃 데이터 집합을 예비하는 것 외에도 교차 검증Cross Validation은 머신 러닝 모델의 일반성을 검증하는 데 널리 사용되는 기법이다. 교차 검증 또는 k겹k-fold 교차 검증에서는 실제로 데이터 집합을 여러 개의 훈련(학습)용 및 테스트용 데이터 집합 조합으로 k개의 임의의 분할 작업을 수행한다.

분할 작업을 수행하고 나면 분할된 훈련(학습)용 데이터 집합을 활용해 머신 러닝 모델을 훈련(학습)시킨 다음, 분할된 테스트용 데이터 집합으로 평가를 진행한다. 이 과정을 통해 임의로 분할된 데이터 집합에 대한 평가 결과를 얻을 수 있다. 그런 다음, 이런 평가 결과에 대해 평균을 구할 수 있다. 이를 통해 각 평가 방법을 통한 개별 평가 결과보다 머신 러닝 모델 성능의 일반적인 표현을 나타내는 전체적인 평가 결과를 얻을 수 있다. 또한 다양한 실험의 안정성을 얻기 위해 평가 결과의 변화를 살펴볼 수 있다. 이 과정은 다음 이미지로 설명할 수 있다.

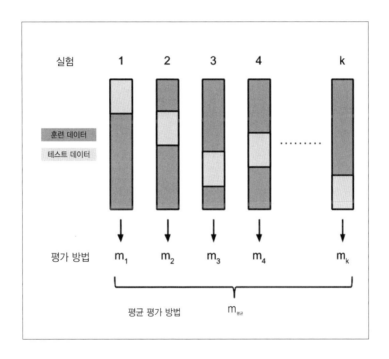

데이터 집합 검증과 비교했을 때 교차 검증을 사용해 얻을 수 있는 이점은 다음과 같다.

- 전체 데이터 집합을 사용하기 때문에 머신 러닝 모델이 더 많은 훈련(학습) 데이터 집합 및 테스트 데이터 집합에 노출된다.
- 교차 검증을 위해 이미 작성된 편의 함수 및 패키지들이 존재한다.

- 단일 검증 집합을 선택하면 발생할 수 있는 편향^{biases}을 방지하는 데 도움이 된다.

The github.com/sjwhitworth/golearn은 교차 검증을 위한 편리한 기능을 제공하는 Go 패키지 중 하나다.

사실 github.com/sjwhitworth/golearn에는 매우 다양한 머신 러닝 기능들이 포함돼 있고 책에서 나중에 이 기능들에 대해 다룰 예정이지만 지금은 교차 검증에 사용할 수 있는 기능을 살펴보자.

GoDoc 문서 페이지(https://godoc.org/)에서 github.com/sjwhitworth/golearn/evaluation 패키지를 살펴보면 교차 검증에 사용할 수 있는 다음 함수를 확인할 수 있을 것이다.

```
func GenerateCrossFoldValidationConfusionMatrices(data base.FixedDataGrid, cls
base.Classifier, folds int) ([]ConfusionMatrix, error)
```

이 함수는 머신 러닝 모델의 다양한 측면에 사용할 수 있다. 다음 예제는 의사 결정 트리 모델을 사용하는 예제다(다음 모델의 세부 내용에 대해 너무 걱정하지 않길 바란다).

```
// 의사 결정 트리 모델을 정의한다.
tree := trees.NewID3DecisionTree(param)

// 교차 검증을 수행한다.
cfs, err := evaluation.GenerateCrossFoldValidationConfusionMatrices(myData,
tree, 5)
if err != nil {
    panic(err)
}

// 측정 항목을 계산한다.
mean, variance := evaluation.GetCrossValidatedMetric(cfs, evaluation.
GetAccuracy)
stdev := math.Sqrt(variance)
```

```
// 표준 출력을 통해 결과를 출력한다.
fmt.Printf("%0.2f\t\t%.2f (+/- %.2f)\n", param, mean, stdev*2)
```

▌ 참조

평가Evaluation

- **과적합**overfitting**에 대한 글**: http://scott.fortmann-roe.com/docs/MeasuringError.html
- **편향 분산 트레이드 오프**bias-variance trade-off**에 대한 글**: http://scott.fortmann-roe.com/docs/BiasVariance.html
- **범주형 평가 방법 비교**: https://en.wikipedia.org/wiki/Precision_and_recall
- **gonum.org/v1/gonum/stat 문서**: https://godoc.org/gonum.org/v1/gonum/stat
- **github.com/sjwhitworth/golearn/evaluation 문서**: https://godoc.org/github.com/sjwhitworth/golearn/evaluation

검증Validation

- **github.com/kniren/gota/dataframe 문서**: https://godoc.org/github.com/kniren/gota/dataframe
- **github.com/sjwhitworth/golearn/evaluation 문서**: https://godoc.org/github.com/sjwhitworth/golearn/evaluation

▌ 요약

적절한 평가 방법을 선택하고 평가/검증을 위한 절차를 준비하는 것은 머신 러닝 프로젝트의 필수적인 부분이다. 이 장을 통해 다양한 장단점을 가진 평가 방법과 홀드아웃 데이터 집합 및 교차 검증을 사용해 과적합을 방지하는 방법에 대해 학습했다. 다음 장에서는 머신 러닝 모델을 살펴보고 선형 회귀분석^{Regression}을 사용해 처음으로 머신 러닝 모델을 제작해본다.

04

회귀분석

책에서 살펴볼 머신 러닝 기법의 첫 번째 그룹은 일반적으로 **회귀분석**Regression이라고 부르는 기술이다. 회귀분석은 특정 변수(예: 매출)가 다른 변수(예: 사용자 수)에 따라 어떻게 변하는지를 이해할 수 있는 과정이다. 회귀분석은 그 자체로도 유용하다. 하지만 회귀분석은 좀 더 복잡한, 책에서 나중에 살펴볼 다른 기술들의 기반을 형성하기 때문에 머신 러닝 기법에 대해 살펴보기 위한 좋은 출발점이 된다.

일반적으로 머신 러닝 분야에서 회귀분석 기법은 연속적인 값(예: 주가, 온도, 질병의 진행 정도)을 예측하기 위해 사용된다. 다음 장에서 살펴볼 **분류**Classification는 이산 변수 또는 이산 집합(예: 사기성/사기성이 아님, 앉기/서기/뛰기, 핫도그/핫도그가 아님) 중에서 하나를 예측하기 위해 사용된다. 앞서 언급했듯이 머신 러닝 분야에서 회귀분석 기법은 분류 알고리즘의한 부분으로 사용되지만 이 장에서는 연속적인 값을 예측하기 위한 기본적인 기능에 중점을 두고 살펴볼 예정이다.

▌ 회귀분석 모델 용어 이해하기

이미 설명했듯이 회귀분석 자체는 특정 변수와 다른 변수 간의 관계를 분석하는 과정이다. 하지만 머신 러닝 분야에서는 이러한 변수와 회귀분석의 다양한 유형, 회귀분석과 관련된 프로세스를 함께 설명하기 위해 다양한 용어들이 사용된다.

- **반응**Response 또는 **종속 변수**Dependent variable : 이 용어들은 하나 이상의 다른 변수를 기반으로 예측하려는 변수에 대해 상호 교환적으로 사용된다. 이 변수는 흔히 y 로 표시된다.
- **설명 변수**Explanatory variable, **독립 변수**Independent variable, **수치**Feature, **속성**Attribute, **회귀 변수**Regressor : 이 용어들은 응답을 예측하는 데 사용하는 변수에 대해 상호 교환적으로 사용된다. 이런 변수들은 주로 x, x1, x2 등으로 표시된다.
- **선형 회귀분석**Linear Regression : 이 회귀분석 유형은 종속 변수가 독립 변수에 선형적으로 의존한다고 가정한다(즉, 직선의 방정식을 따름).
- **비선형 회귀분석**Nonlinear Regression : 이 회귀분석 유형은 종속 변수가 독립 변수와 선형적이지 않은 관계에 있다고 가정한다(즉, 다항식 또는 지수적인 관계).
- **다중 회귀분석**Multiple Regression : 하나 이상의 독립 변수를 가진 회귀분석.
- **적합**Fitting 또는 **훈련**Training : 회귀분석과 같이 특정 종속 변수를 예측할 수 있도록 머신 러닝 모델을 매개변수화하는 프로세스다.
- **예측**Prediction : 회귀분석 모델과 같은 매개변수화된 머신 러닝 모델을 사용해 특정 종속 변수를 예측하는 프로세스를 의미한다.

이 용어들 중 일부는 회귀분석과 관련하여 사용될 예정이며 나머지는 책의 나머지 부분에 걸쳐 사용된다.

선형 회귀분석

선형 회귀분석Linear Regression은 가장 간단한 머신 러닝 모델 중 하나다. 하지만 어떤 방법으로든 이 모델을 그냥 지나쳐서는 안 된다. 앞서 언급했듯이 다른 모델에서 사용되는 필수적인 요소이며 매우 중요한 이점을 가지고 있다.

책에서 줄곧 설명해왔듯이 머신 러닝 응용프로그램에서 무결성은 매우 중요하며 간단하고 해석하기 쉬운 모델일수록 무결성을 관리하기 더 쉽다. 또한 모델이 간단하고 해석하기 쉽기 때문에 이를 통해 변수들과 개발 중인 작업 간의 유추 관계를 이해할 수 있다. 다음은 패스트 포워드 랩Fast Forward Labs의 마이크 리 윌리엄Mike Lee Williams의 말을 인용한 것이다(http://blog.fastforwardlabs.com/2017/08/02/interpretability.html).

> 미래는 알고리즘이다. 해석 가능한 모델은 인간과 인공지능 기계 사이에서 안전하고 생산적이며 궁극적으로 좀 더 긴밀한 관계를 제공한다.

선형 회귀분석 모델은 해석 가능하기 때문에 데이터 과학자에게 안전하고 생산적인 옵션을 제공할 수 있다. 여러분이 연속적인 변수를 예측하는 모델을 찾고 있는 경우에는 선형 회귀분석 모델을 고려해보고 사용이 가능하다면 선형 회귀분석(또는 다중 선형 회귀분석)을 시도해보는 것이 좋다.

선형 회귀분석 개요

선형 회귀분석에서는 직선의 방정식을 사용해 종속 변수 y를 독립 변수 x로 모델링한다.

$$y = mx + b$$

여기에서 m은 직선의 기울기를 나타내며 b는 y절편을 나타낸다. 예를 들어, 매일 웹 사이트를 방문하는 사용자 수를 기반으로 일일 판매량을 예측하려 한다고 가정해보자. 선형 회귀분석을 사용해 이 문제를 모델링하려면 다음 수식을 통해 판매량을 예측할 수 있도록 m과 b를 결정해야 한다.

$$sales = m * (number\ of\ users) + b$$

m과 b가 결정되면 훈련(학습)을 거친 머신 러닝 모델은 매개변수화된 함수가 된다. **사용자 수**를 입력하면 다음과 같이 **판매량**을 예측할 수 있다.

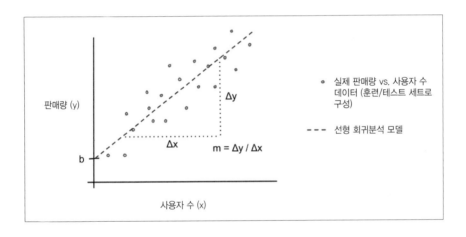

선형 회귀분석 모델의 훈련(학습) 또는 적합은 우리의 반응에 대한 예측력을 갖도록 하는 m과 b의 값을 결정하는 과정을 포함한다. m과 b를 결정하는 데 사용할 수 있는 다양한 방법이 있지만 가장 널리 사용되며 간단한 방법은 **최소자승법**OLS, ordinary least squares이라 불리는 방법이다.

최소자승법(OLS)을 활용해 m과 b를 구하려면 먼저 첫 번째 예제 선을 만들기 위해 m과 b의 값을 선택해야 한다. 그런 다음, 알고 있는 지점(예: 훈련(학습)용 데이터 세트를 통해 구한 값)과 예제 선과의 수직 거리를 측정한다. 이 거리를 **오차**Error 또는 **잔차**residuals라고 하며 3장, '평가 및 검증'에서 설명한 오차와 유사하다. 오차는 다음 그림에 잘 설명돼 있다.

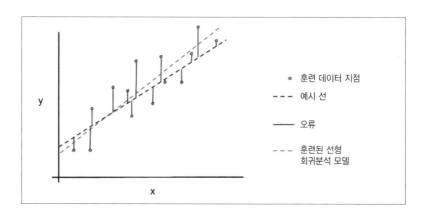

●	훈련 데이터 지점
- - -	예시 선
——	오류
- - -	훈련된 선형 회귀분석 모델

이어서 이런 오차의 제곱의 합을 더한다.

$$\frac{error_1^2 + error_2^2 + ... + error_N^2}{N}$$

이 오차 제곱의 합이 최소화될 때까지 m과 b를 조정한다. 다시 말해 훈련을 거친 선형 회귀분석 직선은 이 제곱의 합을 최소화시키는 선이다.

오차 제곱의 합을 최소화시키는 직선을 구하는데 사용할 수 있는 다양한 방법이 있으며 최소자승법^{OLS}의 경우 이 직선을 분석적으로 구할 수 있다. 하지만 오차 제곱의 합을 최소화하는데 사용되는 가장 보편적이고 일반적인 최적화 기법은 **경사 하강법**gradient descent이라 불리는 방법이다. 경사 하강법gradient descent은 구현면에서 효율적이고, 계산면에서 유리하며 (메모리 측면에서), 분석적인 솔루션보다 유연하다.

경사 하강법gradient descent은 부록, '머신 러닝과 관련된 알고리즘/기법'에서 좀 더 자세히 다룰 예정이기 때문에 여기에서는 간단히만 설명하겠다. 선형 회귀분석 및 다른 회귀분석의 많은 구현에서 경사 하강법을 활용해 선형 회귀분석 직선의 적합 또는 훈련(학습)값을 구한다고 설명하는 것으로 충분하다. 사실 경사 하강법은 머신 러닝 분야에서 매우 널리 사용되며 딥러닝Deep Learning과 같은 훨씬 더 복잡한 모델링 기법에도 사용된다.

선형 회귀분석 가정 및 함정

다른 모든 머신 러닝 모델과 마찬가지로 선형 회귀분석 역시 모든 상황에서 적용할 수는 없으며 데이터와 데이터 내에서의 관계에 대해 특정한 가정을 진행한다. 선형 회귀분석의 가정은 다음과 같다.

- **선형 관계**Linear Relationship: 어쩌면 당연하게 보일 수 있지만 선형 회귀분석은 종속 변수가 독립 변수에 선형적으로 의존한다는 것을 가정한다(직선의 방정식을 통해). 만약 이 관계가 선형적이지 않은 경우에는 선형 회귀분석이 제대로 수행되지 않는다.

- **정규성**normality: 이 가정은 변수가 정규 분포에 따라 분포되어야 한다는 것을 의미한다(종의 모양처럼). 이 장의 후반부에 이 내용으로 다시 돌아와서 비정규 분포를 만났을 때의 몇 가지 단점과 옵션에 대해 살펴볼 예정이다.

- **다중공선성 없음**No multicollinearity: 다중공선성multicollinearity은 독립 변수들이 실제로는 독립적이지 않다는 것을 의미하는 용어. 이런 독립 변수들은 특정 부분에서 서로 의존적이다.

- **자기상관 없음**No auto-correlation: 자기상관Auto-correlation은 특정 변수가 자기자신 또는 자기자신에서 일부 변경된 버전에 종속된다는 것을 의미하는 용어다.

- **등분산성**Homoscedasticity: 등분산성Homoscedasticity은 이 용어들 중에서 가장 멋져 보이는 용어일 수 있지만 상대적으로 간단하고 자주 고려해야 할 대상은 아니다. 선형 회귀분석은 데이터의 분산이 독립 변수의 모든 값에 대한 회귀분석 직선과 거의 동일하다고 가정한다.

기술적으로 선형 회귀분석을 사용하기 위해 이 모든 가정이 수행되어야 한다. 데이터가 어떻게 분포되어 있는지 그리고 어떻게 동작하는지를 아는 것은 매우 중요하다. 선형 회귀분석을 사용하는 예제에서 데이터를 점검할 때 이런 가정들을 살펴볼 예정이다.

여러분은 데이터 과학자 또는 데이터 분석가로서 선형 회귀분석을 적용할 때 다음에 설명된 함정(문제점)을 염두에 두어야 한다.

- 독립 변수의 특정 범위에 대해서만 선형 회귀분석 모델을 훈련시킨다. 따라서 이 범위를 벗어나는 값에 대한 예측에 대해서는 신중해야 한다. 범위를 벗어나는 값의 경우 회귀분석 직선이 적용되지 않을 수 있다(예를 들어, 극단적인 값에서 종속 변수가 비선형적으로 동작할 수 있다).
- 두 변수 사이의 비논리적 관계(실제로는 서로 아무런 관계가 없는)를 찾아서 선형 회귀분석 모델을 잘못 설정하는 경우가 발생할 수 있다. 따라서 변수가 서로 기능적으로 관계가 있다는 논리적인 이유를 분명하게 확인하는 것이 중요하다.
- 특이치outliners나 극단적인 값은 최소자승법(OLS)과 같은 특정 유형의 적합에 대해 회귀분석 직선을 벗어날 수 있다. 직교 최소 제곱법orthogonal least squares 또는 능선 회귀법ridge regression과 같이 특이치에 영향을 덜 받거나 특이치에 대해 다르게 동작해 회귀분석 직선에 맞추는 방법들도 있다.

선형 회귀분석 예제

선형 회귀분석을 설명하기 위해 예제 문제를 통해 첫 번째 머신 러닝 모델을 만들어보자. 여기에서 사용할 예제 데이터는 광고 데이터의 예시다. 이 데이터는 .csv 파일에 저장돼 있으며 내용은 다음과 같다.

```
$ head Advertising.csv
TV,Radio,Newspaper,Sales
230.1,37.8,69.2,22.1
44.5,39.3,45.1,10.4
17.2,45.9,69.3,9.3
151.5,41.3,58.5,18.5
180.8,10.8,58.4,12.9
```

```
8.7,48.9,75,7.2
57.5,32.8,23.5,11.8
120.2,19.6,11.6,13.2
8.6,2.1,1,4.8
```

데이터 집합에는 광고 매체(TV, 라디오, 신문)에서 지출한 속성을 보여주는 데이터와 해당 판매량이 함께 포함되어 있다. 이 예제의 목표는 광고 지출(독립 변수)의 속성을 기반으로 판매량(종속 변수)을 모델링하는 것이다.

데이터 프로파일링

이해할 수 있는 모델(또는 최소한 프로세스)을 만들고 결과를 확인하기 위해서는 모든 머신 러닝 모델의 제작 과정을 데이터 프로파일링에서부터 시작해야 한다. 각각의 변수들이 어떻게 분포되어 있는지 그리고 변수들의 범위와 변동성에 대한 이해가 필요하다.

이를 위해 2장, '행렬, 확률, 통계'에서 살펴본 요약 통계를 계산한다. 여기에서는 데이터 집합의 모든 열에 대한 통계를 한번에 계산하기 위해 github.com/kniren/gota/dataframe 패키지에 내장된 메소드를 사용할 예정이다.

```
// CSV 파일을 연다.
advertFile, err := os.Open("Advertising.csv")
if err != nil {
    log.Fatal(err)
}
defer advertFile.Close()

// CSV 파일로부터 dataframe을 생성한다.
advertDF := dataframe.ReadCSV(advertFile)

// Describe 메소드를 사용해
// 모든 열에 대한 요약 통계를 한번에 계산한다.
advertSummary := advertDF.Describe()
```

```
// 표준 출력을 통해 요약 통계를 출력한다.
fmt.Println(advertSummary)
```

코드를 컴파일하고 실행하면 다음과 같은 결과를 확인할 수 있다.

```
$ go build
$ ./myprogram
[7x5] DataFrame

column      TV         Radio      Newspaper  Sales
0: mean     147.042500 23.264000  30.554000  14.022500
1: stddev    85.854236 14.846809  21.778621   5.217457
2: min        0.700000  0.000000   0.300000   1.600000
3: 25%       73.400000  9.900000  12.600000  10.300000
4: 50%      149.700000 22.500000  25.600000  12.900000
5: 75%      218.500000 36.500000  45.100000  17.400000
6: max      296.400000 49.600000 114.000000 27.000000
    <string>  <float>   <float>    <float>    <float>
```

출력 결과에서 확인할 수 있듯이 통계 결과는 보기 좋은 표 형식으로 출력되며 평균, 표준
편차, 최솟값, 최댓값, 25%/75% 분위, 중앙값(또는 50% 분위)을 포함한다.

이 값들은 선형 회귀분석 모델을 훈련(학습)시킬 때 보게 될 수치에 대한 좋은 참조 정보를
제공한다. 하지만 데이터의 시각적인 이해를 위한 정보를 제공하지는 않는다. 이를 위해
각각의 열에 있는 값에 대한 히스토그램을 만든다.

```
// 광고 데이터 집합 파일을 연다.
f, err := os.Open("Advertising.csv")
if err != nil {
    log.Fatal(err)
}
defer f.Close()

// CSV 파일로부터 dataframe을 생성한다.
```

```go
advertDF := dataframe.ReadCSV(f)

// 데이터 집합의 각 열에 대한 히스토그램을 생성한다.
for _, colName := range advertDF.Names() {

    // plotter.Values 값을 생성하고 dataframe의 각 열에 있는 값으로
    // plotter.Values를 채운다.
    plotVals := make(plotter.Values, advertDF.Nrow())
    for i, floatVal := range advertDF.Col(colName).Float() {
        plotVals[i] = floatVal
    }

    // 도표를 만들고 제목을 설정한다.
    p, err := plot.New()
    if err != nil {
        log.Fatal(err)
    }
    p.Title.Text = fmt.Sprintf("Histogram of a %s", colName)

    // 표준 법선으로부터 그려지는 값의
    // 히스토그램을 생성한다.
    h, err := plotter.NewHist(plotVals, 16)
    if err != nil {
        log.Fatal(err)
    }

    // 히스토그램을 정규화한다.
    h.Normalize(1)

    // 히스토그램을 도표에 추가한다.
    p.Add(h)

    // 도표를 PNG 파일로 저장한다.
    if err := p.Save(4*vg.Inch, 4*vg.Inch, colName+"_hist.png"); err != nil
    {
        log.Fatal(err)
    }
}
```

이 프로그램은 각 히스토그램에 대한 .png 이미지 파일을 생성한다.

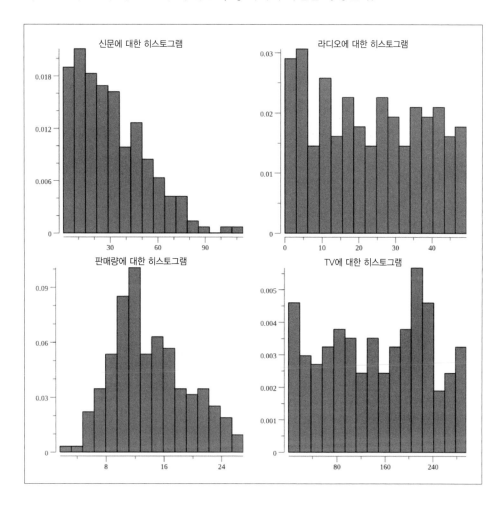

이제 이 히스토그램과 앞서 계산한 요약 통계를 살펴보고 선형 회귀분석의 가정 내에서 작업이 진행되고 있는지를 고려해봐야 한다. 특히 모든 값이 정규 분포에 따라 분포돼 있지는 않을 것이다(다시 말해 분포 모양이 종 모양이 아님). 판매량은 종 모양처럼 보이지만 나머지 히스토그램들은 정규 분포 형태가 아니다.

각 분포가 정규 분포에 얼마나 가까운지를 판단하기 위해 q–q^{quantile-quantile} 도표와 같은 통계 도구를 활용할 수 있다. 또한 정규 분포를 따르는 변수들의 확률을 구하기 위해 통계적인 시험을 수행할 수도 있다. 하지만 대부분의 경우에는 히스토그램을 통해서 일반적인 정보를 얻을 수 있다.

이제 결정을 내려야 한다. 적어도 일부 데이터는 선형 회귀분석 모델의 가정에 적합하지 않다. 이제 다음 중에서 하나를 수행할 수 있다.

- 정규 분포를 따르는 변수로 변환한 다음, 이렇게 변환된 변수를 선형 회귀분석 모델에 사용한다. 이 방법의 이점은 모델의 가정 내에서 작업을 수행할 수 있다는 점이다. 이 방법의 단점은 모델이 이해하기 어려워지고 해석하기가 쉽지 않다는 점이다.
- 문제를 해결할 수 있는 다른 데이터를 사용한다.
- 선형 회귀분석 가정에 대한 문제를 무시하고 모델을 만든다.

이 문제를 바라보는 다른 관점이 존재할 수 있다. 하지만 개인적으로 권장하는 방법은 세 번째 방법을 먼저 시도해보는 것이다. 선형 회귀분석 모델을 빠르게 훈련(학습)시킬 수 있기 때문에 세 번째 방법을 시도했을 때 문제가 될 확률이 크지 않다. 선형 회귀분석 모델이 잘 수행되면 더 이상의 문제는 피할 수 있다. 선형 회귀분석 모델이 제 성능을 발휘하지 못하면 다른 방법을 시도해봐야 할 수도 있다.

```
// 광고 데이터 집합 파일을 연다.
f, err := os.Open("Advertising.csv")
if err != nil {
    log.Fatal(err)
}
defer f.Close()

// CSV 파일로부터 dataframe을 생성한다.
advertDF := dataframe.ReadCSV(f)
```

```
// 목표하는 열을 추출한다.
yVals := advertDF.Col("Sales").Float()

// 데이터 집합의 각 수치에 대한 산점도(scatter plot)를 생성한다.
for _, colName := range advertDF.Names() {

    // pts 변수는 도표에 대한 값을 저장한다.
    pts := make(plotter.XYs, advertDF.Nrow())

    // pts 변수를 데이터로 채운다.
    for i, floatVal := range advertDF.Col(colName).Float() {
        pts[i].X = floatVal
        pts[i].Y = yVals[i]
    }

    // 도표를 생성한다.
    p, err := plot.New()
    if err != nil {
        log.Fatal(err)
    }
    p.X.Label.Text = colName
    p.Y.Label.Text = "y"
    p.Add(plotter.NewGrid())
    s, err := plotter.NewScatter(pts)
    if err != nil {
        log.Fatal(err)
    }
    s.GlyphStyle.Radius = vg.Points(3)

    // 도표를 PNG 파일로 저장한다.
    p.Add(s)
    if err := p.Save(4*vg.Inch, 4*vg.Inch, colName+"_scatter.png"); err != nil {
        log.Fatal(err)
    }
}
```

이 프로그램을 실행하면 다음과 같이 산점도^{scatter plot}가 생성된다.

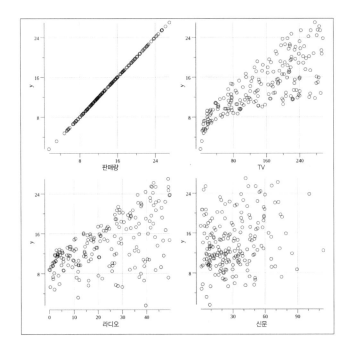

생성된 산점도를 살펴보고 어떤 속성(TV, 라디오, 신문)이 종속 변수인 판매량과 선형 관계에 있는지를 추론하려고 한다. 즉, 각 속성 대비 판매 경향에 맞는 직선을 이런 산점도에 그릴 수 있을까? 이는 모든 상황에서 가능한 것은 아니며 주어진 문제에 대해 작업해야 하는 모든 속성에서 가능하지도 않다.

여기에서는 **라디오**와 **TV** 모두 **판매량**과 다소 선형 관계가 있는 것처럼 보인다. **신문**은 **판매량**과 약간의 상관 관계가 있을 수 있지만 이 상관 관계가 명확하지는 않다. TV와 판매량과의 선형 관계가 가장 분명하다. 따라서 **TV**를 선형 회귀분석 모델의 독립 변수로 선택해 작업을 시작해보자. 이렇게 하면 다음과 같은 선형 회귀분석 공식을 만들 수 있다.

$$Sales = m\ TV + b$$

여기에서 주의해야 할 점은 TV는 앞서 설명했던 회귀분석 가정 중 하나인 등분산성 homoscedastic이 엄격하게 성립되지 않을 수 있다는 점이다. 이 점은 주목할 가치가 있지만(그리고 프로젝트에 문서화할 가치가 있지만), 예측 능력을 가진 선형 회귀분석 모델을 생성할 수 있는지 확인하기 위해 작업을 계속 진행하려고 한다. 선형 회귀분석 모델이 제대로 동작하지 않는 경우에는 언제든지 이 가정(등분산성 여부)을 다시 점검할 수 있다.

훈련(학습)용 데이터 집합 및 테스트 집합 만들기

과적합을 피하고 모델이 일반화될 수 있도록 보장하기 위해 3장, '평가 및 검증'에서 살펴봤듯이 데이터 집합을 훈련(학습)용 데이터 집합과 테스트용 데이터 집합으로 나누어 사용한다. 훈련(학습)과 테스트 사이를 반복적으로 수행하지 않고 훈련(학습)만 진행할 것이기 때문에 홀드아웃 데이터 집합은 따로 예비해두지 않는다. 하지만 다른 변수를 실험하거나 모델의 매개변수를 반복적으로 조정하는 경우에는 나중에 있을 검증 단계를 위해 모델의 개발이 끝날 때까지 홀드아웃 데이터 집합을 생성해 이를 예비해둬야 한다.

github.com/kniren/gota/dataframe을 사용해 훈련(학습)용 데이터 집합과 테스트용 데이터 집합을 만들고 각각 .csv 파일로 저장한다. 여기에서는 훈련(학습)용과 테스트용 데이터 집합을 나누는 데 80/20 분할을 사용한다.

```go
// 광고 데이터 집합 파일을 연다.
f, err := os.Open("Advertising.csv")
if err != nil {
    log.Fatal(err)
}
defer f.Close()

// CSV 파일로부터 dataframe을 생성한다.
// 열의 유형은 추론된다.
advertDF := dataframe.ReadCSV(f)

// 각 집합에서 요소의 수를 계산한다.
```

```go
trainingNum := (4 * advertDF.Nrow()) / 5
testNum := advertDF.Nrow() / 5
if trainingNum+testNum < advertDF.Nrow() {
    trainingNum++
}

// 훈련(학습)용 인덱스와 테스트용 인덱스를 저장할 배열을 생성한다.
trainingIdx := make([]int, trainingNum)
testIdx := make([]int, testNum)

// 훈련(학습)용 인덱스를 배열에 저장한다.
for i := 0; i < trainingNum; i++ {
    trainingIdx[i] = i
}

// 테스트용 인덱스를 배열에 저장한다.
for i := 0; i < testNum; i++ {
    testIdx[i] = trainingNum + i
}

// 각 데이터 집합에 대한 데이터프레임을 생성한다.
trainingDF := advertDF.Subset(trainingIdx)
testDF := advertDF.Subset(testIdx)

// 데이터를 파일에 쓸 때 사용될 맵(map)을 생성한다.
setMap := map[int]dataframe.DataFrame{
    0: trainingDF,
    1: testDF,
}

// 각각의 파일을 생성한다.
for idx, setName := range []string{"training.csv", "test.csv"} {

    // 필터링을 거친 데이터집합 파일을 저장한다.
    f, err := os.Create(setName)
    if err != nil {
        log.Fatal(err)
    }
```

```
    // buffered writer를 생성한다.
    w := bufio.NewWriter(f)

    // 데이터프레임을 CSV 파일로 쓴다.
    if err := setMap[idx].WriteCSV(w); err != nil {
        log.Fatal(err)
    }
}
```

이 코드를 실행하면 이어서 사용할 훈련(학습)용 데이터 집합 및 테스트용 데이터 집합을
결과로 얻을 수 있다.

```
$ wc -l *.csv
   201 Advertising.csv
    41 test.csv
   161 training.csv
   403 total
```

여기에서 사용할 데이터는 어떤 방식으로든 정렬되거나 순서대로 나열되지 않았다. 하지만
응답, 날짜, 그 외의 다른 방법으로 정렬된 데이터를 다루는 경우에는 훈련(학습)용 및 테스
트용 데이터로 분할할 때 데이터를 무작위로 분할하는 것이 매우 중요하다. 그렇지 않으면
훈련(학습)용 집합 및 테스트용 집합은 응답의 특정 범위만 포함되거나 시간/날짜 등에 의
해 인위적으로 영향을 받을 수 있다.

모델 훈련(학습)시키기

다음으로 우리의 선형 회귀분석 모델을 실제로 훈련(학습) 또는 적합할 차례다. 앞서 설명
한 내용을 기억한다면 이 과정은 직선에서 오차 제곱의 합을 최소화하는 기울기(m)와 y절
편(b)를 구하는 과정이다. 이 훈련을 수행하기 위해 Sajari의 훌륭한 패키지인 github.com/
sajari/regression을 활용할 예정이다. Sajari는 Go와 머신 러닝을 기반으로 하는 웹 검
색 회사이며 회사 제품에 github.com/sajari/regression을 활용한다.

github.com/sajari/regression을 사용해 회귀분석 모델을 훈련(학습)시키기 위해서는 regression.Regression값의 초기화, 여러 레이블의 설정, regression.Regression값을 훈련(학습) 데이터 요소로 표시된 값으로 채우는 과정을 수행해야 한다. 그런 다음에는 regression.Regression값에서 간단히 Run( ) 메소드를 호출하는 것으로 선형 회귀분석 모델을 쉽게 훈련(학습)시킬 수 있다.

```go
// 훈련(학습) 데이터 집합 파일을 연다.
f, err := os.Open("training.csv")
if err != nil {
    log.Fatal(err)
}
defer f.Close()

// 열린 파일을 읽는 새 CSV reader를 생성한다.
reader := csv.NewReader(f)

// CSV 레코드를 모두 읽는다.
reader.FieldsPerRecord = 4
trainingData, err := reader.ReadAll()
if err != nil {
    log.Fatal(err)
}

// 여기에서는 TV 수치와 y절편에 대해 판매량(y)을 모델링하려고 한다.
// 따라서 github.com/sajari/regression을 사용해 모델을 훈련(학습)시키기 위해 필요한
// 구조체를 생성한다.
var r regression.Regression
r.SetObserved("Sales")
r.SetVar(0, "TV")

// 루프를 통해 CSV에서 레코드를 읽고 regression 값에 훈련(학습) 데이터를 추가한다.
for i, record := range trainingData {

    // 헤더는 건너뛴다.
    if i == 0 {
```

```
            continue
    }

    // 판매량 회귀분석 측정값 또는 "y" 값을 구문 분석해 읽는다.
    yVal, err := strconv.ParseFloat(record[3], 64)
    if err != nil {
        log.Fatal(err)
    }

     // TV 값을 구문 분석해 읽는다.
     tvVal, err := strconv.ParseFloat(record[0], 64)
     if err != nil {
         log.Fatal(err)
      }

      // 이 값들을 regression 값에 추가한다.
      r.Train(regression.DataPoint(yVal, []float64{tvVal}))
}

// 회귀분석 모델을 훈련(학습)/적합한다.
r.Run()

// 훈련(학습)을 거친 모델 매개변수를 출력한다.
fmt.Printf("\nRegression Formula:\n%v\n\n", r.Formula)
```

코드를 컴파일하고 실행하면 훈련을 거친 선형 회귀분석 공식이 표준 출력을 통해 출력된다.

```
$ go build
$ ./myprogram

Regression Formula:
Predicted = 7.07 + TV*0.05
```

여기에서 7.07의 y절편과 0.05의 기울기를 갖는 선형 회귀분석 직선을 확인할 수 있다. 산점도에서 **TV**와 **판매량** 간의 상관 관계가 우 상향으로 형성된 것(즉, 양성 상관 관계)을 볼 수 있었기 때문에 간단한 점검을 수행할 수 있다. 이는 공식의 기울기가 양수여야 한다는 것을 의미하며 앞서 구한 기울기 역시 양수라는 것을 확인할 수 있다.

훈련(학습)된 모델 평가하기

이제 **TV**를 독립 변수로 사용한 모델이 **판매량**을 예측할 수 있는 능력을 가졌는지 여부를 판단하기 위해 모델의 성능을 측정해 확인해야 한다. 이를 위해 테스트 데이터 집합을 불러와 훈련(학습)된 모델을 사용해 각 테스트 예제에 대해 예측을 수행하게 한 다음, 3장, '평가 및 검증'에서 살펴봤던 평가 방법 중 하나를 사용해 측정 수치를 계산할 수 있다.

이 문제에 대해서는 평균 절대값 오차(MAE)를 평가 방법으로 사용한다. 이는 판매량값과 직접 비교 가능한 결과를 내며 특이치나 극단적인 값에 대해 염려할 필요가 없기 때문에 합리적인 선택이라고 할 수 있다.

훈련(학습)을 거친 regression.Regression값을 사용해 **판매량** 예측값을 계산하기 위해서는 테스트 집합에 저장된 값을 구문 분석을 통해 읽어온 다음, regression.Regression 값에서 Predict() 메소드를 호출해야 한다. 그런 다음, 이렇게 예측된 값과 관찰된 값 간의 차이를 수집해서 오차의 절대값을 계산한 다음, MAE를 구하기 위해 모든 절대값의 합을 구한다.

```
// 테스트 데이터 집합 파일을 연다.
f, err = os.Open("test.csv")
if err != nil {
    log.Fatal(err)
}
defer f.Close()

// 열린 파일을 읽는 새 CSV reader를 생성한다.
reader = csv.NewReader(f)
```

```go
// 모든 CSV 레코드를 읽는다.
reader.FieldsPerRecord = 4
testData, err := reader.ReadAll()
if err != nil {
   log.Fatal(err)
}

// 루프를 통해 y를 예측하는 테스트 데이터를 읽고
// 평균 절대값 오차를 활용해 예측된 수치를 평가한다.
var mAE float64
for i, record := range testData {

   // 헤더는 건너뛴다.
   if i == 0 {
      continue
   }

   // 관찰된 판매량 또는 "y"값을 구문 분석해 읽는다.
   yObserved, err := strconv.ParseFloat(record[3], 64)
   if err != nil {
      log.Fatal(err)
   }

   // TV값을 구문 분석해 읽는다.
   tvVal, err := strconv.ParseFloat(record[0], 64)
   if err != nil {
      log.Fatal(err)
   }

   // 훈련된 모델을 사용해 예측을 수행한다.
   yPredicted, err := r.Predict([]float64{tvVal})

   // 평균 절대 오차(MAE)에 추가한다.
   mAE += math.Abs(yObserved-yPredicted) / float64(len(testData))/
}

// 표준 출력으로 MAE를 출력한다.
fmt.Printf("MAE = %0.2f\n\n", mAE)
```

코드를 컴파일하고 실행하면 평가를 거쳐 다음과 같은 결과를 얻을 수 있다.

```
$ go build
$ ./myprogram

Regression Formula:
Predicted = 7.07 + TV*0.05

MAE = 3.01
```

MAE = 3.01인 경우 이 결과가 좋은지 나쁜지 어떻게 알 수 있을까? 여기에서 또 한번, 데이터의 좋은 멘탈 모델(Metal Model)을 갖추는 것이 중요하다. 기억하고 있겠지만, 앞서 우리는 이미 판매량의 평균, 범위, 표준 편차를 계산했다. 평균 판매량값은 **14.02**이며 표준 편차는 **5.21**이었다. 따라서 MAE는 판매량값의 표준 편차보다 작고 평균값의 약 20% 정도이기 때문에 우리가 제작한 모델은 예측 능력을 어느 정도 갖췄다고 할 수 있다.

이로써 예측 능력을 갖춘 첫 번째 머신 러닝 모델을 성공적으로 구축했다.

머신 러닝 모델이 얼마나 잘 동작하는 지에 대한 더 나은 정보를 얻기 위해 도표를 만들면 선형 회귀분석 직선을 시각화하는 데 도움이 된다. gonum.org/v1/plot을 활용하면 이를 시각화할 수 있다. 하지만 그보다 먼저 github.com/sajari/regression을 임포트하지 않고서도 예측을 수행할 수 있는 predict 함수를 생성해보자. 이를 통해 더 가벼운 인-메모리 버전의 훈련된 모델을 얻을 수 있다.

```
// predict 함수는 훈련된 회귀분석 모델을 사용해 예측을 수행한다.
func predict(tv float64) float64 {
    return 7.07 + tv*0.05
}
```

그런 다음, 회귀분석 직선의 시각화 위한 도표를 생성할 수 있다.

```go
// 광고 데이터 집합 파일을 연다.
f, err := os.Open("Advertising.csv")
if err != nil {
    log.Fatal(err)
}
defer f.Close()

// CSV 파일에서 dataframe을 생성한다.
advertDF := dataframe.ReadCSV(f)

// 목표하는 열을 추출한다.
yVals := advertDF.Col("Sales").Float()

// pts 변수는 도표를 그리는 데 사용되는 값을 저장한다.
pts := make(plotter.XYs, advertDF.Nrow())

// ptsPred 변수는 도표를 그리는 데 사용되는 예측 값을 저장한다.
ptsPred := make(plotter.XYs, advertDF.Nrow())

// pts 변수를 데이터로 채운다.
for i, floatVal := range advertDF.Col("TV").Float() {
    pts[i].X = floatVal
    pts[i].Y = yVals[i]
    ptsPred[i].X = floatVal
    ptsPred[i].Y = predict(floatVal)
}

// 도표를 생성한다.
p, err := plot.New()
if err != nil {
    log.Fatal(err)
}
p.X.Label.Text = "TV"
p.Y.Label.Text = "Sales"
p.Add(plotter.NewGrid())

// 관찰에 대한 산점도값을 추가한다.
```

```go
s, err := plotter.NewScatter(pts)
if err != nil {
    log.Fatal(err)
}
s.GlyphStyle.Radius = vg.Points(3)

// 예측에 대한 직선 도표값을 추가한다.
l, err := plotter.NewLine(ptsPred)
if err != nil {
    log.Fatal(err)
}
l.LineStyle.Width = vg.Points(1)
l.LineStyle.Dashes = []vg.Length{vg.Points(5), vg.Points(5)}

// 도표를 PNG 파일로 저장한다.
p.Add(s, l)
if err := p.Save(4*vg.Inch, 4*vg.Inch, "regression_line.png"); err != nil {
    log.Fatal(err)
}
```

코드를 컴파일하고 실행하면 다음과 같이 도표가 생성된 것을 볼 수 있다.

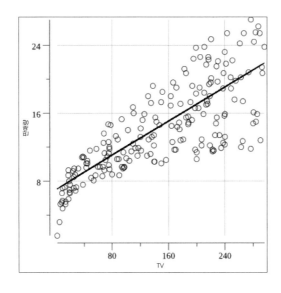

150

선형 회귀분석 선이 실제 데이터 요소의 선형적인 추세를 따르는 것을 볼 수 있다. 이는 작업이 제대로 수행되고 있다는 것을 시각적으로 뒷받침해준다.

▌ 다중 선형 회귀분석

선형 회귀분석은 하나의 독립 변수에 의존하는 간단한 직선의 방정식에 국한되지 않는다. 다중 선형 회귀분석은 앞서 살펴본 것과 유사하지만 여러 개의 독립 변수를 갖는다(x_1, x_2 등). 이 경우 선의 방정식은 다음과 같다.

$$y = m_1 x_1 + m_1 x_2 + ... + m_N x_N + b$$

여기에서 x는 다양한 독립 변수를 의미하고 m은 각 독립 변수와 연관된 다양한 기울기를 나타낸다. 이 방정식에서도 y절편인 b가 있다.

다중 선형 회귀분석은 더 이상 2차원에서 시각화 될 수 있는 직선의 형태가 아니기 때문에 이를 시각화하고 생각하는 것이 쉽지만은 않다. 다중 선형 회귀분석은 2차원, 3차원, 또는 그 이상의 차원에서의 선형 표면 형태를 띤다. 하지만 단일 선형 회귀분석에서 사용한 기법 중 많은 기법이 동일하게 사용된다.

다중 선형 회귀분석은 정규 선형 회귀분석과 동일한 가정을 사용한다. 하지만 다음과 같이 유의해야 할 몇 가지 함정(문제점)이 있다.

- **과적합**Overfitting : 모델에 독립 변수를 더 많이 추가함으로 인해 모델의 복잡도가 증가하게 되는데, 이는 과적합의 위험성을 크게 만든다. 개인적으로도 권장하며 이 문제를 해결하는 한 가지 기법은 정규화regularization라 불리는 기법이다. 정규화 기법은 모델에 패널티 항penalty term을 생성해 과적합이 발생하는지 확인하는 데 도움을 준다.

- **상대적인 척도**Relative Scale: 경우에 따라 독립 변수 중 하나가 다른 독립 변수와 다른 크기의 자릿수를 갖는 경우가 발생할 수 있다. 자릿수가 큰 변수가 작은 변수의 결과를 없애거나 약화시킬 수 있기 때문에 변수의 정규화를 고려해볼 필요가 있다.

이를 염두에 두고 **판매량**에 대한 선형 회귀분석 모델을 다중 회귀분석 모델로 확장해보자. 이전 절의 산점도를 다시 살펴보면 **라디오** 역시 **판매량**과 선형적인 상관 관계가 나타난다는 것을 볼 수 있다. 따라서 다음과 같은 다중 선형 회귀분석 모델을 만들어보자.

$$Sales = m_1\ TV + m_2\ Radio + b$$

github.com/sajari/regression을 사용해 이를 수행하기 위해서는 regression.Regression 값에 다른 변수에 대한 레이블을 추가하고 이 값들이 훈련(학습) 데이터 요소에서 쌍을 이루는지 확인해야 한다. 그런 다음 회귀분석 모델을 실행해 공식이 어떤 결과로 나오는지 확인한다.

```go
// 훈련(학습) 데이터 집합 파일을 연다.
f, err := os.Open("training.csv")
if err != nil {
    log.Fatal(err)
}
defer f.Close()

// 열린 파일을 읽는 새 CSV reader를 생성한다.
reader := csv.NewReader(f)

// 모든 CSV 레코드를 읽는다.
reader.FieldsPerRecord = 4
trainingData, err := reader.ReadAll()
if err != nil {
    log.Fatal(err)
}
```

```go
// 여기에서는 TV와 라디오 수치 + y절편으로
// 판매량에 대한 모델링을 시도한다.
var r regression.Regression
r.SetObserved("Sales")
r.SetVar(0, "TV")
r.SetVar(1, "Radio")

// 루프를 통해 CSV 레코드를 읽고 훈련용 데이터를 추가한다.
for i, record := range trainingData {

    // 헤더는 건너뛴다.
    if i == 0 {
        continue
    }

    // 판매량 값을 구문 분석해 읽는다.
    yVal, err := strconv.ParseFloat(record[3], 64)
    if err != nil {
        log.Fatal(err)
    }

    // TV 값을 구문 분석해 읽는다.
    tvVal, err := strconv.ParseFloat(record[0], 64)
    if err != nil {
        log.Fatal(err)
    }

    // 라디오 값을 구문 분석해 읽는다.
    radioVal, err := strconv.ParseFloat(record[1], 64)
    if err != nil {
        log.Fatal(err)
    }

    // 이 값들을 regression값에 추가한다.
    r.Train(regression.DataPoint(yVal, []float64{tvVal, radioVal}))
}

// 회귀분석 모델을 훈련(학습)/적합시킨다.
```

```
r.Run()

// 훈련(학습)된 모델 매개변수를 출력한다.
fmt.Printf("\nRegression Formula:\n%v\n\n", r.Formula)
```

코드를 컴파일하고 실행하면 다음과 같은 회귀분석 공식을 얻을 수 있다.

```
$ go build
$ ./myprogram

Regression Formula:
Predicted = 2.93 + TV*0.05 + Radio*0.18
```

앞에서 얻은 회귀분석 공식에는 라디오 독립 변수에 대한 항이 추가되어 포함된 것을 볼 수 있다. y절편 역시 이전의 단순 회귀분석 모델과 비교했을 때 변경된 것을 볼 수 있다.

이제 이 회귀분석 모델을 Predict 메소드를 사용해서 단순 회귀분석 모델과 비슷한 방법으로 테스트할 수 있다.

```
// 테스트 데이터 집합 파일을 연다.
f, err = os.Open("test.csv")
if err != nil {
    log.Fatal(err)
}
defer f.Close()

// 열린 파일을 읽는 CSV reader를 생성한다.
reader = csv.NewReader(f)

// 모든 CSV 레코드를 읽는다.
reader.FieldsPerRecord = 4
testData, err := reader.ReadAll()
if err != nil {
    log.Fatal(err)
}
```

```go
// 루프를 통해 테스트 데이터를 모두 읽고 y를 예측한 다음
// 평균 절대값 오차(MAE)를 사용해 예측 결과를 평가한다.
var mAE float64
for i, record := range testData {

   // 헤더는 건너뛴다.
   if i == 0 {
      continue
   }

   // 판매량값을 구문 분석해 읽는다.
   yObserved, err := strconv.ParseFloat(record[3], 64)
   if err != nil {
      log.Fatal(err)
   }

   // TV 값을 구문 분석해 읽는다.
   tvVal, err := strconv.ParseFloat(record[0], 64)
   if err != nil {
      log.Fatal(err)
   }

   // 라디오값을 구문 분석해 읽는다.
   radioVal, err := strconv.ParseFloat(record[1], 64)
   if err != nil {
      log.Fatal(err)
   }

   // 훈련된 모델을 이용해서 y를 예측한다.
   yPredicted, err := r.Predict([]float64{tvVal, radioVal})

   // 평균 절대값 오차에 값을 추가한다.
   mAE += math.Abs(yObserved-yPredicted) / float64(len(testData))
}

// 표준출력을 통해서 MAE를 출력한다.
fmt.Printf("MAE = %0.2f\n\n", mAE)
```

코드를 실행하면 다음과 같이, 다중 회귀분석 모델에 대한 MAE를 확인할 수 있다.

```
$ go build
$ ./myprogram

Regression Formula:
Predicted = 2.93 + TV*0.05 + Radio*0.18

MAE = 1.26
```

새로 만든 다중 회귀분석 모델은 MAE를 향상했다. 이제 광고 지출을 기반으로 하는 판매량 예측이 상당히 좋은 모양을 갖추게 됐다. 여기에서 여러분은 후속 과제로 회귀분석 모델에 신문을 추가해보고 모델의 성능에 어떤 영향을 끼치는지 확인해볼 수도 있다.

 모델에 복잡도가 증가할수록 단순함이 희생되고 잠재적으로 과적합에 대한 위험성이 증가한다는 점을 명심해야 한다. 따라서 원하는 사례에 대해 모델의 성능에 이점이 있고 더 좋은 값을 생산할 수 있을 때만 복잡도를 증가시켜야 한다.

▌ 비선형 및 다른 유형의 회귀분석

이 장에서는 선형 회귀분석에 초점을 맞추었지만 회귀분석을 수행하는 것은 선형적인 공식에만 제한되지 않는다. 거듭제곱, 지수, 기타 독립 변수에 대한 변환 등과 같이, 하나 이상의 비선형적인 항을 독립 변수로 사용해 회귀분석 모델을 만들 수도 있다. 예를 들어, 여러 개의 TV 항을 사용해 판매량을 모델링할 수도 있다.

$$Sales = m_1 \ TV + m_2 \ TV^2 + m_3 \ TV^3 + ... \ + b$$

하지만 이렇게 복잡도가 증가할 때마다 과적합에 대한 위험성이 증가한다는 점을 명심해야 한다.

비선형 회귀분석을 구현할 때는 선형 회귀분석에서만 사용할 수 있는 github.com/sajari/regression을 사용할 수 없다. 하지만 go-hep.org/x/hep/fit를 사용하면 특정 비선형 모델을 적합^{fit} 또는 훈련(학습)시킬 수 있으며 Go 커뮤니티에는 비선형 회귀분석 모델링을 위한 다른 도구를 개발 중인 많은 사람들을 찾을 수 있다.

최소자승법^{OLS} 외에도 일부 가정과 최소자승법을 사용하는 회귀분석과 관련된 약점을 극복할 수 있는 다른 선형 회귀분석 기법들이 존재한다. 여기에는 **능선 회귀분석**$^{ridge\ regression}$ 과 **라쏘 회귀분석**$^{lasso\ regression}$이 포함된다. 이 두 기법 모두 회귀분석 계수를 패널티 항으로 추가해 다중 공선성^{multicolinearity} 및 독립 변수의 비정규성$^{non-normality}$에 대한 영향을 완화시킨다.

Go를 활용한 구현 측면에서 능선 회귀분석은 github.com/berkmancenter/ridge를 사용해 구현된다. github.com/sajari/regression과는 달리 독립 변수 및 종속 변수 데이터가 gonum 행렬을 통해 github.com/berkmancenter/ridge로 입력된다. 그러면 이 방법을 설명하기 위해 광고 지출 수치(TV, 라디오, 신문)를 포함하는 행렬과 판매량 데이터를 포함하는 행렬을 먼저 만들어보자. github.com/berkmancenter/ridge에서는 회귀분석 모델에 y절편을 포함시키려는 경우에는 명시적으로 독립 변수 행렬에 y절편에 대한 열^{column}을 추가해야 한다는 점에 주의해야 한다. 이 열에 대한 각각의 값은 1.0이다.

```
// 훈련(학습) 데이터 집합 파일을 연다.
f, err := os.Open("training.csv")
if err != nil {
    log.Fatal(err)
}
defer f.Close()

// 열린 파일을 읽는 새 CSV reader를 생성한다.
reader := csv.NewReader(f)
```

```go
reader.FieldsPerRecord = 4

// CSV 레코드를 모두 읽는다.
rawCSVData, err := reader.ReadAll()
if err != nil {
    log.Fatal(err)
}

// featureData는 최종적으로 수치를 나타내는 행렬을 만드는데 사용될
// 모든 float값을 저장한다.
featureData := make([]float64, 4*len(rawCSVData))
yData := make([]float64, len(rawCSVData))

// featureIndex 및 yIndex는 행렬 값의 현재 인덱스를 추적하는 데 사용된다.
var featureIndex int
var yIndex int

// 순차적으로 행을 읽어 float값을 저장하는 슬라이스(slice)에 추가한다.
for idx, record := range rawCSVData {

    // 헤더 행을 건너뛴다.
    if idx == 0 {
        continue
    }

    // 루프를 통해 float 열을 읽는다.
    for i, val := range record {

        // 값을 float로 변환한다.
        valParsed, err := strconv.ParseFloat(val, 64)
        if err != nil {
            log.Fatal(err)
        }

        if i < 3 {

            // 모델에 y절편을 추가한다.
            if i == 0 {
```

```
                featureData[featureIndex] = 1
                featureIndex++
            }

            // float값을 저장하는 슬라이스(slice)에 float값을 추가한다.
            featureData[featureIndex] = valParsed
            featureIndex++
        }
        if i == 3 {

            // y float값을 저장하는 슬라이스(slice)에 float값을 추가한다.
            yData[yIndex] = valParsed
            yIndex++
        }
    }
}

// 회귀분석 모델에 입력될 행렬들을 만든다.
features := mat64.NewDense(len(rawCSVData), 4, featureData)
y := mat64.NewVector(len(rawCSVData), yData)
```

다음으로 독립 변수 및 종속 변수 행렬을 갖는 새 ridge.RidgeRegression을 생성하고
Regress() 메소드를 호출해서 회귀분석 모델을 훈련(학습)시킨다. 그런 다음, 훈련(학습)을
거친 회귀분석 공식을 출력할 수 있다.

```
// 1.0의 패널티 항을 갖는 새 RidgeRegression값을 생성한다.
r := ridge.New(features, y, 1.0)

// 회귀분석 모델을 훈련시킨다.
r.Regress()

// 회귀분석 공식을 출력한다.
c1 := r.Coefficients.At(0, 0)
c2 := r.Coefficients.At(1, 0)
c3 := r.Coefficients.At(2, 0)
c4 := r.Coefficients.At(3, 0)
```

```
fmt.Printf("\nRegression formula:\n")
fmt.Printf("y = %0.3f + %0.3f TV + %0.3f Radio + %0.3f Newspaper\n\n", c1, c2,
c3, c4)
```

이 프로그램을 컴파일하고 실행하면 다음과 같은 회귀분석 공식을 얻을 수 있다.

```
$ go build
$ ./myprogram

Regression formula:
y = 3.038 + 0.047 TV + 0.177 Radio + 0.001 Newspaper
```

여기에서 TV, 라디오에 대한 계수가 최소자승법을 사용한 회귀분석 모델과 비슷하지만 약간 다른 것을 볼 수 있다. 또한 한 단계 더 나아가 신문에 대한 항을 추가했다.

이제 다음과 같이 predict 함수를 생성해 이 능선 회귀분석 공식을 테스트해볼 수 있다.

```
// predict는 TV, 라디오, 신문 값을 기반으로 예측을 수행하기 위해
// 훈련(학습)된 회귀분석 모델을 사용한다.
func predict(tv, radio, newspaper float64) float64 {
        return 3.038 + tv*0.047 + 0.177*radio + 0.001*newspaper
}
```

그런 다음, 이 predict 함수를 사용해 테스트 예제에서 능선 회귀분석 공식을 테스트할 수 있다.

```
// 테스트 데이터 집합 파일을 연다.
f, err := os.Open("test.csv")
if err != nil {
    log.Fatal(err)
}
defer f.Close()
```

```go
// 열린 파일을 읽는 새 CSV reader를 생성한다.
reader := csv.NewReader(f)

// CSV 레코드를 모두 읽는다.
reader.FieldsPerRecord = 4
testData, err := reader.ReadAll()
if err != nil {
    log.Fatal(err)
}

// 루프를 통해 y를 예측하는 홀드아웃 데이터를 읽고
// 평균 절대값 오차를 활용해 예측된 수치를 평가한다.
var mAE float64
for i, record := range testData {

    // 헤더는 건너뛴다.
    if i == 0 {
        continue
    }

    // 판매량값을 구문 분석해 읽는다.
    yObserved, err := strconv.ParseFloat(record[3], 64)
    if err != nil {
        log.Fatal(err)
    }

    // TV값을 구문 분석해 읽는다.
    tvVal, err := strconv.ParseFloat(record[0], 64)
    if err != nil {
        log.Fatal(err)
    }

    // 라디오값을 구문 분석해 읽는다.
    radioVal, err := strconv.ParseFloat(record[1], 64)
    if err != nil {
        log.Fatal(err)
    }
```

```
    // 신문값을 구문 분석해 읽는다.
    newspaperVal, err := strconv.ParseFloat(record[2], 64)
    if err != nil {
        log.Fatal(err)
    }

    // 훈련(학습)된 모델을 사용해 y값을 예측한다.
    yPredicted := predict(tvVal, radioVal, newspaperVal)

    // 평균 절대값 오차에 값을 추가한다.
    mAE += math.Abs(yObserved-yPredicted) / float64(len(testData))
}

// 표준출력을 통해 MAE를 출력한다.
fmt.Printf("\nMAE = %0.2f\n\n", mAE)
```

프로그램을 컴파일하고 실행하면 다음과 같이 새 MAE를 얻을 수 있다.

```
$ go build
$ ./myprogram

MAE = 1.26
```

회귀분석 모델에 신문 항을 추가했지만 실제로 MAE가 향상되지 않았다. 따라서 복잡도
가 증가했지만 모델의 성능에 뚜렷한 변화가 없었기 때문에 이런 경우에는 신문 항을 추
가하는 것이 좋은 방법이 아니다.

 모델의 복잡도를 증가시킬 때는 이렇게 추가되는 복잡도에 대한 측정 가능한 정당성이 동
반돼야 한다.[1] 단순히 지적인 흥미를 위해 정교한 모델을 사용하는 것은 두통(스트레스)을
유발하는 원인이 될 수 있다.

---

1 확실한 이점을 명확하게 측정할 수 있을 때만 복잡도를 증가시켜야 한다. – 옮긴이

162

▌ 참조

선형 회귀분석

- **시각적으로 설명된 최소자승법 회귀분석**Ordinary Least Squares: http://setosa.io/ev/ordinary-least-squares-regression/

- **github.com/sajari/regression 문서**: http://godoc.org/github.com/sajari/regression

다중 회귀분석

- **다중 회귀분석 시각화**: http://shiny.stat.calpoly.edu/3d_regression/

비선형 및 기타 회귀분석

- **go-hep.org/x/hep/fit 문서**: https://godoc.org/go-hep.org/x/hep/fit
  github.com/berkmancenter/ridge 문서: https://godoc.org/github.com/berkmancenter/ridge

▌ 요약

4장을 통해 여러분은 공식적으로 Go를 사용한 머신 러닝을 수행했다. 특히 선형 회귀분석, 다중 회귀분석, 비선형 회귀분석, 능선 회귀분석을 포함한 회귀분석 모델에 대한 내용을 학습했다. 이로써 Go를 활용해 기본적인 선형 회귀분석과 다중 회귀분석을 구현할 수 있게 됐다.

이제 머신 러닝 분야에 첫 발을 내디뎠으니 다음 장에서는 분류classification 문제로 넘어가 보자.

05

분류

많은 사람이 머신 러닝이나 인공지능에 대해 생각할 때는 아마도 분류 문제를 해결하는 머신 러닝을 먼저 생각할 것이다. 분류classification는 여러 범주 중에서 하나를 예측하는 머신 러닝 모델이 필요한 문제다. 특정 금융 거래가 사기성인지 사기성이 아닌지 여부를 예측하거나 특정 이미지가 핫도그, 비행기, 고양이 등을 포함하는지 또는 아무것도 포함하고 있지 않은지를 예측해야 하는 경우를 예로 들 수 있다.

예측 수행에 사용되는 범주는 두 종류에서 수백 또는 수천 가지의 종류가 될 수도 있다. 또한 몇 가지 특성을 기반으로 예측을 수행하거나 아주 많은 특성을 기반으로 예측을 수행하게 될 수도 있다. 이런 조합으로 인해 발생하는 모든 시나리오에는 각각의 가정, 장점 및 단점이 존재한다.

5장과 책의 후반부를 통해서 이런 모델 중 일부를 다룰 예정이지만 책이 너무 복잡해지는 것을 방지하기 위해 다루지 못하는 내용도 많다. 하지만 이 책에서 다루는 다른 모든 문제와 마찬가지로 분류 문제의 해결을 위한 모델의 유형을 선택할 때도 단순함과 무결성에 초점을 맞춘다. 특정 문제를 매우 잘 해결하는 아주 정교하고 복잡한 모델이 존재하지만 이런 모델은 많은 경우에 불필요하다. 단순하고 해석 가능한 분류 모델을 적용하는 것이 우리의 목표 중 하나다.

▌ 분류 모델 용어 이해하기

회귀분석과 마찬가지로 분류 문제에 사용되는 용어들이 존재한다. 회귀분석에 사용되는 용어들과 겹치는 용어들도 있지만 분류에만 사용되는 새로운 용어들도 있다.

- **범주**Category, **레이블**Label, **클래스**Class: 이 용어들은 예측을 수행하기 위해 다양한 개별적인 선택을 나타내기 위해 상호 교환적으로 사용된다. 예를 들어, 사기성 및 사기성이 아닌지 여부를 나타내는 클래스를 가질 수도 있고, 앉기, 서기, 뛰기, 걷기 나타내는 범주를 가질 수도 있다.
- **이진 분류**Binary classification: 예/아니오 또는 사기성/사기성이 아님과 같이 두 개의 범주 또는 클래스만 있는 유형이다.
- **다중 클래스 분류**Multi-class classification: 핫도그, 비행기, 고양이 등을 이미지에 할당하는 분류와 같이 두 가지 이상의 클래스를 사용하는 유형이다.
- **레이블이 지정된 데이터** 및 **주석이 포함된 데이터**: 해당하는 클래스와 짝을 이루는 실제 관찰 또는 레코드를 나타낸다. 예를 들어, 거래 시간을 통해 사기성 여부를 예측할 때 이 데이터에는 사기성 여부를 나타내는 레이블과 함께 측정된 일련의 거래 시간이 포함된다.

▌ 로지스틱 회귀분석

가장 먼저 살펴볼 분류 모델은 로지스틱 회귀분석^{Logistic regression}이다. 이름에서 알 수 있듯이 이 방법은 4장에서 자세히 살펴봤던 회귀분석을 기반으로 한다. 하지만 이 특별한 회귀분석은 분류 문제에 특히 적합한 함수를 사용한다.

로지스틱 회귀분석은 간단하며 해석 가능한 모델로서 분류 문제를 해결할 때 첫 번째로 선택하기에 훌륭한 방법이다. github.com/xlvector/hector, github.com/cdipaolo/goml, github.com/sjwhitworth/golearn을 포함해 로지스틱 회귀분석을 구현하는 데 사용할 수 있는 다양한 Go 패키지들이 있다. 하지만 책의 예제에서는 로지스틱 회귀분석을 처음부터 구현할 예정이다. 이를 통해 모델을 훈련하는 과정이 어떻게 이루어지는지 전체적으로 이해할 수 있으며 로지스틱 회귀분석의 간단함도 모두 이해할 수 있을 것이다. 또한 경우에 따라 다음 절에서 설명할 코드 기반의 추가 종속성을 피하기 위해 직접 만든 구현을 활용할 수도 있다.

로지스틱 회귀분석 개요

예측하려는 두 개의 클래스 A와 B가 있다고 가정해보자. 또한 변수 x를 기반으로 A 또는 B를 예측하려고 한다고 가정해보자. x에 대해 A와 B 클래스를 도표로 그려보면 다음과 같은 모습을 할 것이다.

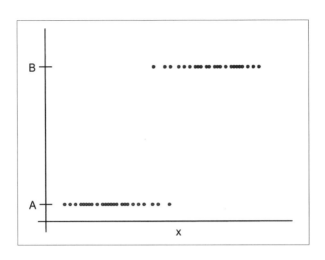

이 행동을 모델링하는 직선을 그릴 수는 있지만 도표에서 볼 수 있듯이 이는 선형적인 행동이 아니며 선형 회귀분석의 가정에 부합하지 않는다. 데이터의 모양은 x의 함수로서 한 클래스에서 다른 클래스로 향하는 계단 모양에 더 가깝다. 여기에서 필요한 것은 x의 낮은 값에 대해서는 A로 향하면서 A에 머무르며, x의 높은 값에 대해서는 B로 향하고 B에 머무는 함수가 필요하다.

운이 좋게도 이런 모양을 위한 함수가 존재한다. 이 함수를 **로지스틱 함수**Logistic Function라 부르며 로지스틱 회귀분석은 이 함수의 이름에서 유래됐다. 이 함수는 다음과 같은 형식을 따른다.

$$f(x) = \frac{1}{1 + e^{-x}}$$

Go에서 이를 구현하면 다음과 같다.

```go
// logistic 함수는 로지스틱 함수를 구현하며
// 로지스틱 회귀분석에 사용된다.
func logistic(x float64) float64 {
```

```
        return 1 / (1 + math.Exp(-x))
    }
```

gonum.org/v1/plot을 사용해 로지스틱 함수를 도표로 그려 어떤 모양을 하는지 살펴
보자.

```
// 새 도표를 생성한다.
p, err := plot.New()
if err != nil {
    log.Fatal(err)
}
p.Title.Text = "Logistic Function"
p.X.Label.Text = "x"
p.Y.Label.Text = "f(x)"

// plotter 함수를 생성한다.
logisticPlotter := plotter.NewFunction(func(x float64) float64 { return
logistic(x) })
logisticPlotter.Color = color.RGBA{B: 255, A: 255}

// plotter 함수를 도표에 추가한다.
p.Add(logisticPlotter)

// 축의 범위를 설정한다. 다른 데이터 집합과는 달리,
// 함수는 축의 범위를 자동으로 설정하지 않기 때문에
// 함수는 x와 y 값의 유한한 범위를 가져야 할 필요는 없다.
p.X.Min = -10
p.X.Max = 10
p.Y.Min = -0.1
p.Y.Max = 1.1

// 도표를 PNG 파일로 저장한다.
if err := p.Save(4*vg.Inch, 4*vg.Inch, "logistic.png"); err != nil {
    log.Fatal(err)
}
```

이 도표를 그리는 코드를 컴파일하고 실행하면 다음과 같은 그래프를 확인할 수 있다.

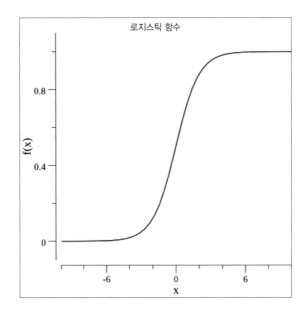

그래프에서 볼 수 있듯이 이 함수는 A와 B 클래스 사이의 계단 모양을 모델링하기 위해 찾고 있는 계단과 비슷한 행동을 가진 것을 확인 수 있다.

이 뿐만 아니라 로지스틱 함수는 분류 작업을 진행할 때 정말 편리한 속성들도 가지고 있다. 이를 확인하기 위해 이전 단계로 돌아가서 A 또는 B 클래스 중 하나가 발생하는 확률 p를 어떻게 모델링할지에 대해 생각해보자. 이를 수행하는 한 가지 방법은 **교차비**^{odds ratio}의 로그 log(p / (1 − p))를 모델링하는 것으로 여기에서 교차비는 A 클래스의 존재 여부가 B 클래스의 존재 여부에 어떤 영향을 미치는지에 대한 정보를 제공한다. 이 이상해 보이는 로그(로짓^{logit}이라고 지칭하기도 함)를 사용하는 이유는 곧 알게 될 것이다. 하지만 지금은 다음과 같이 이를 선형적으로 모델링한다고 가정해보자.

$$\log\left(\frac{p}{1-p}\right) = mx + b$$

이제 이 교차비의 지수를 취하면 다음과 같이 만들 수 있다.

$$\frac{p}{1-p} = e^{mx+b}$$

다음은 앞의 방정식을 단순화한 것이다.

$$p = \frac{1}{1+e^{-mx-b}}$$

이 방정식의 우변을 살펴보면 로지스틱 함수가 나타난 것을 볼 수 있다. 그리고 이 방정식은 두 클래스 A와 B 사이의 구분을 모델링하는 데 로지스틱 함수가 좋은 방법이라는 가정을 정식으로 뒷받침해준다. 예를 들어, 확률 p를 B가 관찰될 확률이라고 하고 우리가 가진 데이터로 로지스틱 함수를 적합(훈련)시키면 x의 함수로 B의 확률을 예측하는 모델을 얻을 수 있다(그리고 이것은 1에서 A의 확률을 뺀 값이다). 다음 도표의 그림은 A와 B의 원래 도표와 확률을 모델링하는 로지스틱 함수를 같이 덮어씌워 그린 모습이다.

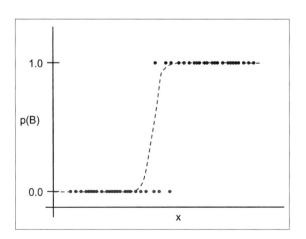

따라서 로지스틱 회귀분석 모델을 만드는 과정에는 로지스틱 함수를 사용해 예측할 수 있는 관찰 횟수를 최대화하는 로지스틱 함수를 구하는 과정이 포함된다.

ℹ️ 로지스틱 회귀분석의 장점 중 하나는 간단하고 해석 가능하다는 점이다. 하지만 로지스틱 회귀분석 모델에서 계수 m과 b는 선형 회귀분석에서와 동일하게 해석되지 않는다. 계수 m(또는 다중 독립 변수를 사용하는 경우에는 m1, m2 등이 될 수 있다)은 교차비(odds ratio)와 지수적인 관계를 갖는다. 따라서 계수 m이 0.5인 경우, exp(0.5x)를 통한 교차비와 관계가 있다. 두 계수가 exp(0.5x1 + 1.0x2)인 경우, x2에 대해 exp(1.0) = 2.72와 비교했을 때 x1에 대해 모델링된 클래스의 확률은 exp(0.5) = 1.65이다. 다시 말해, 계수는 직접 비교하는 것이 불가능하다. 이들을 지수적인 맥락(context)에서 살펴봐야 한다.

로지스틱 회귀분석의 가정 및 문제점

선형 회귀분석에 적용된 긴 목록의 가정을 기억할 것이다. 로지스틱 회귀분석은 이와 동일한 가정에 제한되지는 않는다. 하지만 로지스틱 회귀분석을 사용할 때 수행해야 하는 중요한 가정이 몇 가지 존재한다.

- **로그 확률**(로짓logit)**의 선형 관계**: 앞서 설명했듯이 기본적으로 로지스틱 회귀분석은 선에 대한 교차비odds ratio의 로그를 모델링할 수 있다고 가정한다.
- **독립 변수의 부호화**(인코딩): 앞에서 모델을 설정할 때, B의 확률을 예측하려고 하며 확률 1.0은 B가 양성일 때와 일치한다고 가정했다. 따라서 이런 유형의 부호화(인코딩)를 적용해서 데이터를 준비해야 한다. 예제를 통해 이 설명에 대한 데모를 진행할 예정이다.
- **관찰의 독립성**: 데이터에서 x의 모든 예제는 반드시 독립적이어야 한다. 즉, 동일한 예제를 여러 번 포함시키는 것과 같은 상황은 반드시 피해야 한다.

또한 로지스틱 회귀분석에서 명심해야 할 몇 가지 일반적인 함정(문제점)은 다음과 같다.

- 로지스틱 회귀분석은 다른 분류 기법보다 특이치outliner에 대해 더 민감할 수 있다. 따라서 이를 염두에 둔 데이터 프로파일링이 필요하다.

- 로지스틱 회귀분석은 0.0 또는 1.0이 되지 않는(+/− 무한대를 제외하고) 지수 함수에 의존하기 때문에 평가 방법에서 아주 적은 성능 저하가 발생할 수 있다.

이런 가정과 문제점에도 불구하고 로지스틱 회귀분석은 여전히 해석 가능하며 상당히 강력한 방법이다. 로지스틱 회귀분석은 분류 문제에 대한 해결 방법을 고려할 때 목록의 상위에 두어야 할 매우 유연할 모델임에 틀림없다.

로지스틱 회귀분석 예제

LendingClub에 의해 발행된 대출과 연관되어 있는 데이터를 데이터 집합으로 사용해 로지스틱 회귀분석을 설명하려고 한다. LendingClub은 이 데이터를 분기별로 게시하며 https://www.lendingclub.com/info/download−data.action에서 원래의 서식으로 확인해볼 수 있다. 책에서는 두 개의 열 FICO.Range(Fair, Isaac and Company, 또는 FICO가 지정한 대출 신청자의 신용점수를 나타냄)와 Interest.Rate(대출 신청자에게 부여된 대출 금리를 나타냄)만 포함된 데이터의 양을 크게 줄인 단순한 버전의 데이터를 사용할 예정이다. 사용할 데이터는 다음과 같다.

```
$ head loan_data.csv
FICO.Range,Interest.Rate
735-739,8.90%
715-719,12.12%
690-694,21.98%
695-699,9.99%
695-699,11.71%
670-674,15.31%
720-724,7.90%
705-709,17.14%
685-689,14.33%
```

부여된 신용 점수를 기반으로 특정 금리 이하로 대출을 받을 수 있을지 여부를 예측하는 로지스틱 회귀분석 모델을 만드는 것이 이 예제를 통한 우리의 목표다. 예를 들어, 12% 이하의 금리로 대출을 받고자 한다고 가정해보자. 그러면 로지스틱 회귀분석 모델은 부여된 신용 점수를 기반으로 해당 대출 금리 이하로 대출을 받을 수 있을지(예 또는 클래스 1) 또는 받을 수 없을지(아니오 또는 클래스 2)를 알려준다.

데이터 정리 및 데이터 프로파일링

앞의 대출 샘플을 살펴보면 분류를 위해서 필요한, 정확한 형태로 작성돼 있지 않은 것을 볼 수 있다. 구체적으로 다음과 같은 작업을 수행해야 한다.

1. 이자율 및 FICO 점수 열에서 숫자가 아닌 문자를 제거한다.

2. 부여된 이자율 기준치를 기반으로 이자율을 두 클래스로 나눈다. 1.0을 첫 번째 클래스(예, 해당 이자율로 대출을 받을 수 있다)로 사용하고 0.0을 두 번째 클래스(아니오, 해당 이자율로 대출을 받을 수 없다)로 사용할 예정이다.

3. FICO 신용 점수에 대해 하나의 값을 선택한다. 다양한 신용 점수가 주어지지만 하나의 값만 필요하다. 평균, 최소, 최대 신용 점수를 선택하는 것이 자연스러운 선택이며 예제에서는 최솟값을 사용할 예정이다(보수적인 선택).

4. 여기에서는 FICO 신용 점수를 **표준화**해 사용할 예정이다(각 점수에서 최소 점수 값을 뺀 다음 점수 범위로 나눠서 계산). 이를 통해 점수값을 0.0에서 1.0 사이로 분포시킬 수 있다. 이렇게 하면 데이터의 가독성이 낮아지기 때문에 이를 위한 정당화가 필요하다. 하지만 정당화에 좋은 방법이 있다. 예제에서는 로지스틱 회귀분석을 훈련할 때 경사하강법gradient descent method을 사용할 예정이다. 경사하강법은 정규화된 데이터에서 더 좋은 성능을 낸다. 실제로 정규화되지 않은 데이터로 동일한 예제를 진행하면 수렴에 관한 문제convergence issues가 발생할 수 있다.

주어진 이자율(이 예제에서는 12%)에 대해 데이터를 정리하는 Go 프로그램을 작성해보자. 주어진 파일에서 데이터를 읽고 encoding/csv를 사용해 값을 구문 분석한 다음, clean_loan_data.csv라는 이름의 출력 파일에 정리된 데이터를 저장한다. 데이터를 정리하는 과정에서 다음과 같이 상수로 정의한 최소, 최댓값을 사용할 예정이다.

```
const (
    scoreMax = 830.0
    scoreMin = 640.0
)
```

그런 다음, 다음 코드와 같이 데이터를 정리하는 기능을 작성한다.

```
// 대출 데이터 집합 파일을 연다.
f, err := os.Open("loan_data.csv")
if err != nil {
    log.Fatal(err)
}
defer f.Close()

// 열린 파일을 읽는 새 CSV reader를 생성한다.
reader := csv.NewReader(f)
reader.FieldsPerRecord = 2

// CSV 레코드를 모두 읽는다.
rawCSVData, err := reader.ReadAll()
if err != nil {
    log.Fatal(err)
}

// 출력 파일을 생성한다.
f, err = os.Create("clean_loan_data.csv")
if err != nil {
    log.Fatal(err)
}
```

```go
    defer f.Close()

    // CSV writer를 생성한다.
    w := csv.NewWriter(f)

    // 열을 순차적으로 이동하면서 구문 분석된 값을 쓴다.
    for idx, record := range rawCSVData {

        // 헤더 열은 건너뛴다.
        if idx == 0 {

            // 헤더를 출력 파일에 쓴다.
            if err := w.Write(record); err != nil {
                log.Fatal(err)
            }
            continue
        }

        // 읽어온 값을 저장하기 위한 슬라이스(slice)를 초기화한다.
        outRecord := make([]string, 2)

        // FICO 점수를 구문 분석하고 표준화한다.
        score, err := strconv.ParseFloat(strings.Split(record[0], "-")[0], 64)
        if err != nil {
            log.Fatal(err)
        }
        outRecord[0] = strconv.FormatFloat((score-scoreMin)/(scoreMaxscoreMin),
'f', 4, 64)

        // 이자율 클래스를 구문 분석한다.
        rate, err := strconv.ParseFloat(strings.TrimSuffix(record[1], "%"), 64)
        if err != nil {
            log.Fatal(err)
        }

        if rate <= 12.0 {
            outRecord[1] = "1.0"
```

```go
        // 레코드를 출력 파일에 쓴다.
        if err := w.Write(outRecord); err != nil {
            log.Fatal(err)
        }
        continue
    }

    outRecord[1] = "0.0"

    // 레코드를 출력 파일에 쓴다.
    if err := w.Write(outRecord); err != nil {
        log.Fatal(err)
    }
}

// 버퍼에 저장된 데이터를 기본 writer(표준 출력)에 쓴다.
w.Flush()

if err := w.Error(); err != nil {
    log.Fatal(err)
}
```

프로그램을 컴파일하고 실행한 다음, 원하는 결과가 출력됐는지 확인한다.

```
$ go build
$ ./example3
$ head clean_loan_data.csv
FICO_score,class
0.5000,1.0
0.3947,0.0
0.2632,0.0
0.2895,1.0
0.2895,1.0
0.1579,0.0
0.4211,1.0
0.3421,0.0
0.2368,0.0
```

원하는 형식으로 데이터가 잘 정리된 것을 볼 수 있다. 이제 FICO 점수와 이자율 데이터에 대한 히스토그램을 생성하고 요약 통계를 계산해서 데이터를 좀 더 직관적으로 살펴보자. 요약 통계를 계산하는 데는 github.com/kniren/gota/dataframe을 사용하고 히스토그램을 생성하는 데는 gonum.org/v1/plot을 사용한다.

```go
// CSV 파일을 연다.
loanDataFile, err := os.Open("clean_loan_data.csv")
if err != nil {
    log.Fatal(err)
}
defer loanDataFile.Close()

// CSV 파일로부터 dataframe을 생성한다.
loanDF := dataframe.ReadCSV(loanDataFile)

// Describe 메소드를 사용해 모든 열에 대한
// 요약 통계를 한번에 계산한다.
loanSummary := loanDF.Describe()

// 요약 통계를 표준출력을 통해 출력한다.
fmt.Println(loanSummary)

// 데이터 집합의 모든 열에 대한 히스토그램을 생성한다.
for _, colName := range loanDF.Names() {

    // plotter.Values 값을 생성하고 dataframe에서
    // 해당하는 값으로 plotter.Values를 채운다.
    plotVals := make(plotter.Values, loanDF.Nrow())
    for i, floatVal := range loanDF.Col(colName).Float() {
        plotVals[i] = floatVal
    }

    // 도표를 만들고 제목을 설정한다.
    p, err := plot.New()
    if err != nil {
        log.Fatal(err)
```

```go
    }
    p.Title.Text = fmt.Sprintf("Histogram of a %s", colName)

    // 원하는 값에 대한 히스토그램을 생성한다.
    h, err := plotter.NewHist(plotVals, 16)
    if err != nil {
        log.Fatal(err)
    }

    // 히스토그램을 정규화한다.
    h.Normalize(1)

    // 히스토그램을 도표에 추가한다.
    p.Add(h)

    // 도표를 PNG 파일로 저장한다.
    if err := p.Save(4*vg.Inch, 4*vg.Inch, colName+"_hist.png"); err != nil {
        log.Fatal(err)
    }
}
```

프로그램을 실행하면 다음과 같은 결과를 얻을 수 있다.

```
$ go build
$ ./myprogram
[7x3] DataFrame

    column FICO_score class
0: mean 0.346782 0.396800
1: stddev 0.184383 0.489332
2: min 0.000000 0.000000
3: 25% 0.210500 0.000000
4: 50% 0.315800 0.000000
5: 75% 0.447400 1.000000
6: max 1.000000 1.000000
  <string> <float> <float>
```

```
$ ls *.png
class_hist.png FICO_score_hist.png
```

평균 신용 점수가 706.1로 다소 높은 것을 볼 수 있으며 평균이 0.5 근처에 나타나 클래스 1과 0사이의 균형이 상당히 좋게 설정된 것을 볼 수 있다. 하지만 클래스 0의 예제가 좀 더 많이 나타나는 것을 볼 수 있다 (이는 12%이하로 대출을 받을 수 없다는 것을 의미한다). 그리고 *.png 히스토그램 그래프의 모습은 다음과 같다.

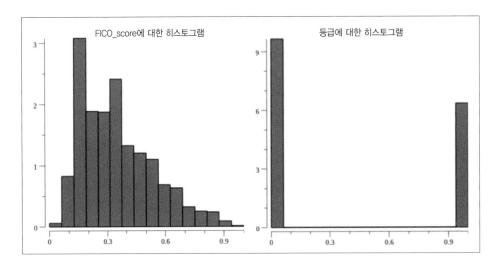

도표를 통해 클래스 사이의 균형에 대해 더 명확히 확인할 수 있으며 FICO 점수가 낮은 값으로 좀 더 치우쳐 있는 것을 볼 수 있다.

훈련(학습) 및 테스트 데이터 집합 생성하기

이전 장의 예제와 마찬가지로 훈련(학습)용 데이터 집합과 테스트용 데이터 집합으로 데이터를 구분해야 한다. github.com/kniren/gota/dataframe를 사용해 데이터 분리 작업을 수행한다.

```go
// 정리된 대출 데이터 집합 파일을 연다.
f, err := os.Open("clean_loan_data.csv")
if err != nil {
    log.Fatal(err)
}
defer f.Close()

// CSV 파일로부터 dataframe을 생성한다.
// 열의 유형을 추론된다.
loanDF := dataframe.ReadCSV(f)

// 각 집합에서 항목의 수를 계산한다.
trainingNum := (4 * loanDF.Nrow()) / 5
testNum := loanDF.Nrow() / 5
if trainingNum+testNum < loanDF.Nrow() {
    trainingNum++
}

// 훈련(학습) 데이터 집합과 테스트 데이터 집합에서 사용할 인덱스를 생성한다.
trainingIdx := make([]int, trainingNum)
testIdx := make([]int, testNum)

// 루프를 통해 훈련(학습)용 인덱스를 저장한다.
for i := 0; i < trainingNum; i++ {
    trainingIdx[i] = i
}

// 루프를 통해 테스트용 인덱스를 저장한다.
for i := 0; i < testNum; i++ {
    testIdx[i] = trainingNum + i
}

// 훈련(학습) 및 테스트용 dataframe을 생성한다.
trainingDF := loanDF.Subset(trainingIdx)
testDF := loanDF.Subset(testIdx)

// 데이터를 파일에 쓸 때 사용할 맵(map)을 생성한다.
```

```go
setMap := map[int]dataframe.DataFrame{
    0: trainingDF,
    1: testDF,
}

// 파일을 각각 생성한다.
for idx, setName := range []string{"training.csv", "test.csv"} {

    // 필터링을 거친 데이터 집합 파일을 저장한다.
    f, err := os.Create(setName)
    if err != nil {
        log.Fatal(err)
    }

    // 버퍼 writer를 생성한다.
    w := bufio.NewWriter(f)

    // dataframe을 CSV 파일로 쓴다.
    if err := setMap[idx].WriteCSV(w); err != nil {
        log.Fatal(err)
    }
}
```

프로그램을 컴파일하고 실행하면 훈련(학습) 및 테스트 예제를 포함하는 두 개의 파일이 생성된다.

```
$ go build
$ ./myprogram
$ wc -l *.csv
2046 clean_loan_data.csv
410 test.csv
1638 training.csv
4094 total
```

로지스틱 회귀분석 모델 훈련(학습) 및 테스트하기

이제 로지스틱 회귀분석 모델을 훈련(학습)시키는 함수를 생성해보자. 이 함수는 다음과 같은 기능을 수행해야 한다.

1. FICO 점수 데이터를 독립 변수로 수락한다.
2. 로지스틱 회귀분석 모델에 y절편을 추가한다.
3. 로지스틱 회귀분석 모델의 계수(또는 가중치)를 초기화하고 최적화한다.
4. 훈련(학습)된 모델을 정의하는 최적화된 가중치를 반환한다.

계수 또는 가중치를 최적화하기 위해 **확률적 경사하강법**SGD, stochastic gradient descent이라 불리는 기법을 사용한다. 이 기법은 부록, '머신 러닝과 관련된 알고리즘/기법'에서 자세히 다룰 예정이다. 지금은 최적화를 거치지 않은 가중치를 사용해 예측을 수행하고 해당 가중치에 대한 오차를 계산한 다음, 정확한 예측을 수행할 가능성을 최대화하기 위해 가중치를 반복적으로 업데이트하는 과정을 진행한다.

이 최적화 방법에 대한 구현은 다음과 같으며 이 함수는 다음과 같은 매개변수를 입력으로 사용한다.

- `features`: gonum `mat64.Dense` 행렬에 대한 포인터를 나타낸다. 이 행렬에는 예제에서 사용할 독립 변수에 대한 열(여기에서는 FICO 점수)과 y절편을 나타내는 1.0의 값을 가진 열이 포함된다.
- `labels`: `features`에 해당하는 모든 클래스 레이블을 포함하는 float로 이루어진 슬라이스slice.
- `numSteps`: 최적화를 위한 최대 반복 횟수.
- `learningRate`: 조정 가능한 매개변수로서 최적화의 수렴을 돕는 데 사용된다.

그러면 이 함수는 로지스틱 회귀분석 모델에 대한 최적화된 가중치를 출력한다.

```go
// logisticRegression 함수는 주어진 데이터에 대해
// 로지스틱 회귀분석 모델을 적합(훈련)시킨다.
func logisticRegression(features *mat64.Dense, labels []float64, numSteps
int, learningRate float64) []float64 {

    // 가중치를 임의로 초기화한다.
    _, numWeights := features.Dims()
    weights := make([]float64, numWeights)
    s := rand.NewSource(time.Now().UnixNano())
    r := rand.New(s)
    for idx, _ := range weights {
        weights[idx] = r.Float64()
    }

    // 가중치를 반복해서 최적화한다.
    for i := 0; i < numSteps; i++ {

        // 이번 반복 실행에 대한 오차를 누적시키기 위한 변수를 초기화한다.
        var sumError float64

        // 각 레이블에 대한 예측을 수행하고 오차를 누적시킨다.
        for idx, label := range labels {

            // 이 레이블에 해당하는 값을 가져온다.
            featureRow := mat64.Row(nil, idx, features)

            // 이번 반복 실행의 가중치에 대한 오차를 계산한다.
            pred := logistic(featureRow[0]*weights[0]
            featureRow[1]*weights[1])
            predError := label - pred
            sumError += math.Pow(predError, 2)

            // 가중치값을 업데이트한다.
            for j := 0; j < len(featureRow); j++ {
                weights[j] += learningRate * predError * pred * (1 - pred)
                * featureRow[j]
            }
```

```
        }
    }
    return weights
}
```

코드에서 볼 수 있듯이 이 함수는 비교적 간단하고 단순하다. 이렇게 하면 코드의 가독성
이 좋아지고 팀의 다른 구성원들이 이 모델에서 수행되는 과정을 쉽게 알 수 있다.

 머신 러닝 분야에서 R과 파이썬(Python)의 인기에도 불구하고 Go에서 머신 러닝 알고리즘
이 빠르고 간단하게 구현할 수 있다는 것을 볼 수 있을 것이다. 또한 Go에서의 구현은 다
른 언어에서의 단순한 구현을 넘어 무결성을 그 즉시 달성한다.

로지스틱 회귀분석 모델을 훈련(학습) 데이터 집합을 통해 훈련시키기 위해 encoding/csv
사용해 훈련(학습) 데이터 파일을 읽어온 다음, logisticRegression 함수에 필요한 매개
변수를 전달한다. 이 과정은 다음과 같으며 훈련(학습)된 로지스틱 회귀분석 공식을 표준
출력을 통해 출력하는 코드도 여기에 포함된다.

```
// 훈련(학습) 데이터 집합 파일을 연다.
f, err := os.Open("training.csv")
if err != nil {
    log.Fatal(err)
}
defer f.Close()

// 열린 파일을 읽는 새 CSV reader를 생성한다.
reader := csv.NewReader(f)
reader.FieldsPerRecord = 2

// CSV 레코드를 모두 읽는다.
rawCSVData, err := reader.ReadAll()
if err != nil {
    log.Fatal(err)
```

```go
}

// featureData와 labels 변수는 최종적으로 모델을 훈련시키는 데 사용될
// float값을 저장하는 데 사용된다.
featureData := make([]float64, 2*len(rawCSVData))
labels := make([]float64, len(rawCSVData))

// featureIndex 변수는 수치를 저장하는 행렬 값의 현재 인덱스를
// 추적하는 데 사용된다.
var featureIndex int

// 열을 순차적으로 이동하면서 슬라이스(slices)에 float값을 저장한다.
for idx, record := range rawCSVData {

    // 헤더 열은 건너뛴다.
    if idx == 0 {
        continue
    }

    // FICO 점수 수치를 추가한다.
    featureVal, err := strconv.ParseFloat(record[0], 64)
    if err != nil {
        log.Fatal(err)
    }
    featureData[featureIndex] = featureVal

    // y절편을 추가한다.
    featureData[featureIndex+1] = 1.0

    // 수치 열에 대한 인덱스를 증가시킨다.
    featureIndex += 2

    // 클래스 레이블을 추가한다.
    labelVal, err := strconv.ParseFloat(record[1], 64)
    if err != nil {
        log.Fatal(err)
    }
    labels[idx] = labelVal
```

```
    }

    // 앞에서 저장한 수치로 행렬을 만든다.
    features := mat64.NewDense(len(rawCSVData), 2, featureData)

    // 로지스틱 회귀분석 모델을 훈련(학습)시킨다.
    weights := logisticRegression(features, labels, 100, 0.3)

    // 표준 출력을 통해 로지스틱 회귀분석 모델 공식을 출력한다.
    formula := "p = 1 / ( 1 + exp(- m1 * FICO.score - m2) )"
    fmt.Printf("\n%s\n\nm1 = %0.2f\nm2 = %0.2f\n\n", formula, weights[0],
    weights[1])
```

모델을 훈련(학습)시키는 이 프로그램을 컴파일하고 실행하면 다음과 같이 훈련(학습)된 로지스틱 회귀분석 공식을 결과로 얻을 수 있다.

```
$ go build
$ ./myprogram

p = 1 / ( 1 + exp(- m1 * FICO.score - m2) )

m1 = 13.65
m2 = -4.89
```

그러면 이 공식을 바로 사용해 예측을 수행할 수 있다. 하지만 이 모델은 대출을 받을 수 있는(12%이하의 이자율로) 확률을 예측하는 모델이라는 것을 명심해야 한다. 따라서 예측을 수행할 때 확률에 대한 임계값을 사용해야 한다. 예를 들어, 0.5 이상의 p(확률)값은 모두 양수(클래스 1 또는 대출을 받을 수 있는 경우)로 생각하고 0.5 이하의 p값은 모두 음수로 생각한다고 가정해보자. 이 유형의 예측은 다음과 같은 함수로 구현할 수 있다.

```
    // predict 함수는 훈련(학습)된 로지스틱 회귀분석 모델을 기반으로
    // 예측을 수행한다.
    func predict(score float64) float64 {
```

```go
    // 예측 확률을 계산한다.
    p := 1 / (1 + math.Exp(-13.65*score+4.89))

    // 해당하는 클래스를 출력한다.
    if p >= 0.5 {
        return 1.0
    }

    return 0.0
}
```

predict 함수를 사용하면 책의 앞부분에서 소개했던 평가 방법 중 하나를 사용해 훈련된 회귀분석 모델을 평가할 수 있다. 여기에서는 다음 코드와 같이 정확도^{accuracy}를 사용해보자.

```go
    // 테스트 데이터 집합 파일을 연다.
    f, err := os.Open("test.csv")
    if err != nil {
        log.Fatal(err)
    }
    defer f.Close()

    // 열린 파일을 읽는 새 CSV reader를 생성한다.
    reader := csv.NewReader(f)

    // observed와 predicted 변수는 레이블이 지정된 데이터 파일로부터 읽어온
    // 관찰값 및 예측값을 저장하는 데 사용된다.
    var observed []float64
    var predicted []float64

    // line 변수는 로그를 위해 열의 수를 추적하는 데 사용된다.
    line := 1

    // 열에서 예기치 않은 유형을 찾기 위해 레코드를 읽는다.
    for {
```

```go
    // 열을 읽는다. 파일에 끝 부분에 도달했는지 확인한다.
    record, err := reader.Read()
    if err == io.EOF {
        break
    }

    // 헤더는 건너뛴다.
    if line == 1 {
        line++
        continue
    }

    // 관찰값을 읽는다.
    observedVal, err := strconv.ParseFloat(record[1], 64)
    if err != nil {
        log.Printf("Parsing line %d failed, unexpected type\n", line)
        continue
    }

    // 필요한 예측을 수행한다.
    score, err := strconv.ParseFloat(record[0], 64)
    if err != nil {
        log.Printf("Parsing line %d failed, unexpected type\n", line)
        continue
    }

    predictedVal := predict(score)

    // 기대하는 유형인 경우, 해당 레코드를 슬라이스(slice)에 추가한다.
    observed = append(observed, observedVal)
    predicted = append(predicted, predictedVal)
    line++
}

// 이 변수는 true positive와 true negative값의 횟수를
// 저장하는 데 사용된다.
var truePosNeg int
```

```
// true positive/negative 횟수를 누적시킨다.
for idx, oVal := range observed {
    if oVal == predicted[idx] {
        truePosNeg++
    }
}

// 정확도(accuracy)를 계산한다(부분집합 정확도).
accuracy := float64(truePosNeg) / float64(len(observed))

// 표준 출력을 통해 정확도(Accuracy)값을 출력한다.
fmt.Printf("\n정확도 = %0.2f\n\n", accuracy)
```

준비한 데이터를 기반으로 이 테스트를 실행하면 다음과 같은 정확도Accuracy를 결과로 얻을 수 있다.

```
$ go build
$ ./myprogram

정확도 = 0.83
```

Go에서 약 30줄로 구현한 머신 러닝 모델을 생각해봤을 때 나쁘지 않은 83%라는 정확도를 결과로 얻었다. 이 간단한 모델을 사용해 주어진 특정 신용 점수를 기반으로 대출 신청자가 12% 이하의 이자율로 대출을 받을 수 있을지 여부를 예측할 수 있었다. 이 뿐만 아니라 이 작업은 실제 회사에서 발행한 대량의 데이터를 기반으로 수행했다는 점에서 매우 고무적이다.

▌ k-최근접 이웃 모델

로지스틱 회귀분석에서 다음으로 넘어가 첫 번째 비-회귀분석 모델인 **k-최근접 이웃** k-Nearest Neighbors, kNN **모델**에 대해 살펴보자. kNN 역시 간단한 분류 모델인 동시에 사용하기 쉬운 알고리즘 중 하나이기도 하다. kNN은 특정 레코드를 분류하려는 경우에 유사한 다른 레코드를 고려해야 한다는 기본 전제를 따른다.

Go 패키지로 구현된 kNN은 github.com/sjwhitworth/golearn, github.com/rikonor/ go-ann, github.com/akreal/knn, github.com/cdipaolo/goml을 포함해 기존에 구현된 다양한 버전이 존재한다. 책에서는 github.com/sjwhitworth/golearn 구현 버전을 사용 할 예정이다. github.com/sjwhitworth/golearn은 일반적으로 사용하는 방법을 훌륭하 게 소개하고 있다.

kNN의 개요

앞서 언급했듯이 kNN은 특정 레코드를 분류할 때 유사한 레코드를 기반으로 해야 한다는 원칙을 따른다. 유사한 레코드를 정의할 때 처리되어야 하는 세부사항들이 있다. 하지만 kNN에는 많은 모델과 함께 제공되는 매개변수 및 옵션의 복잡성이 없다.

클래스 A와 B가 있다고 다시 한번 상상해보자. 하지만 이번에는 x_1과 x_2 두 수치를 기반으 로 분류한다고 가정해보자. 이는 시각적으로 다음과 같은 모습을 할 것이다.

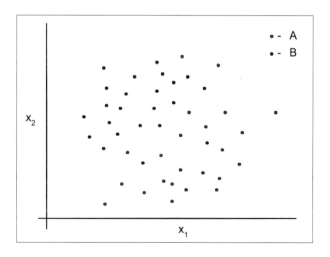

이제 알려지지 않은 클래스가 있는 새로운 데이터 요소가 있다고 가정해보자. 이 새로운 데이터 요소는 이 공간의 어딘가에 자리를 잡을 것이다. kNN을 기반으로 이 새로운 요소를 분류하기 위해서는 다음 내용을 수행해야 한다.

1. 가까운 정도를 측정한 결과를 기반으로 새로운 지점에 대한 k 최근접 지점을 찾는다(예를 들어 이 공간에서 x_1과 x_2의 직선 최단 거리를 측정한다).
2. 클래스 A에 포함된 k 최근접 지점의 수가 얼마인지 클래스 B에 포함된 k 최근접 지점의 수가 얼마인지 확인한다.
3. 새로운 지점을 k 최근접 이웃을 더 많이 가지고 있는 그룹으로 분류한다.

예를 들어 k를 4로 선택하면 다음과 같이 나타난다.

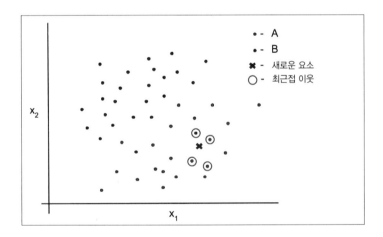

앞의 예제에서 새로 추가된 요소는 3개의 A 최근접 이웃과 1개의 B 최근접 이웃이 존재한다. 따라서 새로운 지점을 클래스 A 지점으로 분류한다.

k 최근접 이웃을 결정하는 데 사용할 수 있는 다양한 유사도 측정 방법들이 있다. 이 중에서 가장 일반적인 방법은 유클리드 거리 측정법Euclidean distance이다. 유클리드 거리 측정법은 데이터 수치(예제에서는 x_1과 x_2들로 구성되는 공간의 한 요소에서 다른 요소로의 직선 거리를 측정한다. 다른 방법으로는 **맨하탄 거리 측정법**Manhattan distance, **민코스키 거리 측**

정법$^{Minkowski distance}$, 코사인 유사도 측정법$^{cosine similarity}$, 자카드 유사도 측정법$^{Jaccard Similarity}$ 등
이 있다.

> **TIP** 평가 방법들과 마찬가지로 거리나 유사도를 측정할 수 있는 많은 방법들이 존재한다. kNN
> 을 사용할 때는 이런 측정 방법들의 장점과 단점을 살펴보고 사용 사례와 데이터에 적합한
> 방법을 선택하는 것이 중요하다. 하지만 의심이 든다면 유클리드 거리 측정법부터 시작해
> 보는 것이 좋다.

kNN의 가정 및 문제점

그 단순함으로 인해 kNN은 너무 많은 가정은 하지 않는다. 하지만 kNN을 적용할 때 주
의해야 할 몇 가지 일반적인 함정(문제점)들이 있다.

- kNN은 게으른 학습 알고리즘이다.[1] 이는 예측을 해야 할 때 거리나 유사도를 계
  산해야 한다는 것을 의미한다. 예측을 수행하기 전에 훈련(학습) 또는 적합^{fit}과 같
  은 과정을 진행하지 않는다. 여기에는 몇 가지 장점도 있지만 데이터가 많은 경
  우에는 계산 및 요소를 검색하는 속도가 매우 느려질 수 있다.
- k의 선택은 전적으로 여러분들에게 달려있다. k를 선택하는 과정에서 형식을 부
  여하고 선택한 k에 대한 정당성을 제공해야 한다. k를 선택하는 일반적인 방법
  은 k값의 범위를 기반으로 검색하는 것이다. 예를 들어, k = 2에서 시작해볼 수
  있다. 그러면 테스트 데이터 집합을 기반으로 k를 증가시키면서 각 k에 대해 평
  가할 수 있다.
- kNN은 다른 수치보다 어떤 수치가 더 중요한지에 대해 고려하지 않는다. 게다가
  확실성의 척도가 다른 수치보다 큰 경우에는 척도가 큰 수치의 중요도에 부자연
  스럽게 가중치가 적용될 수 있다.

---

1 계산하는 데 시간이 오래 걸리는 알고리즘을 의미한다. – 옮긴이

kNN 예제

kNN 및 이 장의 나머지 예제를 위해 **붓꽃**에 대한 데이터 집합을 사용해 고전적인 분류 문제를 해결해보려고 한다. 예제에서 사용할 데이터 집합은 다음과 같다.

```
$ head iris.csv
sepal_length,sepal_width,petal_length,petal_width,species
5.1,3.5,1.4,0.2,Iris-setosa
4.9,3.0,1.4,0.2,Iris-setosa
4.7,3.2,1.3,0.2,Iris-setosa
4.6,3.1,1.5,0.2,Iris-setosa
5.0,3.6,1.4,0.2,Iris-setosa
5.4,3.9,1.7,0.4,Iris-setosa
4.6,3.4,1.4,0.3,Iris-setosa
5.0,3.4,1.5,0.2,Iris-setosa
4.4,2.9,1.4,0.2,Iris-setosa
```

처음 네 개의 열은 붓꽃에 대한 다양한 측정 수치를 나타내며 마지막 열은 해당하는 품종의 레이블을 나타낸다. 이 예제의 목표는 측정 수치를 기반으로 붓꽃의 품종을 예측할 수 있는 kNN 분류기를 만드는 것이다. 꽃의 품종에는 세 가지가 있으며 이를 세 개의 클래스로 나눌 수 있다. 따라서 이 문제는 다중 클래스 분류 문제에 해당한다(로지스틱 회귀분석에서 했던 이진 분류와 대조적이다).

 이미 2장, '행렬, 확률, 통계'에서 붓꽃 데이터 집합을 자세하게 프로파일링한 것을 기억할 것이다. 따라서 여기에서는 데이터를 다시 살펴보지 않는다. 하지만 kNN 모델을 개발할 때 데이터에 대해 이해하는 것은 매우 중요하다. 2장, '행렬, 확률, 통계'로 돌아가 이 데이터 집합의 변수 분포에 대해 다시 살펴볼 것을 권장한다.

이 예제에서는 github.com/sjwhitworth/golearn을 사용할 예정이다.

github.com/sjwhitworth/golearn은 kNN 및 책에서 간단히 살펴볼 다른 모델들을 포함해 다양한 머신 러닝 모델을 구현한다. 또한 github.com/sjwhitworth/golearn은 교차 검증cross-validation도 구현한다. 여기에서는 훈련(학습), 테스트, 검증을 진행할 때 교차 검증의 장점을 활용할 예정이다. 이를 통해 편리하게 작업을 진행할 수 있고 훈련(학습) 및 테스트 데이터 집합을 직접 나누는 작업을 피할 수 있다.

github.com/sjwhitworth/golearn에서 제공하는 모델을 사용하려면 데이터를 먼저 **인스턴스**instances라 불리는 github.com/sjwhitworth/golearn의 내부 포맷으로 변환해야 한다. 붓꽃 데이터의 경우 다음과 같이 데이터를 변환할 수 있다.

```
// 붓꽃 데이터 집합을 읽고 golearn "인스턴스(instances)"로 설정한다.
irisData, err := base.ParseCSVToInstances("iris.csv", true)
if err != nil {
    log.Fatal(err)
}
```

그런 다음, kNN 모델을 초기화하고 교차 검증을 빠르고 간단하게 수행할 수 있다.

```
// 새 KNN 분류기를 초기화한다. 간단한 유클리드 거리 측정법과
// k=2를 사용한다.
knn := knn.NewKnnClassifier("euclidean", "linear", 2)

// 5겹의 데이터 집합을 기반으로 모델을 성공적으로 훈련(학습)시키고 평가하기 위해
// k-겹(k-fold) 교차 검증을 사용한다.
cv, err := evaluation.GenerateCrossFoldValidationConfusionMatrices(irisData,
knn, 5)
if err != nil {
    log.Fatal(err)
}
```

마지막으로, 5겹의 교차 검증에 대한 평균 정확도accuracy를 구하고 표준 출력을 통해 앞에서 구한 정확도를 출력한다.

```
// 교차 검증의 정확도(accuracy)에 대한 평균, 분산, 표준 편차를 구한다.
mean, variance := evaluation.GetCrossValidatedMetric(cv, evaluation.
GetAccuracy)
stdev := math.Sqrt(variance)

// 표준 출력을 통해서 교차 측정법의 결과를 출력한다.
fmt.Printf("\n정확도\n%.2f (+/- %.2f)\n\n", mean, stdev*2)
```

코드를 모두 컴파일하고 실행하면 다음과 같은 결과를 확인할 수 있다.

```
$ go build
$ ./myprogram
Optimisations are switched off
Optimisations are switched off
Optimisations are switched off
Optimisations are switched off
Optimisations are switched off
KNN: 95.00 % done
정확도
0.95 (+/- 0.05)
```

교차 검증을 수행하는 동안 패키지에서 로그를 기록하는 작업을 한 후 kNN(k = 2)이 95%의 정확도로 붓꽃의 품종을 예측할 수 있었다는 것을 확인할 수 있다.

다음 단계는 이 모델에 다양한 k값을 적용해서 예측을 시도해보는 것이다. 실제로 가장 좋은 성능을 보여주는 k값을 찾기 위해 k값에 대한 정확도accuracy를 도표로 그려보는 것은 아주 좋은 연습이 될 것이다.

▮ 의사결정 트리와 랜덤 포레스트

트리 기반의 모델은 앞서 살펴봤던 유형의 모델들과는 다르지만 매우 널리 사용되며 강력하다. **의사결정 트리**Decision trees 모델을 데이터에 적용된 일련의 if-then 구문으로 생각해볼수 있다. 이 유형의 모델을 훈련(학습)시킬 때는 일련의 제어 흐름 구문을 만들어 최종적으로 레코드를 분류할 수 있도록 해야 한다.

의사결정 트리는 github.com/sjwhitworth/golearn과 github.com/xlvector/hector에 구현돼 있으며 랜덤 포레스트Random Forest는 github.com/sjwhitworth/golearn, github.com/xlvector/hector, github.com/ryanbressler/CloudForest에 구현되어 있다. 책에서는 다음 절에서 나오는 예제에서 github.com/sjwhitworth/golearn을 다시 사용한다.

의사결정 트리와 랜덤 포레스트 개요

클래스 A와 B가 있다고 다시 생각해보자. 이번에는 0.0에서 1.0 사이의 범위를 갖는 x_1이라는 수치 하나와 두 개의 수 a_1과 a_2(이 값은 남자/여자 또는 빨간색/파란색 등이 될 수 있다) 중에서 하나를 갖는 범주형 수치 x_2가 있다고 가정해보자. 의사결정 트리는 새로운 데이터 지점을 다음과 같이 분류한다.

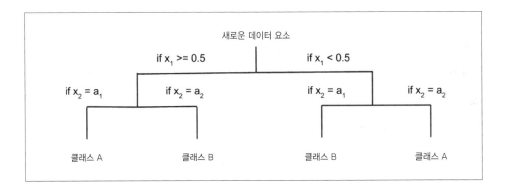

의사결정 트리를 제작하는 방법에는 분할 등 다양한 방법이 존재한다. 의사결정 트리의 제작 방법을 결정하는 데 가장 많이 사용되는 방법은 **엔트로피**entropy라는 양을 사용하는 방법이다. 엔트로피 기반의 접근법은 부록에서 더 자세히 설명할 예정이다. 책에서는 기본적으로 해결하려고 하는 문제에 대해 가장 많은 정보를 제공하는 수치를 기반으로 트리를 분할해 제작한다. 가장 많은 정보를 제공하는 수치가 트리에서 우선 순위가 높다.

중요한 수치의 이런 우선 순위와 자연스러워 보이는 구조는 의사 결정 트리를 해석하기 쉽게 만들어준다. 이런 점들은 추론을 설명해야 하는 응용프로그램에서 의사결정 트리를 중요하게 만든다(예를 들어, 규정 준수를 위해).

하지만 단일 의사결정 트리는 훈련(학습) 데이터가 변하는 경우 불안정할 수 있다. 다시 말해, 훈련(학습) 데이터의 아주 작은 부분이 변하더라도 트리의 구조에 큰 변화를 가져올 수 있다. 이는 운영적인 측면과 인지적인 측면 모두에서 관리하기 어렵게 만들 수 있으며 바로 이런 점이 **랜덤 포레스트**random forest가 만들어진 이유 중 하나다.

랜덤 포레스트는 예측을 수행하기 위해 함께 동작하는 의사결정 트리의 모음이다. 랜덤 포레스트는 단일 의사결정 트리와 비교했을 때 훨씬 더 안정적이며 과적합 측면에서 더 강력하다. 사실 머신 러닝 분야에서 모델을 **앙상블**ensemble로 결합하는 이런 아이디어는 단순한 분류기(의사결정 트리와 같은)의 성능을 향상시키고 과적합을 방지하는 매우 일반적인 기법이다.

랜덤 포레스트를 구성하기 위해서는 N개의 임의의 부분 데이터 집합을 선택하고 이 부분 집합을 기반으로 N개의 개별 의사결정 트리를 제작해야 한다. 그런 다음, 예측을 수행할 때 이 N개의 개별 의사결정 트리들이 예측을 수행하게 된다. 최종 예측을 얻을 때는 N개의 예측에서 다수결을 통해 채택할 수 있다.

의사결정 트리와 랜덤 프레스트의 가정 및 문제점

트리 기반의 접근법은 회귀분석과 같은 방법과는 달리 많은 가정이 없는 비통계적 접근법이다. 하지만 주의해야 할 사항들이 몇 가지 있다.

- 단일 의사결정 트리 모델은 특히 트리의 깊이를 제한하지 않는 경우, 데이터에 대해 과적합되기 쉽다. 대부분의 구현에서는 매개변수를 통해 트리의 깊이를 제한하는 기능을 제공한다(또는 의사결정 트리의 크기를 축소하도록). 크기를 축소시키는 매개변수는 예측하는 데 영향이 적은 부분을 삭제해 모델의 전체 복잡도를 줄여준다.

- 랜덤 포레스트와 같은 앙상블 모델에 대해 살펴볼 때는 다소 불분명한 모델을 생각해야 한다. 모델의 앙상블에 대한 직관을 얻는 것은 매우 어려우며 특정 부분에서는 블랙 박스와 같이 다룰 수밖에 없다. 따라서 이와 같이 해석하기 어려운 모델은 필요한 경우에만 적용하는 것이 좋다.

- 의사결정 트리 자체는 계산적으로 매우 효율적이지만 랜덤 포레스트는 가지고 있는 수치와 랜덤 포레스트에 포함된 트리의 수에 따라 계산적으로 매우 비효율적일 수 있다.

의사결정 트리 예제

이 예제에서는 붓꽃 데이터 집합을 다시 사용한다. 앞에서 이미 github.com/sjwhitworth/golearn에서 이 데이터 집합을 다루는 방법에 대해 살펴봤기 때문에 비슷한 패턴에 따라 작업을 진행할 수 있다. 여기에서는 교차 검증도 다시 사용한다. 하지만 이번에는 의사결정 트리 모델을 훈련한다는 점이 다르다.

```
// 붓꽃 데이터 집합을 읽고 golearn "인스턴스(instances)"로 설정한다.
irisData, err := base.ParseCSVToInstances("iris.csv", true)
if err != nil {
```

```
        log.Fatal(err)
    }

    // 이 코드는 의사결정 트리를 제작하는데 포함되는
    // 랜덤 프로세스를 시작시킨다.
    rand.Seed(44111342)

    // 의사결정 트리 모델을 제작하기 위해 ID3 알고리즘을 사용한다. 또한
    // 훈련-가지의 분할을 조절하기 위한 매개변수 값을 0.6으로 설정한다.
    tree := trees.NewID3DecisionTree(0.6)

    // 5겹의 데이터 집합을 기반으로 모델을 성공적으로 훈련(학습)시키고 평가하기 위해
    // k-겹(k-fold) 교차 검증을 사용한다.
    cv, err := evaluation.GenerateCrossFoldValidationConfusionMatrices(irisData,
tree, 5)
    if err != nil {
        log.Fatal(err)
    }

    // 교차 검증에 대한 정확도(accuracy)의 평균, 분산, 표준 편차를 구한다.
    mean, variance := evaluation.GetCrossValidatedMetric(cv,
    evaluation.GetAccuracy)
    stdev := math.Sqrt(variance)

    // 표준 출력을 통해서 교차 검증의 결과를 출력한다.
    fmt.Printf("\n정확도\n%.2f (+/- %.2f)\n\n", mean, stdev*2)
```

이 의사결정 트리 모델을 컴파일하고 실행하면 다음과 같은 결과를 얻을 수 있다.

```
$ go build
$ ./myprogram

정확도
0.94 (+/- 0.06)
```

이번에는 94%의 정확도를 얻었다. kNN 모델보다 약간 나쁘지만 여전히 훌륭한 결과다.

랜덤 포레스트 예제

github.com/sjwhitworth/golearn에는 랜덤 포레스트도 구현돼 있다. 붓꽃 문제를 해결하기 위해 랜덤 포레스트를 사용할 때는 의사결정 트리 모델을 랜덤 포레스트로 간단히 바꾸기만 하면 된다. Go 패키지에서 트리당 임의로 선택된 수치의 수와 랜덤 포레스트에 포함될 의사결정 트리의 수만 설정하면 된다.

트리당 수치의 수에 대한 적절한 기본값으로 전체 수치의 수의 제곱근을 사용하며, 예제의 경우 이 값은 2다. 좋은 예측을 수행하기 위해서는 전체 수치가 필요하기 때문에 이 작은 데이터 집합의 선택을 통해서는 좋은 결과를 생산해내기 어렵다. 하지만 랜덤 포레스트에 적절한 기본값을 설정해 어떻게 동작하는지 살펴보자.

```
// 트리 당 2개의 수치를 갖는 10개의 트리로 구성된 랜덤 포레스트를 제작한다.
// 이는 기본 설정으로 적당하다(일반적으로 트리당 수치는 sqrt(수치의 수)로 설정된다).
rf := ensemble.NewRandomForest(10, 2)

// 5겹의 데이터 집합을 기반으로 모델을 성공적으로 훈련(학습)시키고 평가하기 위해
// k-겹(k-fold) 교차 검증을 사용한다.
cv, err := evaluation.GenerateCrossFoldValidationConfusionMatrices(irisData,
rf, 5)
if err != nil {
    log.Fatal(err)
}
```

이 랜덤 포레스트를 실행해 얻은 정확도는 단일 의사결정 트리의 정확도보다 나쁘다. 트리당 수치의 수를 4로 변경하면 단일 의사결정 트리의 정확도와 같은 결과를 만들 수 있다. 이는 모든 트리가 단일 의사결정 트리와 동일한 정보로 훈련(학습)된다는 것을 의미하기 때문에 동일한 결과를 생산한다.

여기에서 랜덤 포레스트는 너무 지나친 방법이며 성능상의 이점이 없기 때문에 정당화될 수 없다. 따라서 이 경우에는 단일 의사결정 트리가 가장 좋은 선택이 될 수 있다. 앞서 사용된 단일 의사결정 트리가 더 해석하기 쉽고 더 효율적이다.

▎나이브 베이즈

분류에서 마지막으로 살펴볼 모델은 **나이브 베이즈**Naive bayes라 불리는 모델이다. 2장, '행렬, 확률, 통계'에서 이 기법의 기반을 형성하는 베이즈 규칙에 대해 살펴봤다. 나이브 베이즈는 로지스틱 회귀분석과 같이 확률을 기반으로 하는 방법이다. 하지만 기본 개념과 가정은 다르다.

나이브 베이즈 역시 github.com/sjwhitworth/golearn에 구현돼 있기 때문에 쉽게 시도해볼 수 있다. 그 외에도 github.com/jbrukh/bayesian, github.com/lytics/multibayes, github.com/cdipaolo/goml을 비롯한 다양한 Go 구현 버전이 있다.

나이브 베이즈와 가정에 대한 개요

나이브 베이즈는 하나의 큰 가정하에 동작한다. 나이브 베이즈는 클래스의 확률 및 데이터 집합에서 특정 수치가 나올 확률은 데이터 집합에서 다른 수치가 나올 확률과 독립적이라고 가정한다. 이를 통해 특정 클래스의 확률, 주어진 특정 수치가 나올 확률에 대한 간단한 공식을 세울 수 있다.

이 내용을 좀 더 견고하게 이해하기 위해 예를 들어보자. 이메일의 단어를 기반으로 두 범주의 이메일 A와 B(예를 들어 스팸 메일 또는 스팸 메일이 아님)를 예측한다고 가정해보자. 나이브 베이즈는 특정 단어의 유무는 다른 단어와 독립적이라고 가정한다. 이렇게 가정을 하면 특정 클래스에서 특정 단어가 포함될 확률은 모든 개별 조건 확률을 곱한 값에 비례한다. 이것을 베이즈 규칙, 연쇄 법칙chain rule, 독립 가정과 함께 사용하면 특정 클래스의 조건 확률을 다음과 같이 작성할 수 있다.

$$P(B \,|\, word_1, word_2) \propto P(B)\,P(word_1 \,|\, B)\,P(word_2 \,|\, B)$$

우변에 있는 모든 항목은 훈련(학습) 데이터 집합의 수치와 레이블이 발생한 횟수를 세는 것으로 계산할 수 있다. 이는 모델을 훈련(학습)시킬 때 수행하는 방법이다. 그런 다음 이런 확률을 연쇄적으로 엮는 방식으로 예측을 수행할 수 있다.

 실제로 0에 가까운 수의 무리(그룹)를 연쇄적으로 엮는 것을 피하기 위해 약간의 트릭이 사용된다. 확률의 로그를 취하고 이 값들을 더한 다음, 그 식의 지수를 취할 수 있다. 일반적으로는 이 과정이 더 실용적이다.

나이브 베이즈 예제

대출 데이터 집합을 마지막으로 사용해보자. 나이브 베이즈를 활용해 동일한 대출 문제를 해결하기 위해 github.com/sjwhitworth/golearn을 사용한다. 로지스틱 회귀분석 예제에서 사용했던 훈련(학습) 및 테스트 데이터 집합을 사용한다. 하지만 데이터 집합의 레이블을 github.com/sjwhitworth/golearn에서 사용할 이진 분류기 형식으로 변환해야 한다. 이를 위해 이 변환을 수행하는 간단한 함수를 다음과 같이 작성할 수 있다.

```
// convertToBinary 함수는 golearn의 내장 기능을 사용해
// 데이터 집합의 레이블을 이진 레이블 형식으로 변환한다.
func convertToBinary(src base.FixedDataGrid) base.FixedDataGrid {
    b := filters.NewBinaryConvertFilter()
    attrs := base.NonClassAttributes(src)
    for _, a := range attrs {
        b.AddAttribute(a)
    }
    b.Train()
    ret := base.NewLazilyFilteredInstances(src, b)
    return ret
}
```

함수가 준비되면 다음 코드와 같이 나이브 베이즈 모델을 훈련(학습)시키고 테스트할 수 있다.

```go
// 훈련(학습) 데이터 집합을 읽고 golearn "인스턴스(instances)"로 설정한다.
trainingData, err := base.ParseCSVToInstances("training.csv", true)
if err != nil {
    log.Fatal(err)
}

// 새로운 나이브 베이즈 분류기를 초기화한다.
nb := naive.NewBernoulliNBClassifier()

// 나이브 베이즈 분류기를 적합(훈련)시킨다.
nb.Fit(convertToBinary(trainingData))

// 대출 테스트 데이터 집합에서 데이터를 읽고
// golearn "인스턴스(instances)"로 설정한다. 이번에는 테스트 집합의 형식을
// 검증하기 위해 인스턴스의 이전 설정을 템플릿으로 활용한다.
testData, err := base.ParseCSVToTemplatedInstances("test.csv", true,
trainingData)
if err != nil {
    log.Fatal(err)
}

// 예측을 수행한다.
predictions := nb.Predict(convertToBinary(testData))

// 혼동 행렬을 생성한다.
cm, err := evaluation.GetConfusionMatrix(testData, predictions)
if err != nil {
    log.Fatal(err)
}

// 정확도(accuracy)를 계산한다.
accuracy := evaluation.GetAccuracy(cm)
fmt.Printf("\n정확도: %0.2f\n\n", accuracy)
```
코드를 컴파일하고 실행하면 다음과 같은 정확도를 얻을 수 있다.

```
$ go build
$ ./myprogram
```

정확도: 0.63

이 결과는 직접 만들었던 로지스틱 회귀분석 모델만큼 좋은 결과는 아니다. 하지만 이 모델은 여전히 예측 능력을 가지고 있다. LendingClub 데이터 집합의 다른 수치를 이 모델에 추가해보는 것은 좋은 연습이 될 것이다. 특히, 범주형 변수 몇 가지를 추가해보는 것이 좋다. 이렇게 하면 나이브 베이즈 모델의 결과를 향상시킬 수 있을 것이다.

▌ 참조

일반적인 분류

- github.com/sjwhitworth/golearn 문서: https://godoc.org/github.com/ sjwhitworth/golearn

▌ 요약

이 장에서는 로지스틱 회귀분석, k-최근접 이웃 모델, 의사결정 트리, 랜덤 포레스트, 나이브 베이즈를 포함한 다양한 분류 모델을 살펴봤다. 심지어 로지스틱 회귀분석은 처음부터 직접 구현했다. 앞서 살펴봤듯이, 이 모델들은 모두 서로 다른 강점과 약점을 가지고 있다. 하지만 이 모델들은 모두 Go를 활용해 분류 작업을 할 때 시작하기 좋은 도구들을 제공한다.

6장에서는 클러스터링이라고 하는 또 다른 유형의 머신 러닝에 대해 살펴볼 예정이다. 군집화는 책에서 첫 번째로 다루게 될 자율 학습(비지도 학습, unsupervised technique)이며 몇 가지 다른 접근법을 시도할 예정이다.

06

클러스터링

종종 데이터의 집합이 군집, 즉 클러스터Cluster의 집합으로 구성되는 경우가 있다. 예를 들어, 어떤 기본 속성(나이, 성별, 지역, 고용 상태 등의 인구 통계학정 속성)이나 특정 기본 프로세스(웹 브라우징, 쇼핑, 봇bot 상호작용, 기타 웹 사이트와 관련된 행동)와 일치하는 군집으로 데이터를 구성할 수 있다. 이런 군집을 감지하고 레이블을 부여하는 머신 러닝 기법을 일반적으로 **클러스터링** 기법이라고 지칭한다.

지금까지 살펴본 머신 러닝 알고리즘은 모두 **지도 학습**supervised learning이다. 즉, 예측하려는 레이블이나 숫자와 쌍을 이루는 일련의 속성이나 수치를 가지고 있었다. 모델을 훈련(학습)시키기 전에 이미 알고 있던 행동에 모델을 맞추기 위해 이렇게 레이블이 지정된 데이터를 사용한다.

대부분의 클러스터링 기법은 **자율 학습**(비지도 학습, unsupervised learning)이다. 회귀분석 및 분류와 같은 지도 학습 기법과는 달리 클러스터링 모델을 활용해 데이터 집합에서 군집 을 찾기 전에는 군집에 대해 알지 못하는 경우가 대부분이다. 따라서 클러스터링 문제의 해결을 시작할 때는 레이블이 지정되지 않은 데이터 집합과 알고리즘을 사용해 작업을 수 행하게 되며 클러스터링 알고리즘을 사용해 데이터에 대한 군집 레이블을 생성해야 한다.

또한 클러스터링 기법은 주어진 데이터 집합에 대해 특정 군집이 맞거나 정확하다고 말하 기 어렵다는 점에서 다른 머신 러닝 기법과 구별된다. 찾고 있는 군집의 수와 데이터 요소 간의 유사도에 따라 각각의 의미를 내포하는 군집이 다양해질 수 있다. 이런 점이 클러스 터링 기법을 평가하거나 검증할 수 없다는 것을 의미하지는 않는다. 이런 제한사항이 있 다는 것을 이해해야만 한다는 것과 결과를 정량화할 때 주의해야 한다는 것을 의미한다.

▍ 클러스터링 모델 용어 이해하기

클러스터링은 아래 설명한 것과 같이, 다소 독특하며 자체적인 용어를 사용한다. 다음에 설명된 목록은 부분 목록이며 각자 해당하는 용어를 사용하는 다양한 클러스터링 유형이 있다는 점을 명심해야 한다.

- **군집**Cluster **또는 그룹**Group: 군집 또는 그룹 각각은 클러스터링 기법이 적용되어 비 슷한 특징을 가진 데이터 요소의 모음을 말한다.
- **인트라 그룹**Intra-group **또는 인트라 군집**intra-cluster: 클러스터링의 결과로 발생한 군집 은 해당 군집 내의 데이터 요소와 동일한 군집 내의 다른 데이터 요소 사이의 유 사도 측정을 통해서 평가할 수 있다. 이를 인트라 그룹 또는 인트라 군집 평가 및 유사도 측정이라 부른다.
- **인터 그룹**Inter-group **또는 인터 군집**Inter-cluster: 클러스터링의 결과로 발생한 군집은 해 당 군집 내의 데이터 요소와 동일한 군집 내의 다른 데이터 요소 사이의 비 유사

도^{dissimilarity} 측정을 통해 평가할 수 있다. 이를 인터 그룹 또는 인터 군집 평가 및 비 유사도 측정이라 부른다.

- **내부 기준**^{Internal Criteria} : 종종 클러스터링의 결과로 생성된 군집을 평가하는 데 사용할 수 있는 군집 레이블의 명확한 표준 집합이 없는 경우가 있을 수 있다. 이런 경우 클러스터링 기법의 성능을 측정하기 위해 인터 또는 인트라 군집 유사도 측정 방법을 활용할 수 있다.

- **외부 기준**^{External Criteria} : 다른 경우에는 사람의 판단에 의해 생성된 표준과 같이 군집 레이블 또는 그룹화에 대한 명확한 표준이 존재할 수도 있다. 이런 시나리오에서는 표준 또는 외부 기준을 사용해 클러스터링 기법을 평가할 수 있다.

▌ 거리 또는 유사도 측정하기

여러 데이터 요소를 군집 단위로 묶기 위해서는 데이터 요소 간의 근접성(가까운 정도)을 정량적으로 정의하는 거리^{Distance} 또는 유사도^{Similarity} 측정 방법을 정의하고 이를 활용해야 한다. 이 측정 방법을 선택하는 것은 군집이 생성되는 방식에 직접적인 영향을 미치기 때문에 모든 클러스터링 프로젝트에서 필수적이다. 특정 유사도 측정 방법을 사용해 생성된 군집들은 다른 유사도 측정 방법을 통해 생성된 군집들과 매우 다를 수 있다.

이런 거리 측정법 중에서 가장 보편적이면서도 간단한 방법은 **유클리드 거리 측정법**^{Euclidean distance} 또는 **유클리드 제곱 거리 측정법**^{squared Euclidean distance}이다. 이 방법은 수치들로 채워진 공간의 두 지점 사이의 직선 거리(5장, '분류'의 kNN 예제에서 이 거리를 이미 사용했던 것을 기억할 것이다)를 구하거나 유클리드 거리를 제곱한 값을 구한다. 물론 거리 측정법에는 좀 더 복잡한 방법을 포함해 다양한 방법들이 존재한다. 이중 몇 가지 방법이 다음 다이어그램에 나와 있다.

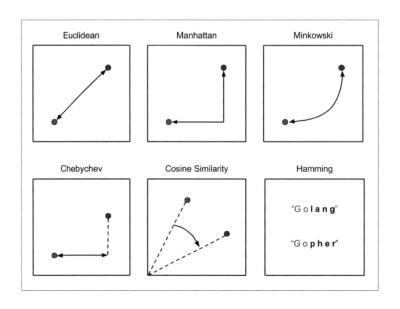

예를 들어, **맨하탄 거리 측정법**^{Manhattan distance}은 두 요소 사이의 절대값 x 더하기 절대값 y를 한 값이며 **민코스키 거리 측정법**^{Minkowski distance}은 유클리드 거리와 맨하탄 거리 사이의 거리를 구한다. 이 거리 측정법들은 유클리드 거리와 비교했을 때 데이터에서 비정상적인 값(또는 특이치)에 대해 좀 더 견고하다.

해밍 거리 측정법^{Hamming distance}과 같은 거리 측정법은 문자열과 같은, 특정 종류의 데이터에 적용할 수 있다. 앞에 표시된 예제에서 Golang과 Gopher 사이의 해밍 거리는 문자열 간의 서로 다른 위치가 4개 있기 때문에 4가 된다. 따라서 뉴스 기사나 트윗^{tweet}과 같은 텍스트 데이터로 작업하는 경우 해밍 거리가 좋은 선택이 될 수 있다.

이 장에서는 달성하고자 하는 목적을 위해 유클리드 거리 측정법에 집중한다. 유클리드 거리 측정법은 `gonum.org/v1/gonum/floats`의 `Distance()` 함수를 통해 구현되어 있다. 그림에서처럼 점(1, 2)와 점(3, 4) 사이의 거리를 계산한다고 가정해보자. 이 경우 다음과 같이 계산할 수 있다.

```
// Distance 함수의 마지막 인자를 통해 지정한 유클리드 거리를 계산한다.
distance := floats.Distance([]float64{1, 2}, []float64{3, 4}, 2)

fmt.Printf("\nDistance: %0.2f\n\n", distance)
```

▌ 클러스터링 기법 평가하기

특정 숫자나 범주를 예측하려고 하는 것이 아니기 때문에 앞서 살펴본 연속 및 이산 변수에 대한 평가 측정 방법들은 클러스터링 기법에는 적용되지 않는다. 이는 클러스터링 알고리즘의 성능 측정을 단순히 피한다는 것을 의미하지 않는다. 우리가 사용한 클러스터링 기법이 작업을 얼마나 잘 수행하고 있는지에 대해 알아야 한다. 이를 위해 클러스터링에 관한 평가 측정 방법 몇 가지를 소개한다.

내부 클러스터링 평가 방법

비교를 위한 군집의 명확한 표준 레이블 집합이 없는 경우에는 내부 기준Internal Criteria을 사용해 클러스터링 기법이 얼마나 잘 동작하고 있는지를 평가할 수밖에 없다. 다시 말해, 군집 자체 내에서 유사도 및 비유사도 측정을 통해 클러스터링을 평가할 수 있다. 이런 내부 측정 방법 중에서 첫 번째로 소개할 방법은 **실루엣 계수**silhouette coefficient라 불리는 방법이다. 실루엣 계수는 클러스터링을 거친 데이터 요소에 대해 다음과 같은 방식으로 계산할 수 있다.

$$s = \frac{b-a}{\max{(a,b)}}$$

여기에서 a는 한 요소와 동일한 군집 내의 다른 모든 요소들 사이의 중간 거리(예를 들어, 유클리드 거리)를 나타내며, b는 한 요소와 이 요소의 군집과 가장 가까운 군집 내의 다른 모든 요소들 사이의 중간 거리를 나타낸다. 모든 데이터 요소에 대한 이 실루엣 계수의 평균은 각 군집 내의 데이터 요소들이 얼마나 빼곡하게 채워져 있는지를(응집도) 나타낸다. 이 평균값은 군집 단위로 계산할 수 있으며 모든 군집 내의 데이터 요소에 대해 계산할 수도 있다.

붓꽃 데이터 집합에 대해 이 값을 계산해 보자. 붓꽃 데이터 집합은 세 개의 붓꽃 품종에 해당하는 세 개의 군집 집합으로 볼 수 있다. 먼저 실루엣 계수를 구하기 위해 세 군집의 **중심**centroids을 알아야 한다. 이 중심은 단순히 세 군집의 중간 지점(4차원 공간에서)을 나타내며 이를 통해 특정 데이터 요소의 군집과 가장 가까운 군집을 결정할 수 있다.

이를 위해 붓꽃 데이터 집합 파일의 구문을 분석하고 군집 레이블 단위로 레코드를 분리한다. 그리고 각 군집의 수치에 대한 평균을 구한 다음, 해당하는 중심을 계산한다. 먼저 중심을 계산하는 데 사용할 데이터 유형을 지정한다.

```
type centroid []float64
```

그러면 github.com/kniren/gota/dataframe을 사용해 각 붓꽃 품종에 대한 중심을 저장하는 맵map을 생성할 수 있다.

```
// CSV 파일을 연다.
irisFile, err := os.Open("iris.csv")
if err != nil {
    log.Fatal(err)
}
defer irisFile.Close()

// CSV 파일로부터 dataframe을 생성한다.
irisDF := dataframe.ReadCSV(irisFile)
```

```go
// CSV 파일에 포함되어 있는 세 개의 개별 품종의 이름을 정의한다.
speciesNames := []string{
   "Iris-setosa",
   "Iris-versicolor",
   "Iris-virginica",
}

// 중심 정보를 저장할 맵(map)을 생성한다.
centroids := make(map[string]centroid)

// 데이터 집합을 세 개의 개별 dataframe으로 필터링한다.
// 각 dataframe 붓꽃 품종 중의 하나에 해당한다.
for _, species := range speciesNames {

   // 원본 데이터 집합을 필터링한다.
   filter := dataframe.F{
      Colname: "species",
      Comparator: "==",
      Comparando: species,
   }
   filtered := irisDF.Filter(filter)

   // 수치들의 평균을 계산한다.
   summaryDF := filtered.Describe()

   // 각 차원의 평균을 해당하는 중심에 입력한다.
   var c centroid
   for _, feature := range summaryDF.Names() {

      // 관련 없는 열은 건너뛴다.
      if feature == "column" || feature == "species" {
         continue
      }
      c = append(c, summaryDF.Col(feature).Float()[0])
   }

   // 이 중심 정보를 맵(map)에 추가한다.
   centroids[species] = c
```

```
   }

   // 데이터를 확인하기 위해 중심을 출력한다.
   for _, species := range speciesNames {
       fmt.Printf("%s centroid: %v\n", species, centroids[species])
   }
```

이 코드를 컴파일하고 실행하면 다음과 같은 결과를 확인할 수 있다.

```
$ go build
$ ./myprogram
Iris-setosa centroid: [5.005999999999999 3.4180000000000006 1.464
0.2439999999999999]
Iris-versicolor centroid: [5.936 2.7700000000000005 4.26 1.3259999999999998]
Iris-virginica centroid: [6.587999999999998 2.9739999999999998 5.552 2.026]
```

그 다음 각 데이터 요소에 대한 실루엣 계수를 계산해야 한다. 이를 위해 for 루프 밖에서
필터링된 데이터 집합에 접근하는 이전 코드를 다음과 같이 수정한다.

```
   // 각 군집에 대해 필터링된 dataframe 저장하는 맵(map)을 생성한다.
   clusters := make(map[string]dataframe.DataFrame)

   // 데이터 집합을 세 개의 개별 dataframe으로 필터링 한다.
   // 각 dataframe 붓꽃 품종 중의 하나에 해당한다.
   for _, species := range speciesNames {
       ...

       // 필터링을 거친 dataframe을 군집을 저장하는 map에 추가한다.
       clusters[species] = filtered
       ...
   }
```

또한 dataframe.DataFrame으로부터 floats값을 얻기 위한 편의 함수를 생성한다.

```
// dfFloatRow 함수는 주어진 인덱스와 주어진 열의 이름을 사용해
// DataFrame으로부터 float값의 배열을 얻어온다.
func dfFloatRow(df dataframe.DataFrame, names []string, idx int) []float64
{
        var row []float64
        for _, name := range names {
                row = append(row, df.Col(name).Float()[idx])
        }
        return row
}
```

이제 루프를 통해 레코드를 반복해서 읽어 실루엣 계수를 위한 a와 b를 계산할 수 있다. 또한 군집에 대한 전반적인 평가를 위해 다음 코드와 같이 평균 실루엣 계수도 구한다.

```
// 레이블을 문자열 배열로 변환하고 편의를 위해
// float 열의 이름을 저장하는 배열을 생성한다.
labels := irisDF.Col("species").Records()
floatColumns := []string{
    "sepal_length",
    "sepal_width",
    "petal_length",
    "petal_width",
}

// 루프틀 통해 레코드를 읽고 실루엣 계수의 평균을 누적시킨다.
var silhouette float64
for idx, label := range labels {

    // a 변수는 a에 대한 누적 값을 저장하는데 사용된다.
    var a float64

    // 루프를 통해 동일한 군집 내의 데이터 요소를 읽는다.
    for i := 0; i < clusters[label].Nrow(); i++ {

        // 비교를 위한 데이터 요소를 얻는다.
```

```go
    current := dfFloatRow(irisDF, floatColumns, idx)
    other := dfFloatRow(clusters[label], floatColumns, i)

    // a에 추가한다.
    a += floats.Distance(current, other, 2) /
        float64(clusters[label].Nrow())
}

// 가장 가까운 다른 군집을 구한다.
var otherCluster string
var distanceToCluster float64
for _, species := range speciesNames {

    // 동일한 데이터를 갖는 군집은 건너뛴다.
    if species == label {
        continue
    }

    // 현재 클러스터에서 해당 군집 사이의 거리를 계산한다.
    distanceForThisCluster := floats.Distance(centroids[label],
    centroids[species], 2)

    // 필요한 경우 현재 군집을 교체한다.
    if distanceToCluster == 0.0 || distanceForThisCluster <
distanceToCluster {
        otherCluster = species
        distanceToCluster = distanceForThisCluster
    }
}

// b 변수는 b에 대한 누적 값을 저장하는 데 사용된다.
var b float64

// 루프를 통해 가장 가까운 다른 군집 내의 데이터 요소를 읽는다.
for i := 0; i < clusters[otherCluster].Nrow(); i++ {

    // 비교를 위해 데이터 요소를 얻어온다.
    current := dfFloatRow(irisDF, floatColumns, idx)
```

```
    other := dfFloatRow(clusters[otherCluster], floatColumns, i)

    // b에 추가한다.
    b += floats.Distance(current, other, 2) /
      float64(clusters[otherCluster].Nrow())
  }

  // 평균 실루엣 계수에 추가한다.
  if a > b {
    silhouette += ((b - a) / a) / float64(len(labels))
  }
  silhouette += ((b - a) / b) / float64(len(labels))
}

// 표준 출력을 통해 최종 평균 실루엣 계수를 출력한다.
fmt.Printf("\n평균 실루엣 계수: %0.2f\n\n", silhouette)
```

이 예제 평가 방법을 컴파일하고 실행하면 다음과 같은 결과를 얻을 수 있다.

```
$ go build
$ ./myprogram

평균 실루엣 계수: 0.51
```

0.51이라는 값이 평균 실루엣 계수에 대해 좋은 값인지 나쁜 값인지를 어떻게 판단할 수 있을까? 실루엣 계수는 평균 인트라 군집intra-cluster 거리와 평균 인터 군집inter-cluster 거리 간의 차이에 비례하며 항상 0.0과 1.0 사이의 값을 갖는다는 점을 명심하자. 따라서 높은 값(1.0에 가까운 값)일수록 더 빼곡하게 채워진 군집이라는 것을 의미하며 다른 군집들과 더 구별된다.

실루엣 점수를 최적화하기 위해(즉, 더 높은 값을 얻기 위해) 군집의 수와 클러스터링 기법을 조정하고 싶을 수 있다. 여기에서는 직접 레이블을 지정한 데이터로 작업하고 있기 때문에 이 데이터 집합에 대해서는 0.51라는 수치는 좋은 점수라 할 수 있다. 다른 데이터 집합의 경우 데이터 내 군집의 존재 여부와 선택된 유사도 측정법에 따라 실루엣 점수는 더 높거나 더 낮을 수도 있다.

실루엣 점수는 군집을 내부적으로 평가할 수 있는 유일한 방법은 아니다. 실제로 실루엣 점수로부터 a또는 b의 양을 사용해 앞서 제작한 군집이나 각 군집과 다른 군집 간의 비유사도를 각각 측정할 수 있다. 또한 한 군집의 요소들과 해당 군집의 중심 사이의 평균 거리를 사용해 군집이 얼마나 빼곡하게 채워져 있는지를 측정할 수도 있다. 또한 Calinski-Harabasz 인덱스(다음 링크에서 자세한 설명을 참고할 수 있다. http://datamining.rutgers.edu/publication/internalmeasures.pdf)와 같이, 책에서는 자세히 설명하지 않는 다양한 평가 측정법들을 사용하는 것도 가능하다.

외부 클러스터링 평가

군집에 대한 정답이나 명확한 표준을 갖고 있는 경우에는 다양한 외부 클러스터링 평가 기법을 활용할 수 있다. 이러한 정확한 답이나 명확한 표준은 어느 부분이 참인지 또는 군집 레이블이 표기된 데이터 집합에 접근하거나 해당 데이터 집합을 얻을 수 있다는 것을 의미한다.

상황에 따라 이런 클러스터링에 대한 명확한 표준에 접근할 수 없는 경우가 있다. 따라서 이런 종류의 평가 기법에 대해 자세히 다루지는 않는다. 하지만 이런 평가 기법에 관심이 있거나 필요한 경우 **보정된 랜드 지수**Adjusted Rand index, **상호 정보량**Mutual Information, Fowlkes-Mallows 점수, **완전성 평가**completeness, V-measures 등을 살펴볼 수 있다. 이 방법들은 모두 외부 클러스터링 평가 방법이다(다음 링크에서 이 방법들에 대한 자세한 정보를 확인할 수 있다. https://nlp.stanford.edu/IR-book/html/htmledition/evaluation-of-clustering-1.html).

▌ k-평균 클러스터링

이 장에서 가장 먼저 살펴볼 클러스터링 기법은 아마도 가장 잘 알려진 클러스터링 기법일 것이며 **k-평균 클러스터링** 또는 **k-평균**이라 불린다. k-평균 클러스터링 기법은 반복될 때마다 보정되는 군집 중심 주변에 데이터 요소들이 군집을 형성하는 반복을 통한 기법이다. 이 기법은 비교적 이해가 쉽지만 관련 내용들 중에 놓치기 쉬운 내용들이 있다. 이 기법을 살펴보면서 이런 내용들을 놓치지 않도록 강조할 예정이다.

k-평균 클러스터링은 Go에서 다양한 알고리즘 구현 버전이 존재하기 때문에 구현이 쉽다. 다음 링크에서 (https://golanglibs.com/top?q=kmeans) k-means를 검색하면 쉽게 찾을 수 있다. 책에서는 가장 최신 버전이며 사용이 매우 간단한 `github.com/mash/gokmeans`를 활용한다.

k-평균 클러스터링 개요

두 개의 변수 x_1, x_2로 정의된 데이터 요소가 여러 개 있다고 가정해보자. 다음 그림과 같이 이런 데이터 요소들은 자연스럽게 군집으로 그룹화된다.

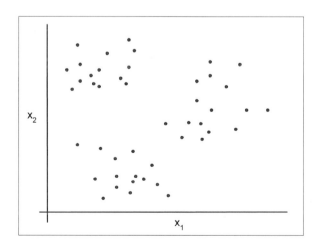

k-평균 클러스터링 기법을 사용해 자동으로 이런 데이터 요소들을 군집으로 만들려면 먼저 클러스터링의 결과로 얼마나 많은 군집을 형성시킬지를 선택해야 한다. 이것이 k라는 매개변수이며 k-평균 클러스터링이라는 이름은 여기에서 비롯됐다. 앞의 예제의 경우 k = 3을 사용해보자.

그런 다음 각 군집의 중심(k 중심) 위치 그리고 x_1과 x_2를 무작위로 선택한다. 이렇게 무작위로 선택된 중심 위치들은 알고리즘을 위한 시작점으로 사용된다. 무작위로 선택된 이런 중심 위치들은 다음 그림과 같이 여러 개의 X를 통해 표시된다.

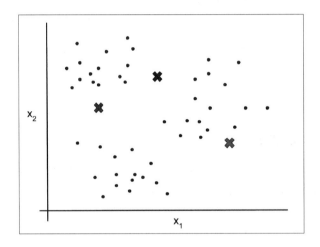

이런 중심 위치들을 최적화하고 데이터 요소들을 군집으로 형성하기 위해 다음 내용을 반복적으로 수행한다.

1. 가장 가까운 중심 위치가 속한 군집에 각 데이터 요소들을 할당한다(유클리드 거리와 같이, 우리가 선택한 거리 측정법을 통해).
2. 각 군집에 내의 x_1 및 x_2 위치의 평균을 계산한다.
3. 각 중심의 위치를 계산된 x_1 및 x_2 위치로 업데이트한다.

1단계의 할당 값이 더 이상 변경되지 않을 때까지 1단계에서 3단계를 반복한다. 다음은 이 과정을 그림으로 설명한 것이다.

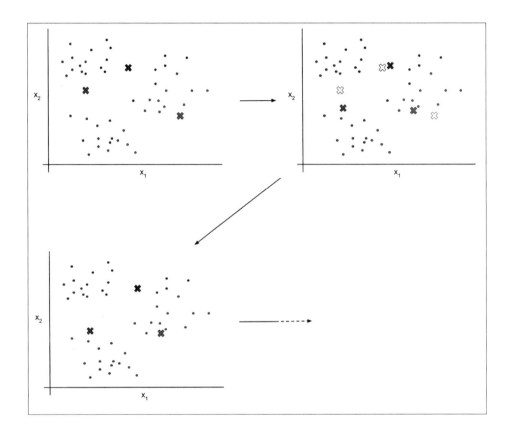

정적인 그림으로 설명돼 있지만 이해에 도움이 되기를 바란다. 시각적으로 k-평균 클러스터링 프로세스를 통한 각 단계의 업데이트 과정을 이해하고 싶은 경우 http://stanford. edu/class/ee103/visualizations/kmeans/kmeans.html을 확인해보기 바란다. 여기에서는 k-평균 클러스터링의 각 과정을 애니메이션으로 볼 수 있다.

k-평균 클러스터링의 가정 및 문제점

k-평균 클러스터링은 매우 간단한 알고리즘처럼 보일 수 있으며 실제로도 간단한 편이다. 하지만 사용하는 데이터에 대해 기본적으로 가정하는 내용들이 있으며 이런 내용들은 간과하기 쉽다.

- **구형** 또는 **공간적으로 그룹화된 군집**: k-평균 클러스터링은 기본적으로 각 수치들이 존재하는 공간에서 군집을 찾기 위해 구형 또는 공간적으로 가까운 영역을 그린다. 이는 비 구형 군집들에(특히, 수치 공간에서 동그랗게 그룹화되지 않는 것처럼 보이는 군집) 대해서 k-평균 클러스터링은 실패할 가능성이 있다는 것을 의미한다. 비 구형 군집에 대한 개념을 좀 더 구체화하기 위해 k-평균 클러스터링이 잘 동작하지 못하는 다음 그림과 같은 경우를 살펴볼 수 있다.

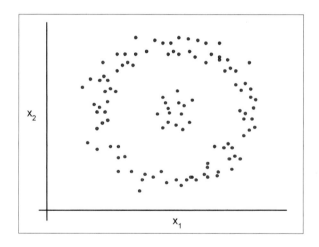

- **비슷한 크기**: 또한 k-평균 클러스터링 기법은 모든 군집들이 비슷한 크기를 갖는다고 가정한다. 다른 군집보다 크기가 작은 군집은 k-평균 클러스터링 알고리즘에서 이상한 그룹화 결과를 발생시키는 원인이 될 수 있다.

또한 k-평균 클러스터링 기법을 사용해 데이터를 클러스터링할 때 조심해야 하는 몇 가지 함정(문제점)들이 있다.

- k의 선택은 전적으로 여러분에게 달려있다. 이것은 엉뚱한 k값을 선택할 수도 있다는 것을 의미하며 각 데이터 요소에 대해 군집이 형성될 때까지 k값을 계속 증가시킬 수도 있다는 것을 의미한다(각 데이터 요소는 자기 자신과 동일하기 때문에 상당히 좋은 클러스터링이라고 할 수 있다). k를 선택하는 데 도움이 될 수 있도록 **엘보우 그래프 기법**elbow graph을 활용하는 것이 좋다. 이 기법에서는 평가 측정 수치를 계산하는 동안 k를 증가시킨다. K를 증가시키면 평가 측정 수치가 나아지다가 수치가 꺾이는 지점이 나타나게 된다. 이상적인 k값은 바로 이 엘보우(꺾이는) 지점이다.
- 항상 동일한 군집으로 수렴된다는 보장은 없다. 임의의 중심 위치에서 시작해 k-평균 알고리즘이 실행될 때마다 다른 지역의 최솟값으로 수렴할 수 있다. 따라서 이런 특성을 명확히 이해하고 안정성을 보장하기 위해 다양한 초기값(초기 상태)을 적용해 k-평균 알고리즘을 실행해야 한다.

k-평균 클러스터링 예제

클러스터링 기법을 살펴보기 위해 사용할 데이터 집합은 배달 운전수에 대한 데이터다. 데이터 집합의 내용은 다음과 같다.

```
$ head fleet_data.csv
Driver_ID,Distance_Feature,Speeding_Feature
3423311935,71.24,28.0
3423313212,52.53,25.0
3423313724,64.54,27.0
3423311373,55.69,22.0
3423310999,54.58,25.0
3423313857,41.91,10.0
3423312432,58.64,20.0
```

```
3423311434,52.02,8.0
3423311328,31.25,34.0
```

첫 번째 열 Driver_ID는 운전수의 다양한 익명 ID가 포함된다. 두 번째와 세 번째 열은 군집에서 사용할 속성들이다. Distance_Feature 열은 데이터 단위의 이동 평균 거리이며 Speeding_Feature는 운전자가 제한 속도보다 시속 5마일 이상 빠른 속도로 운전한 시간 의 평균을 백분율로 계산한 수치다.

이 클러스터링의 목표는 배달 운전수에 대한 데이터를 Distance_Feature와 Speeding_ Feature를 기반으로 그룹으로 묶는 것이다(클러스터링). 클러스터링은 자율 학습(비지도 학습) 기법이라는 것을 명심하자. 따라서 데이터에서 어떤 군집이 형성되어야 하는지 또는 어떤 군집으로 형성될 수 있는지에 대해 알지 못한다. 예제를 시작할 때는 몰랐던 운전자 에 대한 어떤 정보를 알게 되는 것이 이 예제의 목표 중 하나다.

데이터 프로파일링

새로운 데이터 집합을 사용하기 때문에 이 데이터 집합에 대한 정보를 얻기 위해 프로파일 링을 진행해야 한다. 먼저 github.com/kniren/dataframe을 사용해 요약 통계를 계산하 고 gonum.org/v1/plot를 사용해 각 수치에 대한 히스토그램을 생성해보자. 이 작업은 이 미 4장, '회귀분석'과 5장, '분류'에서 여러 번 했으므로 여기에서 코드를 다시 다루지는 않 겠다. 이에 대한 결과를 살펴보자.

```
$ go build
$ ./myprogram
[7x4] DataFrame

    column    Driver_ID          Distance_Feature Speeding_Feature
0: mean       3423312447.500000  76.041523        10.721000
1: stddev     1154.844867 53.469563               13.708543
2: min        3423310448.000000 15.520000         0.000000
```

224

3:	25%	3423311447.000000	45.240000	4.000000
4:	50%	3423312447.000000	53.330000	6.000000
5:	75%	3423313447.000000	65.610000	9.000000
6:	max	3423314447.000000	244.790000	100.000000
	\<string\>	\<float\> \<float\>	\<float\>	

대부분의 운전자가 대략 10%의 시간 동안 과속을 하는 것으로 나타났다. 상당히 무서운 결과가 아닐 수 없다. 한 운전자는 100%의 시간 동안 과속을 한 것으로 나타났다.

이에 대한 히스토그램은 다음 그림과 같다.

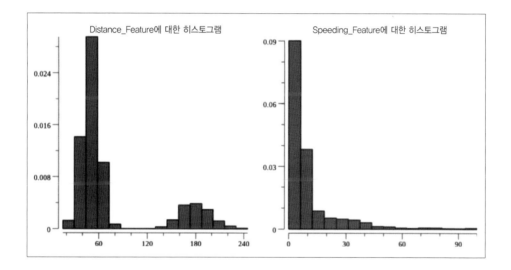

Distance_Feature 데이터에 흥미로운 구조가 있는 것을 볼 수 있다. 이 구조는 이어질 클러스터링 작업에 실제로 영향을 줄 것이다. 하지만 이 수치 공간에 대해 산점도(scatter plot)를 생성하면 이 구조에 대한 다른 관점을 얻을 수 있다.

```
// 운전자 데이터 집합 파일을 연다.
f, err := os.Open("fleet_data.csv")
if err != nil {
   log.Fatal(err)
}
```

```go
defer f.Close()

// CSV 파일로부터 dataframe을 생성한다.
driverDF := dataframe.ReadCSV(f)

// Distance_Feature에 대한 열에서 데이터를 추출한다.
yVals := driverDF.Col("Distance_Feature").Float()

// pts 변수는 도표에 대한 값을 저장하는 데 사용된다.
pts := make(plotter.XYs, driverDF.Nrow())

// pts 변수에 데이터를 저장한다.
for i, floatVal := range driverDF.Col("Speeding_Feature").Float() {
    pts[i].X = floatVal
    pts[i].Y = yVals[i]
}

// 도표를 생성한다.
p, err := plot.New()
if err != nil {
    log.Fatal(err)
}
p.X.Label.Text = "Speeding"
p.Y.Label.Text = "Distance"
p.Add(plotter.NewGrid())
s, err := plotter.NewScatter(pts)
if err != nil {
    log.Fatal(err)
}
s.GlyphStyle.Color = color.RGBA{R: 255, B: 128, A: 255}
s.GlyphStyle.Radius = vg.Points(3)

// 도표를 PNG 파일로 저장한다.
p.Add(s)
if err := p.Save(4*vg.Inch, 4*vg.Inch, "fleet_data_scatter.png"); err != nil {
    log.Fatal(err)
}
```

이 코드를 컴파일하고 실행하면 다음과 같은 산점도를 확인할 수 있다.

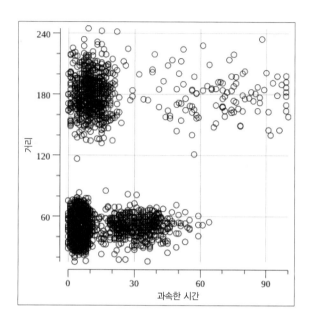

이 산점도를 통해 히스토그램에서 확인했던 구조를 조금 더 자세히 살펴볼 수 있다. 여기에서는 데이터에 대해 적어도 두 개의 뚜렷한 군집이 나타나는 것을 볼 수 있다. 데이터에 대한 이 정보는 k-평균 클러스터링 기법을 적용할 때 확인하는 용도로 사용할 수 있으며 k값으로 실험하기 위한 시작 요소를 제공한다.

k-평균 기법을 활용한 군집 생성하기

이제 배달 운전자 데이터에 k-평균 클러스터링 방법을 실제로 적용하는 작업을 진행해보자. github.com/mash/gokmeans를 활용하기 위해 먼저 gokmeans.Node값을 저장하는 배열을 생성해야 한다. gokmeans.Node값의 배열은 클러스터링의 입력으로 사용된다.

```
// 운전자 데이터 집합 파일을 연다.
f, err := os.Open("fleet_data.csv")
if err != nil {
```

```go
        log.Fatal(err)
    }
    defer f.Close()

    // 새 CSV reader를 생성한다.
    r := csv.NewReader(f)
    r.FieldsPerRecord = 3

    // 입력 데이터를 저장하기 위한 gokmeans.Node의 배열을
    // 초기화한다.
    var data []gokmeans.Node

    // gokmeans.Node의 배열에 값을 저장하기 위해
    // 루프를 통해 레코드를 읽는다.
    for {

        // 레코드를 읽고 오류를 확인한다.
        record, err := r.Read()
        if err == io.EOF {
            break
        }
        if err != nil {
            log.Fatal(err)
        }

        // 헤더는 건너뛴다.
        if record[0] == "Driver_ID" {
            continue
        }

        // point 변수를 초기화한다.
        var point []float64

        // point 변수에 데이터를 저장한다.
        for i := 1; i < 3; i++ {

            // float값을 구문 분석해 값을 읽는다.
            val, err := strconv.ParseFloat(record[i], 64)
```

```
        if err != nil {
            log.Fatal(err)
        }

        // point 변수에 이 값을 추가한다.
        point = append(point, val)
    }

    // 데이터에 point 변수를 추가한다.
    data = append(data, gokmeans.Node{point[0], point[1]})
}
```

그런 다음, 군집의 생성은 gomeans.Train(...) 함수를 호출해 쉽게 생성할 수 있다. 특히 k = 2에서 최대 50번 반복시켜 이 함수를 호출한다.

```
// k-평균 클러스터링을 사용해 군집을 생성한다.
success, centroids := gokmeans.Train(data, 2, 50)
if !success {
    log.Fatal("Could not generate clusters")
}

// 표준 출력으로 중심 위치들을 출력한다.
fmt.Println("이 군집의 중심 위치들:")
for _, centroid := range centroids {
    fmt.Println(centroid)
}
```

이 코드를 모두 실행하면 다음과 같이 생성된 군집에 대한 중심 위치를 확인할 수 있다.

```
$ go build
$ ./myprogram
이 군집의 중심 위치들:
[50.04763437499999 8.82875]
[180.01707499999992 18.29]
```

이로써 처음으로 군집을 생성해냈다. 이제 이 군집들의 적합성을 평가하는 단계로 넘어
가자.

 여기에서는 그룹 요소를 알기 위해 군집의 중심 위치만 필요하기 때문에 이 정보만 출력했
다. 특정 데이터 요소가 첫 번째 군집 또는 두 번째 군집에 포함되는지 여부를 알고 싶은
경우에는 간단히 데이터 요소와 이 중심 위치들과의 거리를 계산하면 된다. 더 가까운 중심
위치가 해당 데이터 요소를 포함하는 그룹에 해당한다.

생성된 군집 평가하기

이제 막 생성한 군집을 평가할 수 있는 첫 번째 방법은 이를 시각화하는 것이다. 이 군집
에 대한 산점도를 생성해보자. 하지만 이번에는 각 그룹마다 다른 모양을 사용해보자.

```
// 운전자 데이터 집합 파일을 연다.
f, err := os.Open("fleet_data.csv")
if err != nil {
    log.Fatal(err)
}
defer f.Close()

// CSV 파일로부터 dataframe을 생성한다.
driverDF := dataframe.ReadCSV(f)

// Distance_Feature 열의 값을 추출한다.
yVals := driverDF.Col("Distance_Feature").Float()

// clusterOne과 clusterTwo 변수는 도표에 대한 값을 저장하는 데 사용된다.
var clusterOne [][]float64
var clusterTwo [][]float64

// clusterOne과 clusterTwo 변수를 데이터로 채운다.
for i, xVal := range driverDF.Col("Speeding_Feature").Float() {
    distanceOne := floats.Distance([]float64{yVals[i], xVal}, []float64{50.05,
```

```go
8.83}, 2)
        distanceTwo := floats.Distance([]float64{yVals[i], xVal}, []float64{180.02,
18.29}, 2)
     if distanceOne < distanceTwo {
        clusterOne = append(clusterOne, []float64{xVal, yVals[i]})
        continue
     }
     clusterTwo = append(clusterTwo, []float64{xVal, yVals[i]})
  }

  // ptsOne과 ptsTwo 변수는 도표에 대한 값을 저장하는 데 사용된다.
  ptsOne := make(plotter.XYs, len(clusterOne))
  ptsTwo := make(plotter.XYs, len(clusterTwo))

  // ptsOne과 ptsTwo 변수를 데이터로 채운다.
  for i, point := range clusterOne {
     ptsOne[i].X = point[0]
     ptsOne[i].Y = point[1]
  }
  for i, point := range clusterTwo {
     ptsTwo[i].X = point[0]
     ptsTwo[i].Y = point[1]
  }

  // 도표를 생성한다.
  p, err := plot.New()
  if err != nil {
     log.Fatal(err)
  }
  p.X.Label.Text = "Speeding"
  p.Y.Label.Text = "Distance"
  p.Add(plotter.NewGrid())
  sOne, err := plotter.NewScatter(ptsOne)
  if err != nil {
     log.Fatal(err)
  }
  sOne.GlyphStyle.Radius = vg.Points(3)
  sOne.GlyphStyle.Shape = draw.PyramidGlyph{}
```

```
sTwo, err := plotter.NewScatter(ptsTwo)
if err != nil {
    log.Fatal(err)
}
sTwo.GlyphStyle.Radius = vg.Points(3)

// 도표를 PNG 파일로 저장한다.
p.Add(sOne, sTwo)
if err := p.Save(4*vg.Inch, 4*vg.Inch, "fleet_data_clusters.png"); err != nil {
    log.Fatal(err)
}
```

이 코드를 실행하면 다음과 같이, 성공적으로 군집이 생성된 것을 명확하게 보여주는 산점도를 확인할 수 있다.

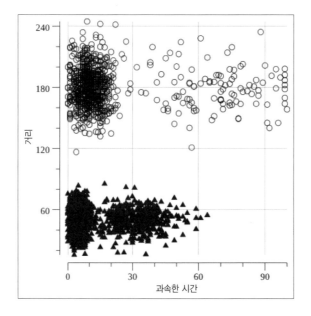

질적으로, 주로 짧은 거리를 운전하는 운전자 집단과 주로 먼 거리를 운전하는 운전자 집단이 있는 것을 볼 수 있다. 이는 실제로 각각 지방과 도시의 배달 운전자에 해당한다(또는 단거리 운송 및 장거리 운송 운전자).

군집 내 모든 요소와 군집 중심 위치 사이의 평균 거리를 계산하면 생성된 군집에 대해 보다 정량적인 평가가 가능하다. 다음과 같이 이 작업을 위한 함수를 생성해 사용하면 이 작업을 좀 더 수월하게 처리할 수 있다.

```go
// withinClusterMean 함수는 군집의 여러 위치들과 해당 군집의 중심 위치 사이의
// 평균 거리를 계산한다.
func withinClusterMean(cluster [][]float64, centroid []float64) float64 {

    // meanDistance 변수는 결과를 저장하는 데 사용된다.
    var meanDistance float64

    // 루프를 통해 군집 내 요소를 읽고 평균 거리를 계산한다.
    for _, point := range cluster {
        meanDistance += floats.Distance(point, centroid, 2) /
float64(len(cluster))
    }
    return meanDistance
}
```

이제 각 군집에 대해 앞의 함수를 호출하면 생성된 군집을 평가할 수 있다.

```go
// 군집 평가 측정치를 출력한다.
fmt.Printf("\n군집 1 측정 수치: %0.2f\n", withinClusterMean(clusterOne, []
float64{50.05, 8.83}))
fmt.Printf("\n군집 2 측정 수치: %0.2f\n", withinClusterMean(clusterTwo, []
float64{180.02, 18.29}))
```

코드를 실행하면 다음과 같이 측정치를 확인할 수 있다.

```
$ go build
$ ./myprogram
```

군집 1 측정 수치: 11.68

군집 2 측정 수치: 23.52

결과에서 볼 수 있듯이 첫 번째 군집(산점도에서 분홍색 군집)은 두 번째 군집과 비교해 약 두 배정도 촘촘하게 구성돼 있다. 이 결과는 군집에 대해 보다 정량적인 정보를 제공한다.

> 앞의 예제에서는 두 개의 군집을 찾는 다는 것이 분명했다. 하지만 특히 시각화 할 수 있는 것보다 더 많은 정보를 갖고 있는 경우와 같은 다른 경우에는 군집의 수가 분명하지 않을 수 있다.
>
> 이런 시나리오에서는 엘보우 기법과 같이 적절한 k를 결정하기 위해 사용하는 방법(기법)이 매우 중요하다. 이 방법에 대한 더 자세한 내용은 https://datasciencelab.wordpress.com/2013/12/27/finding-the-k-in-k-means-clustering/에서 확인할 수 있다.

▌ 기타 클러스터링 기법

6장에서 설명하지 않은 다양한 클러스터링 기법들이 존재한다. 여기에는 DBSCAN 및 계층적 클러스터링Hierarchical clustering도 포함된다. 안타깝게도 Go에서 기타 클러스터링 기법에 대한 선택은 제한적이다. DBSCAN은 https://github.com/sjwhitworth/golearn에 구현돼 있다. 하지만 현재 알고 있는 바로는 다른 클러스터링 기법은 구현돼 있지 않다.

긍정적으로 생각하면 이것은 커뮤니티에 기여할 좋은 기회로 볼 수도 있다. 클러스터링 기법은 복잡하지 않은 경우도 많으며 다른 클러스터링 기법을 구현하는 것은 Go 데이터 과학 커뮤니티에 기여할 수 있는 좋은 방법이다. 이런 구현에 대해 궁금한 점이 있거나 질문이나 도움이 필요한 경우에는 Gophers Slack(@dwhitena)을 통해 연락하거나 Gophers Slack의 #datascience에서 다른 Go 데이터 과학 개발자를 찾아 주저하지 말고 연락하기 바란다.

참조

거리 측정법 및 군집 평가 방법

- **클러스터링 개요 평가**: https://nlp.stanford.edu/IR-book/html/htmledition/evaluation-of-clustering-1.html
- **다양한 거리 및 유사도 측정법 비교**: http://journals.plos.org/plosone/article?id=10.1371/journal.pone.0144059
- **k-평균 클러스터링 시각화 방법**: https://www.naftaliharris.com/blog/visualizing-k-means-clustering/
- **github.com/mash/gokmeans 문서**: https://godoc.org/github.com/mash/gokmeans

요약

6장에서는 클러스터링에 대한 일반적인 원칙에 대해 소개하고 생성된 군집을 평가하는 방법과 k-평균 클러스터링의 Go 구현 버전을 사용하는 방법에 대해 학습했다. 6장을 통해 데이터 집합에서 그룹화 구조를 감지하는 방법에 대해 이해했을 거라 생각한다.

다음 장에서는 주가, 센서 데이터 등과 같은 시계열 데이터time series data에 대해 살펴본다.

07

시계열 분석 및 이상 감지

지금까지 살펴본 대부분의 머신 러닝 모델은 관련 항목을 기반으로 어떤 대상에 대한 예측을 진행하는 모델이었다. 예를 들어 꽃의 측정 수치를 기반으로 꽃의 품종을 예측했다. 또한 환자의 진료 내용을 기반으로 환자의 당뇨병 진행 상황도 예측했다.

시계열time series 분석 모델은 이런 유형의 속성 예측 문제와 다르다. 간단히 말해 시계열 분석 모델은 과거에 관련 속성을 기반으로 미래를 예측하는 데 도움을 준다. 예를 들어, 이전의 주가를 기반으로 미래의 주식 가격을 예측하려는 경우나 이전에 웹 사이트에 머물렀던 사용자의 수를 기반으로 특정 시간에 웹 사이트에 있는 사용자의 수를 예측하려는 경우를 생각해볼 수 있다. 이런 것들을 종종 **예보**라고도 한다.

일반적으로 시계열 모델링에 사용되는 데이터는 분류, 회귀분석, 클러스터링에 사용되는 데이터와 다르다. 시계열 모델은 하나 이상의 일련의 시간 관련 데이터를 기반으로 동작한다. 이 시계열은 해당 날짜 및 시간이나 날짜 및 시간을 대체할 수 있는 측정치(예를 들어, 측정 지표 또는 날짜 번호 등)와 쌍을 이루는 일련의 항목, 속성, 기타 수치의 집합이다. 주식 가격의 경우 이 일련의 데이터 집합은 시간과 주식 가격의 쌍(날짜 및 시간, 주가)으로 구성된다.

이런 시계열 데이터는 업계 및 학계 어디에서나 찾아볼 수 있다. 또한 시계열 데이터는 사물 인터넷IoT, Internet of Things이 탐구 및 개발되면서 점점 더 중요해지고 있다. 피트니스 추적기, 냉장고, 온도 조절기, 카메라, 드론, 그 외의 많은 스마트 장치들은 엄청난 양의 시계열 데이터를 생산한다.

물론 이런 유형의 데이터를 미래를 예측하는 데에만 사용할 수 있는 것은 아니다. 이 장의 뒷부분에서 설명할 이상 감지anomaly detection를 포함해 시계열 데이터를 활용해 할 수 있는 유용한 분야는 다양하다. 이상 감지는 시계열 데이터를 기반으로 예기치 못한 사건이나 비정상적인 사건을 감지한다. 이런 사건은 치명적인 날씨, 기반 시설의 파괴, 소셜 미디어의 바이럴 등이 원인이 되어 발생할 수 있다.

▍ Go에서 시계열 데이터 표현하기

시계열 데이터를 저장하고 이를 활용해 작업할 목적으로 만들어진 시스템이 있다. 이들 중 일부는 Prometheus 및 InfluxDB를 포함해 Go로 작성되어 있다. 하지만 시계열 데이터를 다루기에 적합한 도구 중 일부를 이미 이 책에서 사용했다. 특히 `github.com/kniren/gota/dataframe`, `gonum.org/v1/gonum/floats`, `gonum.org/v1/gonum/mat`는 시계열 데이터를 활용해 작업할 때 도움이 될 수 있다.

예를 들어, 1949-1960년 동안 국제 항공 승객 수를 나타내는 시계열 데이터를 포함하는 데이터 집합을 사용한다고 가정해보자(https://raw.github.com/vincentarelbundock/Rdatasets/master/csv/datasets/AirPassengers.csv에서 다운로드 가능함).

```
$ head AirPassengers.csv
time,AirPassengers
1949.0,112
1949.08333333,118
1949.16666667,132
1949.25,129
1949.33333333,121
1949.41666667,135
1949.5,148
1949.58333333,148
1949.66666667,136
```

time 열은 연도를 10진수로 표현하는 시계열 데이터가 포함돼 있고 AirPassengers 열에는 해당 시점의 국제 항공 탑승객의 수가 포함돼 있다. 즉, 이 데이터는 (시간, 탑승객의 수)의 쌍으로 이루어진 시계열 데이터다.

이 데이터는 표 형태의 데이터이기 때문에 dataframe 또는 행렬을 사용해 이 데이터를 완벽하게 표현할 수 있다. 다음 코드와 같이 단순화를 위해 dataframe을 사용해보자.

```
// CSV 파일을 연다.
passengersFile, err := os.Open("AirPassengers.csv")
if err != nil {
    log.Fatal(err)
}
defer passengersFile.Close()

// CSV 파일로부터 dataframe을 생성한다.
passengersDF := dataframe.ReadCSV(passengersFile)

// 검사를 위해 표준출력을 통해 레코드를 표시한다.
// Gota는 깔끔한 출력을 위해 dataframe의 형식을 지정한다.
fmt.Println(passengersDF)
```

이 코드를 실행하면 다음과 같은 결과를 확인할 수 있다.

```
$ go build
$ ./myprogram
[144x2] DataFrame

    time AirPassengers
 0: 1949.000000 112
 1: 1949.083333 118
 2: 1949.166667 132
 3: 1949.250000 129
 4: 1949.333333 121
 5: 1949.416667 135
 6: 1949.500000 148
 7: 1949.583333 148
 8: 1949.666667 136
 9: 1949.750000 119
    ... ...
    <float> <int>
```

gonum.org/v1/gonum/mat를 사용해 시계열 데이터를 표현할 수 있고 필요한 경우, gonum.org/v1/gonum/floats의 사용을 위해 dataframe을 float 배열로 변환도 가능하다. 예를 들어, 시계열 데이터를 도표로 그리고 싶은 경우 열 데이터를 float로 변환하고 다음 코드와 같이 gonum.org/v1/plot를 사용해 도표를 생성할 수 있다.

```go
// CSV 파일을 연다.
passengersFile, err := os.Open("AirPassengers.csv")
if err != nil {
    log.Fatal(err)
}
defer passengersFile.Close()

// CSV 파일로부터 dataframe을 생성한다.
passengersDF := dataframe.ReadCSV(passengersFile)
```

```go
// 승객의 수에 해당하는 열(AirPassengers)에서 데이터를 추출한다.
yVals := passengersDF.Col("AirPassengers").Float()

// pts 변수는 도표에 사용될 값을 저장하는 데 사용된다.
pts := make(plotter.XYs, passengersDF.Nrow())

// pts 변수를 데이터로 채운다.
for i, floatVal := range passengersDF.Col("time").Float() {
    pts[i].X = floatVal
    pts[i].Y = yVals[i]
}

// 도표를 생성한다.
p, err := plot.New()
if err != nil {
    log.Fatal(err)
}
p.X.Label.Text = "time"
p.Y.Label.Text = "passengers"
p.Add(plotter.NewGrid())

// 시계열에 대한 직선 도표의 위치들을 추가한다.
l, err := plotter.NewLine(pts)
if err != nil {
    log.Fatal(err)
}
l.LineStyle.Width = vg.Points(1)
l.LineStyle.Color = color.RGBA{B: 255, A: 255}

// 도표를 PNG 파일로 저장한다.
p.Add(l)
if err := p.Save(10*vg.Inch, 4*vg.Inch, "passengers_ts.png"); err != nil {
    log.Fatal(err)
}
```

이 프로그램을 컴파일하고 실행하면 다음과 같은 시계열에 대한 도표가 생성된다.

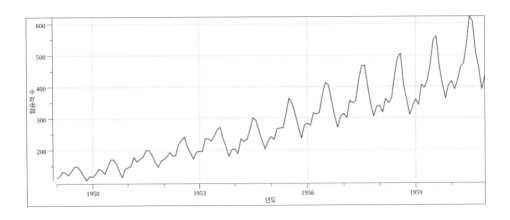

예상했듯이 점점 더 많은 사람이 비행기로 여행하기 시작하면서 국제항공 승객의 수가 증가하는 것을 볼 수 있다. 또한 시간에 따라 급격하게 증가하는 수치도 볼 수 있다. 이 수치들에 대해 간단히 더 살펴보자.

▌ 시계열 데이터 용어 이해하기

아마 이쯤 되면 각 머신 러닝 기법에 사용되는 관련 용어들을 있다는 것을 눈치챘을 것이다. 이는 시계열 분석도 다르지 않다.

다음은 이 장에 걸쳐 사용될 용어에 대한 설명이다.

- **시간**time, **날짜**datetime 또는 **타임스탬프**timestamp : 이 속성은 시계열에서 쌍을 이루는 각각의 임시 요소를 나타낸다. 이는 단순히 시간이 될 수도 있고 날짜와 시간의 조합(이를 날짜 또는 타임스탬프라고 한다)일 수도 있다. 여기에는 시간대time zone도 포함될 수 있다.

- **관측**observation, **측정**measurement, **신호**signal, **또는 확률 변수**random variable : 이 속성은 예측하려고 하거나 시간의 함수로 분석하려는 속성을 나타낸다.

242

- **주기적**Seasonality: 항공 승객 데이터의 시계열과 같은 시계열 데이터는 주기(시즌, 주, 달, 년 등)에 따른 변화를 나타낼 수 있다. 이런 특징을 갖는 시계열을 주기적인 특징을 갖는다고 말한다.
- **경향**Trend: 시간에 따라 점차 증가하거나 점차 감소하는(주기적 효과와 별도로) 시계열을 경향을 보인다고 말한다.
- **고정적**Stationary: 어떤 경향 또는 그 외 점차적인 변화 없이 시간에 따라 동일한 패턴을 보이는 시계열을 고정적인 특성을 갖는다고 말한다.
- **시간 주기**Time Period: 시계열에서 연속적인 관측 사이의 시간 간격 또는 한 타임스탬프에서 이전에 발생한 타임스탬프 사이의 차이를 나타낸다.
- **자동 회귀 모델**Auto-regressive model: 동일한 프로세스의 여러 과거 관측치를 기반으로 시계열 프로세스를 모델링한다. 예를 들어, 주가의 자동 회귀 모델은 이전의 일정 기간 동안의 주가 값을 기반으로 미래의 주가를 예측하려는 모델이다.
- **이동 평균 모델**Moving average model: 주로 **오류**라 지칭하는 불완전한 예측 항의 과거 여러 값과 현재 값을 기반으로 시계열을 모델링한다. 예를 들어, 불완전한 예측 항은 시계열 데이터에서 나타날 수 있는 약간의 화이트 노이즈(백색 잡음)가 될 수 있다.

▌ 시계열 관련 통계

시계열에 관련된 특정 용어 외에도 예측 및 이상 감지를 수행할 때 필요로 하는 시계열과 관련된 중요한 통계들이 있다. 이런 통계들은 주로 시계열의 값들이 동일한 시계열의 다른 값들과 어떤 방식으로 연관되는지와 관련이 있다.

지금까지 다뤘던 다른 유형의 모델링에서도 데이터 프로파일링이 중요했듯이 데이터 프로파일링은 모든 시계열 프로젝트에서 중요하며 이 통계들은 데이터 프로파일링에 도움을 준다. 시간에 따른 시계열의 행동(특성), 주기성, 경향에 대한 이해를 얻는 것은 적절한 모델의 적용을 보장하고 결과의 검증을 수행하기 위해 매우 중요하다.

자기상관

자기상관Autocorrelation은 특정 신호가 이전의 신호와 어떤 상관 관계가 있는지를 측정한 것이다. 예를 들어, 주가에 대해 이전에 여러 번 관찰한 값은 다음에 관찰한 값과 상관 관계가 있을 가능성이 높다. 이 경우, 주식 가격은 이전 주가에 영향을 받았다고 말할 수 있다. 그러면 주가의 미래 가격은 높은 상관 관계를 가진 이전의 특정 값을 기반으로 모델링할 수 있다.

이전 값 xs를 사용해 변수 xt의 자기상관을 측정할 때는 다음과 같이 정의되는 **자기상관 함수**autocorrelation function, ACF를 활용할 수 있다.

$$acf = \frac{(x_{t1} - \bar{x}_t)(x_{s1} - \bar{x}_t) + (x_{t2} - \bar{x}_t)(x_{s2} - \bar{x}_t) + ...}{(x_{t1} - \bar{x}_t)^2 + (x_{t2} - \bar{x}_t)^2 + ...}$$

첫 번째 줄 : 여기서 x_t는 열(series)
두 번째 줄 : 여기서 x_s는 지연을 포함하는 시계열
세 번째 줄 : 여기서 $\bar{x}_t$는 x_t의 중앙값(mean)

여기에서 s는 x의 이전 값을 모두 나타낼 수 있다. 따라서 x와 한 주기 이전의 x값(x_{t-1}) 사이, x와 두 주기 이전의 x값(x_{t-2}) 사이의 자기상관을 계산할 수 있다. 자기상관을 계산하면 x의 이전 값들 중 어떤 값이 x와 가장 관련돼 있는지에 대한 정보를 얻을 수 있다. 따라서 이를 통해 x의 이전 값들 중 어떤 값이 x의 미래값을 예측하는 모델을 만드는 데 가장 좋은 값인지 판단하는 데 도움이 된다.

항공 탑승객 시계열 데이터의 자기상관을 처음으로 계산해보자. 이를 위해 시계열 데이터에서 특정 시간 간격에 대한 자기상관을 계산하는 함수를 생성해야 한다. 다음은 이 함수를 구현한 예다.

```go
// acf 함수는 주어진 이전 데이터와의 구간에서
// 시계열에 대한 자기상관(autocorrelation)을 계산한다.
func acf(x []float64, lag int) float64 {

    // 시계열을 이동시킨다.
    xAdj := x[lag:len(x)]
    xLag := x[0 : len(x)-lag]

    // numerator 변수는 누적된 분자의 값을 저장하는데 사용되며
    // denominator 변수는 누적된 분모의 값을 저장하는 데 사용된다.
    var numerator float64
    var denominator float64

    // 자기상관(autocorrelation)의 각 항에 사용될
    // x값의 평균을 계산한다.
    xBar := stat.Mean(x, nil)

    // numerator(분자)를 계산한다.
    for idx, xVal := range xAdj {
        numerator += ((xVal - xBar) * (xLag[idx] - xBar))
    }

    // denominator(분모)를 계산한다.
    for _, xVal := range x {
        denominator += math.Pow(xVal-xBar, 2)
    }

    return numerator / denominator
}
```

그런 다음, 루프를 통해 이전의 데이터 여러 개를 읽고 acf() 함수를 활용해 다양한 자기
상관을 계산한다. 다음 코드는 이 과정을 보여준다.

```go
// CSV 파일을 연다.
passengersFile, err := os.Open("AirPassengers.csv")
```

```go
if err != nil {
    log.Fatal(err)
}
defer passengersFile.Close()

// CSV 파일로부터 dataframe을 생성한다.
passengersDF := dataframe.ReadCSV(passengersFile)

// AirPassengers 열에서 시간 및 승객 데이터를 floats 배열로 읽어온다.
passengers := passengersDF.Col("AirPassengers").Float()

// 시계열에서 여러 이전 값들을 루프를 통해 읽는다.
fmt.Println("자기상관:")
for i := 1; i < 11; i++ {

    // 시계열을 이동시킨다.
    adjusted := passengers[i:len(passengers)]
    lag := passengers[0 : len(passengers)-i]

    // 자기상관을 계산한다.
    ac := stat.Correlation(adjusted, lag, nil)
    fmt.Printf("%d 주기 이전 값: %0.2f\n", i, ac)
}
```

이 코드를 실행하면 다음과 같은 결과가 생성된다.

```
$ go build
$ ./myprogram
자기상관:
1 주기 이전 값: 0.95
2 주기 이전 값: 0.88
3 주기 이전 값: 0.81
4 주기 이전 값: 0.75
5 주기 이전 값: 0.71
6 주기 이전 값: 0.68
7 주기 이전 값: 0.66
8 주기 이전 값: 0.66
```

```
9 주기 이전 값: 0.67
10 주기 이전 값: 0.70
```

결과에서 확인할 수 있듯이 시계열에서 훨씬 더 이전 값과의 자기상관이 더 작은 경향을
보이는 것을 볼 수 있다(이 경우에는 더 오래된 값이 모두 더 작은 것은 아니지만 그런 경향이 있다고
볼 수 있다). 하지만 이 정보는 숫자 형식으로 사용하기에는 다소 어려움이 있다. 이 값을 이
전 값들의 함수로 도표를 그려 상관 관계를 더 잘 볼 수 있도록 시각화해보자.

```go
// CSV 파일을 연다.
passengersFile, err := os.Open("AirPassengers.csv")
if err != nil {
    log.Fatal(err)
}
defer passengersFile.Close()

// CSV 파일로부터 dataframe을 생성한다.
passengersDF := dataframe.ReadCSV(passengersFile)

// AirPassengers 열에서 시간 및 승객 데이터를 floats 배열로 읽어온다.
passengers := passengersDF.Col("AirPassengers").Float()

// 자기상관을 도표로 그리기 위해 새로운 도표를 생성한다.
p, err := plot.New()
if err != nil {
    log.Fatal(err)
}
p.Title.Text = "Autocorrelations for AirPassengers"
p.X.Label.Text = "Lag"
p.Y.Label.Text = "ACF"
p.Y.Min = 0
p.Y.Max = 1
w := vg.Points(3)

// 도표에 대한 지점을 생성한다.
numLags := 20
pts := make(plotter.Values, numLags)
```

```
// 시계열에서 여러 이전 값들을 루프를 통해 읽는다.
for i := 1; i <= numLags; i++ {

    // 자기상관을 계산한다.
    pts[i-1] = acf(passengers, i)
}

// 앞서 계산한 지점들을 도표에 추가한다.
bars, err := plotter.NewBarChart(pts, w)
if err != nil {
    log.Fatal(err)
}
bars.LineStyle.Width = vg.Length(0)
bars.Color = plotutil.Color(1)

// 도표를 PNG 파일로 저장한다.
p.Add(bars)
if err := p.Save(8*vg.Inch, 4*vg.Inch, "acf.png"); err != nil {
    log.Fatal(err)
}
```

이 코드를 실행하면 다음과 같은 ACF의 도표를 생성한다.

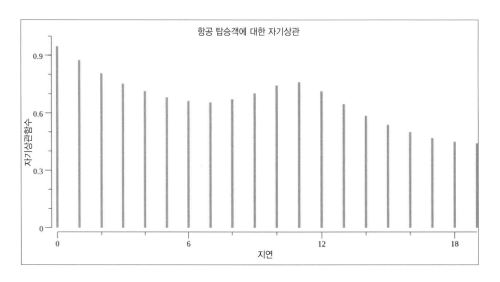

자기상관이 일반적으로 감소하지만 20주기 이전의 값도 여전히 비교적 크게 유지되는 것(0.5 이상)에 주목한다. 이는 이 시계열이 고정적Stationary이지 않다는 것을 나타낸다. 실제로 이 시계열에 대한 이전의 도표를 살펴보면 분명히 상승하는 경향을 보였다. 7장의 뒷부분에서 이런 비고정적non-stationary 동작에 대해 다룰 예정이다. 하지만 지금은 ACF 도표가 이전 값들과 현재 값이 상관 관계가 있다는 것을 나타낸다고 이해하는 것으로 충분하다.

> 보다 일반적으로 ACF를 사용하면 모델링하는 시계열의 유형을 결정할 수 있다. 자동 회귀 모델에 의해 잘 모델링될 수 있는 프로세스의 경우 더 오래된 값으로 갈수록 즉시 감소하지는 않지만 acf 함수가 다소 감소하는 것을 볼 수 있다. 이동 평균 모델로 불리는 모델을 사용해 잘 모델링될 수 있는 프로세스의 경우 1주기 이전의 ACF 항은 두드러지지만 그 이후부터는(더 오래된 값) ACF가 사라지는 것을 볼 수 있다.

https://coolstatsblog.com/2013/08/07/how-to-use-the-autocorreation-function-acf/에서 ACF 도표 해석에 대한 더 자세한 내용을 참고할 수 있다. 여기에서는 이 책에서 다루지 못한 더 자세한 내용들을 제공한다.

편 자기상관

이름에서 예상할 수 있듯이 편 자기상관Partial autocorrelation은 자기상관autocorrelation과 관련되어 있지만 약간의 차이가 있다. 편Partial은 이것이 일종의 조건부 상관 관계라는 것을 의미한다. 본질적으로 편 자기상관은 중간 지점의 이전 값에서 자기상관을 제거한 후 특정 지점의 이전 값과 자기자신과의 시계열 상관 관계를 측정한다. 이를 중간 지점의 상관 관계가 제거된 후의 나머지 자기상관이라고 생각할 수 있다.

이런 측정치를 필요로 하는 이유는 자동 회귀 모델에 의해 모델링될 수 있다고 가정하는 시계열 모델의 순위를 결정하는 ACF보다 더 많은 것을 원하기 때문이다. ACF가 이전 값들에 대해 점점 감소하는 경향을 보이기 때문에 ACF를 사용해 자동 회귀 모델에 의해 시계열을 모델링할 수 있다고 결정했다고 가정해보자. 이 경우 이 시계열에 대해 1주기 이전의 값을 기반으로 모델링해야 할지 또는 1주기 및 2주기 이전의 값을 모두 사용해 모델링해야 할지 여부를 어떻게 알 수 있을까?

중간 상관 관계를 제거하면, 나머지 상관 관계 중 어떤 상관 관계가 자동 회귀 모델을 사용해 모델링될 수 있는지를 빠르게 판단할 수 있다. 편 자기상관이 1주기 이전의 값 이후에 값이 사라지는 경우 1주기 이전의 값을 기반으로 모델링할 수 있다는 것을 알 수 있다. 반면 1주기 이전의 값 이후에 값이 사라지지 않는 경우에는 자동 회귀 모델에서 시계열의 여러 값을 포함시켜야 한다는 것을 알 수 있다.

이전의 값$(x_{t-1}, x_{t-2}$ 등$)$에서 연속적으로 큰 값에 의해 시계열의 값을 선형적으로 모델링한다고 생각하면 다음과 같은 방정식을 세울 수 있다.

$$x_t = m_1 x_{t-1} + m_2 x_{t-2} + m_3 x_{t-3} + \ldots + b$$

다양한 계수 m_1, m_2 등은 각각 1주기 이전 값에 대한 편 자기상관, 2주기 이전 값의 대한 편 자기상관 등에 해당한다. 따라서 특정 주기 이전 값에 대한 편 자기상관을 계산하기 위해서는 해당하는 계수를 얻을 수 있는 선형 회귀분석 공식을 세워야 한다. 이 계산을 수행하는 함수를 **편 자기상관 함수**PACF, partial autocorrelation function라고 부른다.

우리가 선호하는 선형 회귀분석 패키지 github.com/sajari/regression을 사용하면 다음과 같이 PACF를 구현하는 Go 함수를 생성할 수 있다.

```
// pacf 함수는 주어진 특정 주기 이전의 값에서
// 시계열의 편 자기상관을 계산한다.
func pacf(x []float64, lag int) float64 {

    // github.com/sajari/regression을 사용해 모델을
    // 훈련(학습)시키기 위해 필요한 regresssion.Regression 값을 생성한다.
    var r regression.Regression
```

```go
    r.SetObserved("x")

    // 현재 및 중간 이전의 값을 모두 정의한다.
    for i := 0; i < lag; i++ {
        r.SetVar(i, "x"+strconv.Itoa(i))
    }

    // 데이터 열을 이동시킨다.
    xAdj := x[lag:len(x)]

    // 루프를 통해 회귀분석 모델을 위한
    // 데이터 집합을 생성하는 시계열 데이터를 읽는다.
    for i, xVal := range xAdj {

        // 루프를 통해 독립 변수를 구성하기 위해 필요한
        // 중간 이전의 값을 읽는다.
        laggedVariables := make([]float64, lag)
        for idx := 1; idx <= lag; idx++ {

            // 이전 값들에 대한 시계열 데이터를 얻는다.
            laggedVariables[idx-1] = x[lag+i-idx]
        }

        // 이 지점들을 regression값에 추가한다.
        r.Train(regression.DataPoint(xVal, laggedVariables))
    }

    // 회귀분석 모델을 훈련(학습)시킨다.
    r.Run()
    return r.Coeff(lag)
}
```

그런 다음, 이 pacf 함수를 사용해 일부 값에 대한 편 자기상관을 계산할 수 있다. 이 내용은 다음과 같이 구현이 가능하다.

```
// CSV 파일을 연다.
passengersFile, err := os.Open("AirPassengers.csv")
if err != nil {
    log.Fatal(err)
}
defer passengersFile.Close()

// CSV 파일로부터 dataframe을 생성한다.
passengersDF := dataframe.ReadCSV(passengersFile)

// AirPassengers 열에서 시간 및 승객 데이터를 floats 배열로 읽어온다.
passengers := passengersDF.Col("AirPassengers").Float()

// 루프를 통해 시계열에서 다양한 주기의 이전 값들을 읽는다.
fmt.Println("편 자기상관:")
for i := 1; i < 11; i++ {

    // 편 자기상관을 계산한다.
    pac := pacf(passengers, i)
    fmt.Printf("%d 주기 이전 값: %0.2f\n", i, pac)
}
```

컴파일하고 실행하면 다음과 같이 항공 승객 시계열에 대한 편 자기상관의 값을 구할 수
있다.

```
$ go build
$ ./myprogram
편 자기상관:
1 주기 이전 값: 0.96
2 주기 이전 값: -0.33
3 주기 이전 값: 0.20
4 주기 이전 값: 0.15
5 주기 이전 값: 0.26
6 주기 이전 값: -0.03
7 주기 이전 값: 0.20
8 주기 이전 값: 0.16
```

```
9 주기 이전 값: 0.57
10 주기 이전 값: 0.29
```

결과를 확인해보면 편 자기상관이 2주기 이전의 값 이후에 빠르게 사라지는 것을 볼 수 있다. 이것은 이 시계열이 1주기 및 2주기 이전의 값과 현재 값 간의 관계를 기반으로 한다는 것을 보여준다. 편 자기상관값이 완전히 0.0으로 떨어지지는 않지만 이는 데이터에 약간의 노이즈 때문인 것으로 생각할 수 있다.

PACF를 시각화할 수 있도록 다른 도표를 그려보자. ACF에서 했던 것과 동일한 방식으로 수행할 수 있으며 acf( ) 함수 대신 pacf( ) 함수를 사용하면 된다. 생성된 도표의 결과는 다음과 같다.

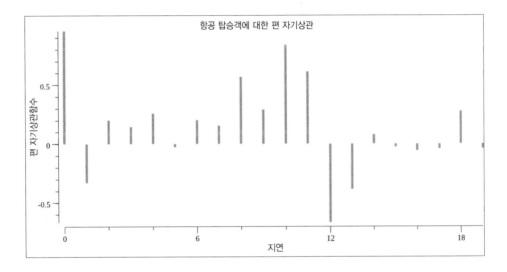

▌ 예측을 위한 자동 회귀 모델

시계열에 대한 예측을 수행하기 위해 처음으로 사용해볼 모델의 범주는 **자동 회귀**[AR, Auto-Regressive] 모델이라 불리는 모델이다. 앞서 설명했듯이 시계열에서 이전의 값들 중 한 주기 이상의 값들을 기반으로 시계열의 데이터 요소를 모델링한다. 따라서 시계열 자체를 사용해 시계열을 모델링하는 것이다. 이렇게 시계열 자체를 사용하는 것이 AR 방법과 4장, '회귀분석'에서 살펴봤던 일반적인 회귀분석 방법과 구별되는 점이다.

자동 회귀 모델 개요

AR(1), AR(2) 등으로 불리는 AR 모델을 종종 볼 수 있다. 이 숫자들은 시계열 모델링에 사용하는 AR 모델이나 프로세스의 **순서**에 해당하며 이 순서는 자기상관 및 편 자기상관 분석을 수행해 결정할 수 있다.

AR(1) 모델은 동일한 시계열에서 1주기 이전의 값을 기반으로 관찰에 대한 모델링을 시도한다.

$$x_t = m_1 x_{t-1} + b$$

AR(2) 모델은 다음과 같은 형태를 한다.

$$x_t = m_1 x_{t-1} + m_2 x_{t-2} + b$$

AR(3) 모델은 이런 패턴을 사용해 항이 추가된다.

 이런 공식을 살펴보면 선형 회귀분석을 상기할 수 있다. 이 공식은 실제로 선형 회귀분석 모델을 만들 때 사용했던 것과 동일한 방법을 사용한다. 하지만 이때 시계열 모델링의 고유한 측면이 무시되어서는 안 된다. 데이터의 시간과 관련된 특징(주기성, 경향, 자기상관 등)과 이들이 AR 모델에 미치는 영향에 대해 이해하는 것이 매우 중요하다.

PACF의 그래프를 살펴봐야 시계열을 모델링하는 데 사용하는 AR 모델의 순서를 가장 잘 결정할 수 있다. 이 그래프에서 PACF 값이 감소하다가 0이 되는 것을 볼 수 있다. PACF

가 0 근처로 떨어질 때까지 얼마나 많은 이전 값이 필요한지를 살펴본 다음, 해당하는 수만큼의 AR 순서를 사용한다.

 PACF와 ACF를 도표로 그리는 일부 패키지에는 다양한 이전 값들의 항의 통계적 중요성을 나타내는 수평선들이 포함된다. 책에서는 이 수평선들을 포함시키지 않았지만 AR 모델의 순서를 정량적으로 결정하기를 원하는 경우에는 이런 수평선의 계산을 고려해 볼 수 있다. 이 내용은 다음 링크 http://www.itl.nist.gov/div898/handbook/eda/section3/autocopl. htm 및 http://www.itl.nist.gov/div898/handbook/pmc/section4/pmc4463.htm에 자세하게 설명되어 있다.

자동 회귀 모델의 가정 및 문제점

자동 회귀 모델의 주요 가정은 다음과 같다.

- **고정적**Stationarity: AR 모델은 사용되는 시계열이 고정적이라고 가정한다. AR 모델을 사용하려면 데이터에서 어떠한 경향이 나타나서는 안 된다.
- **에르고딕성**Ergodicity: 이 용어는 기본적으로 평균 및 분산과 같은 시계열의 통계적 속성이 시간에 따라 변하지 않아야 한다는 것을 의미한다.

AR 방법으로 모델링하는 시계열의 경우에는 그 유형에 상관없이 이 가정들을 충족해야 한다. 하지만 일부 데이터가 이 가정들을 충족하지 못하는 경우(예제에서 사용 중인 항공 승객 데이터와 같이)라도 AR 모델의 이점을 사용할 수 있는 우회적인 방법이 있다.

자동 회귀 모델 예제

자동 회귀 모델을 사용해 항공 승객 데이터를 모델링하려고 한다. 예제에서 사용하는 항공 승객 데이터가 고정적Stationary이지 않기 때문에 AR 모델의 가정 중 하나를 충족하지 못한다는 점을 확인했다. 하지만 이 시계열 데이터를 고정적으로 만들 수 있는 일반적인 기법을 적용할 수 있다. 이 기법을 **차분**Differencing 이라 부른다[1].

고정적 특성을 갖는 시계열 데이터로 변환하기

예제에서 사용하는 시계열이 고정적인 특성을 갖도록 만들기 위해서는 t 시점에서의 관찰이 원본 데이터의 t에서 한 구간만큼의 이전 관찰을 뺀(즉, t−1) 결과를 갖는 대체 시계열 데이터를 생성해야 한다. 이런 방식으로(t−1 방식으로) 각 관찰 구간의 관찰값을 변경한 다음, 도표를 그려 변환된 데이터에서 경향trend이 제거됐는지 확인해보자. 또한 다음 코드와 같이 변환된 시계열 데이터를 새로운 csv 파일로 저장해보자.

```
// AirPassengers 열을 float 배열로 읽는다.
passengerVals := passengersDF.Col("AirPassengers").Float()
timeVals := passengersDF.Col("time").Float()

// pts 변수는 도표에 사용되는 변수를 저장한다.
pts := make(plotter.XYs, passengersDF.Nrow()-1)

// differenced 변수는 새로운 CSV 파일에 저장될
// 변환된 값을 저장하는 데 사용된다.
var differenced [][]string
differenced = append(differenced, []string{"time",
"differenced_passengers"})

// pts 변수에 값을 채운다.
for i := 1; i < len(passengerVals); i++ {
   pts[i-1].X = timeVals[i]
   pts[i-1].Y = passengerVals[i] - passengerVals[i-1]
   differenced = append(differenced, []string{
      strconv.FormatFloat(timeVals[i], 'f', -1, 64),
      strconv.FormatFloat(passengerVals[i]-passengerVals[i-1], 'f', -1, 64),
   })
```

---

1 차분은 현대의 값에서 이전의 값을 빼는 것을 말한다. – 옮긴이

256

```go
    }

    // 도표를 생성한다.
    p, err := plot.New()
    if err != nil {
        log.Fatal(err)
    }
    p.X.Label.Text = "time"
    p.Y.Label.Text = "differenced passengers"
    p.Add(plotter.NewGrid())

    // 시계열에 대한 직선 도표 지점을 추가한다.
    l, err := plotter.NewLine(pts)
    if err != nil {
        log.Fatal(err)
    }
    l.LineStyle.Width = vg.Points(1)
    l.LineStyle.Color = color.RGBA{B: 255, A: 255}

    // 도표를 PNG 파일로 저장한다.
    p.Add(l)
    if err := p.Save(10*vg.Inch, 4*vg.Inch, "diff_passengers_ts.png"); err != nil {
        log.Fatal(err)
    }

    // 변환된 데이터를 새로운 CSV에 저장한다.
    f, err := os.Create("diff_series.csv")
    if err != nil {
        log.Fatal(err)
    }
    defer f.Close()
    w := csv.NewWriter(f)
    w.WriteAll(differenced)
    if err := w.Error(); err != nil {
        log.Fatal(err)
    }
```

코드를 실행하면 다음과 같은 결과를 얻을 수 있다.

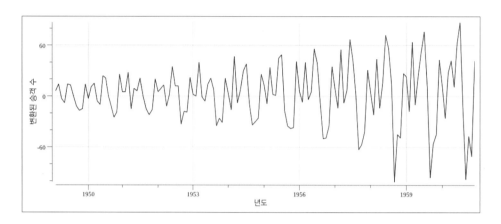

도표를 보면 원래의 시계열 데이터에서 상승 경향을 보였던 신호가 기본적으로 모두 제거된 것을 확인 수 있다. 하지만 여전히 분산과 관련된 문제가 남아있다. 변환된 시계열 데이터는 시간이 지날수록 평균에 대한 분산이 증가해 에르고딕성^{Ergodicity} 가정을 충족시키지 못한다.

이를 위해 로그 또는 거듭제곱 변환을 추가로 사용하면 시계열에서 나중에 나타나는 큰 값이 제거돼 증가하는 분산에 대한 문제를 해결할 수 있다. 여기에 로그 변환을 추가해 보자. 로그 변환을 거친 시계열 데이터를 도표로 다시 그린 다음, log_diff_series.csv라는 이름의 파일로 변환된 데이터를 저장한다. 이를 수행하는 코드는 각각의 값을 변환하기 위해 math.Log( ) 메소드를 사용하는 것만 제외하면 앞의 코드와 동일하기 때문에 세부 내용은 생략하겠다. 결과로 생성되는 도표는 다음 그림과 같다.

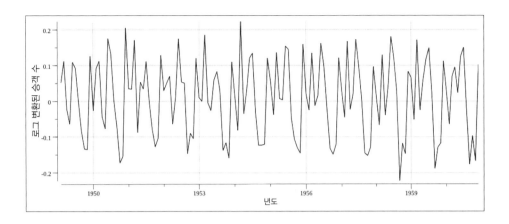

이제 AR 모델에서 사용할 수 있는 고정적인 특징을 갖는 시계열 데이터를 얻었다. 이 예제에서는 대부분 정성적qualitatively 검증을 통해 데이터를 살펴봤지만 고정적인 특성을 살펴보기 위해 정량적quantitative 검증을 통해 살펴볼 수도 있다(예: Dickey-Fuller 검증 등).

앞의 예제에서는 차분(difference, 빼기) 변환과 로그 변환을 모두 사용했다. 이를 통해 AR 모델을 사용하기 위한 가정을 모두 충족시켰지만 데이터와 최종 모델 모두 해석하기 어려운 형태로 바뀌었다. 시계열의 원래 시점이 아닌 한 주기 변환된(t-1) 시점의 시계열 데이터에 대한 로그를 생각하는 것은 까다로울 수밖에 없다. 여기에서는 이 변환을 하는 이유에 대한 정당성을 제시했다.[2] 하지만 이 같이 변환을 해야 하는 상황을 주목해야 한다. 또한 해석을 힘들게 만드는 상황을 피하는 것이 좋다.

ACF 분석 및 AR 순서 선택하기

이제 모델의 가정을 충족시키는 시계열 데이터가 준비됐으니 ACF 및 PACF 도표를 다시 보면서 어떻게 변했는지 확인해보자. 이전에 ACF와 PACF의 도표를 그렸을 때 사용했던 것과 동일한 코드를 사용할 수 있지만 이번에는 변환된 시계열 데이터를 사용한다.

---

2 고정적, 에르고딕성을 만족하는 데이터를 얻기 위함이다. – 옮긴이

다음 그림은 ACF 도표를 보여준다.

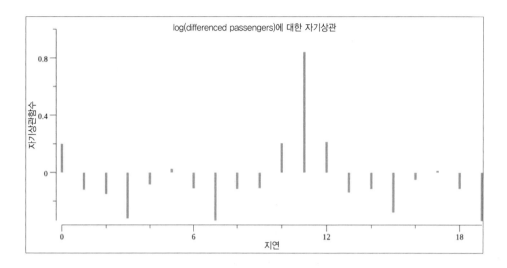

다음은 PACF 도표를 보여준다.

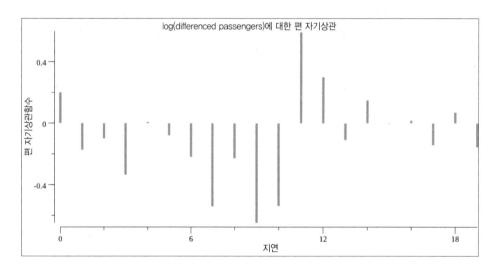

ACF 도표에서 가장 먼저 눈에 띄는 것은 주기가 멀어질수록 1.0에서 점점 감쇠했던 것이 없어졌다는 점이다. ACF 도표는 0.0 주변에서 값이 변동된다. ACF 도표에 대해서는 다음 절에서 더 자세히 살펴볼 예정이다.

다음으로 PACF 도표 또한 0.0으로 떨어지고 0.0 주변에서 값이 변동되는 것을 볼 수 있다. AR 모델의 순서를 선택하기 위해 PACF 도표의 0 지점에서 처음으로 교차되는 구간을 조사한다. 이 도표에서는 2주기 이전 지점에서 처음 교차가 발생하기 때문에 시계열 데이터를 자동 회귀로 모델링하는데 AR(2) 모델의 사용을 고려해볼 수 있다.

AR(2) 모델의 훈련 및 평가

앞에서 이미 PACF 도표가 AR 모델에서 다양한 순서에 대한 계수를 제공한다는 점을 확인했다. 이런 이점을 활용해 첫 번째와 두 번째 항에 대한 계수를 구할 수 있고, 다음 코드와 같이, 약간 수정된 버전의 pacf( ) 함수를 사용하면 y절편(또는 오류 항)도 함께 구할 수 있다.

```
// autoregressive 함수는 주어진 순서(order) 이전 시점의
// 시계열 데이터에 대한 AR 모델을 계산한다.
func autoregressive(x []float64, lag int) ([]float64, float64) {

    // github.com/sajari/regression을 사용해 모델을
    // 훈련(학습)시키기 위해 필요한 regresssion.Regression 값을 생성한다.
    var r regression.Regression
    r.SetObserved("x")

    // 현재 및 중간 이전의 값을 모두 정의한다.
    for i := 0; i < lag; i++ {
        r.SetVar(i, "x"+strconv.Itoa(i))
    }

    // 데이터 열을 이동시킨다.
    xAdj := x[lag:len(x)]

    // 루프를 통해 회귀분석 모델을 위한
    // 데이터 집합을 생성하는 시계열 데이터를 읽는다.
    for i, xVal := range xAdj {

        // 루프를 통해 독립 변수를 구성하기 위해 필요한
```

```
        // 중간 이전의 값을 읽는다.
        laggedVariables := make([]float64, lag)
        for idx := 1; idx <= lag; idx++ {

            // 이전 값들에 대한 시계열 데이터를 얻는다.
            laggedVariables[idx-1] = x[lag+i-idx]
        }

        // 이 지점들을 regression값에 추가한다.
        r.Train(regression.DataPoint(xVal, laggedVariables))
    }

    // 회귀분석 모델을 훈련(적합)시킨다.
    r.Run()

    // coeff는 이전 주기에 대한 계수를 저장한다.
    var coeff []float64
    for i := 1; i <= lag; i++ {
      coeff = append(coeff, r.Coeff(i))
    }

    return coeff, r.Coeff(0)
}
```

이제 로그 변환 및 차분을 거친 시계열에서 이 함수를 호출하면 학습을 마친 AR(2) 모델의 계수를 구할 수 있다.

```
// CSV 파일을 연다.
passengersFile, err := os.Open("log_diff_series.csv")
if err != nil {
  log.Fatal(err)
}
defer passengersFile.Close()

// CSV 파일로부터 dataframe을 생성한다.
passengersDF := dataframe.ReadCSV(passengersFile)
```

```
// log_differenced_passengers 열에서 시간 및 승객의 정보를 float 배열로 읽어온다.
passengers := passengersDF.Col("log_differenced_passengers").Float()

// 1주기, 2주기 이전 관찰 값과 오류에 대한 계수를 계산한다.
coeffs, intercept := autoregressive(passengers, 2)

// 표준출력을 통해 AR(2) 모델을 출력한다.
fmt.Printf("\nlog(x(t)) - log(x(t-1)) = %0.6f + lag1*%0.6f +
lag2*%0.6f\n\n", intercept, coeffs[0], coeffs[1])
```

이 코드를 컴파일하고 실행하면 다음과 같이 변환이 적용된 데이터에 대한 AR(2) 공식을 구할 수 있다.

```
$ go build
$ ./myprogram

log(x(t)) - log(x(t-1)) = 0.008159 + lag1*0.234953 + lag2*-0.173682[3]
```

이 AR(2) 모델을 평가하기 위해 선형 회귀분석 모델에서 계산했던 것과 비슷하게 평균 제곱근 **오차를**(MAE) 계산할 수 있다. 이를 위해 관찰된 승객의 수를 기반으로 예상 승객의 수를 계산한 다음, 오차를 계산하고 MAE를 누적시킨다.

먼저 변환된 데이터(로그 변환 및 차분)를 활용해 예측을 수행해보자.

```
// 로그 변환 및 차분된 데이터 집합 파일을 연다.
transFile, err := os.Open("log_diff_series.csv")
if err != nil {
    log.Fatal(err)
}
defer transFile.Close()
```

---

3 위 공식에서 lag1은 1주기 이전 값을, lag2는 2주기 이전 값을 의미한다.

```go
// 열린 파일을 읽는 CSV reader를 생성한다.
transReader := csv.NewReader(transFile)

// CSV 레코드를 모두 읽는다.
transReader.FieldsPerRecord = 2
transData, err := transReader.ReadAll()
if err != nil {
    log.Fatal(err)
}

// 루프를 통해 데이터를 읽고 변환된 데이터를 기반으로
// 예측을 수행한다.
var transPredictions []float64
for i, _ := range transData {

    // 헤더 및 처음 두 관찰은 건너뛴다.
    // (예측을 위해 1주기 및 2주기 이전의 값이 필요하기 때문에)
    if i == 0 || i == 1 || i == 2 {
        continue
    }

    // 1주기 이전의 값을 구문 분석을 통해 읽는다.
    lagOne, err := strconv.ParseFloat(transData[i-1][1], 64)
    if err != nil {
        log.Fatal(err)
    }

    // 2주기 이전의 값을 구문 분석을 통해 읽는다.
    lagTwo, err := strconv.ParseFloat(transData[i-2][1], 64)
    if err != nil {
        log.Fatal(err)
    }

    // 학습을 거친 AR 모델을 활용해 변환된 변수를 예측한다.
    transPredictions = append(transPredictions,
    0.008159+0.234953*lagOne-0.173682*lagTwo)
}
```

이제 MAE를 계산하기 위해 이 예측값을 일반적인 승객의 수로 다시 변환해야 한다(원본 시계열과 직접 비교할 수 있도록). 로그 변환 및 차분이 적용된 데이터를 다시 원래대로 변환하는 과정에는 변환된 시계열 데이터의 누적 합계를 구하고 이 값을 다시 기본 시계열값에 더한 다음, 지수 변환을 하는 과정이 포함된다. 이 역변환[4], MAE의 누적, 관찰 및 예측을 도표로 그리기 위한 요소들의 집합을 처리하는 코드는 다음과 같다.

```
// 원본 데이터 집합 파일을 연다.
origFile, err := os.Open("AirPassengers.csv")
if err != nil {
    log.Fatal(err)
}
defer origFile.Close()

// 열린 파일을 읽는 CSV reader를 생성한다.
origReader := csv.NewReader(origFile)

// CSV 레코드를 모두 읽는다.
origReader.FieldsPerRecord = 2
origData, err := origReader.ReadAll()
if err != nil {
    log.Fatal(err)
}

// ptsObs, ptsPred 변수는 도표에 사용되는 값을 저장하는 데 사용된다.
ptsObs := make(plotter.XYs, len(transPredictions))
ptsPred := make(plotter.XYs, len(transPredictions))

// 루프를 통해 원래대로 돌려놓는 변환을 수행하고 MAE를 계산한다.
var mAE float64
var cumSum float64
for i := 4; i <= len(origData)-1; i++ {

    // 원본 관찰값을 구문 분석을 통해 읽는다.
```

---

4 원래대로 돌려놓는 변환. – 옮긴이

```go
    observed, err := strconv.ParseFloat(origData[i][1], 64)
    if err != nil {
        log.Fatal(err)
    }

    // 원본 날짜(시간)값을 구문 분석을 통해 읽는다.
    date, err := strconv.ParseFloat(origData[i][0], 64)
    if err != nil {
        log.Fatal(err)
    }

    // 변환된 데이터를 기반으로 예측한 값의 인덱스를 구하기 위해
    // 값을 누적시킨다.
    cumSum += transPredictions[i-4]

    // 예측을 수행한다.
    predicted := math.Exp(math.Log(observed) + cumSum)

    // MAE를 누적시킨다.
    mAE += math.Abs(observed-predicted) / float64(len(transPredictions))

    // 도표를 그리기 위한 요소를 저장한다.
    ptsObs[i-4].X = date
    ptsPred[i-4].X = date
    ptsObs[i-4].Y = observed
    ptsPred[i-4].Y = predicted
}
```

이어서 확인을 위해 MAE를 출력하고 관찰 및 예측 값에 대한 도표를 저장한다.

```go
// 표준출력을 통해 MAE를 출력한다.
fmt.Printf("\nMAE = %0.2f\n\n", mAE)

// 도표를 생성한다.
p, err := plot.New()
if err != nil {
```

```
        log.Fatal(err)
    }
    p.X.Label.Text = "time"
    p.Y.Label.Text = "passengers"
    p.Add(plotter.NewGrid())

    // 시계열 데이터에 대한 도표 지점들을 추가한다.
    lObs, err := plotter.NewLine(ptsObs)
    if err != nil {
        log.Fatal(err)
    }
    lObs.LineStyle.Width = vg.Points(1)
    lPred, err := plotter.NewLine(ptsPred)
    if err != nil {
        log.Fatal(err)
    }
    lPred.LineStyle.Width = vg.Points(1)
    lPred.LineStyle.Dashes = []vg.Length{vg.Points(5), vg.Points(5)}

    // 도표를 PNG 파일에 저장한다.
    p.Add(lObs, lPred)
    p.Legend.Add("Observed", lObs)
    p.Legend.Add("Predicted", lPred)
    if err := p.Save(10*vg.Inch, 4*vg.Inch, "passengers_ts.png"); err != nil {
        log.Fatal(err)
    }
```

코드를 컴파일하고 실행하면 다음과 같은 MAE를 결과로 얻을 수 있다.

```
$ go build
$ ./myprogram

MAE = 355.20
```

원본 시계열 데이터에 대한 시각화 결과를 기억하고 있다면 승객의 수가 0이상에서 600 이상의 범위로 형성된다는 점을 기억할 것이다. 따라서 대략 MAE가 355라는 것은 아주 훌륭한 결과는 아니다. 보다 전반적으로 앞서 수행한 예측 및 관찰이 어떻게 형성돼 있는 지를 이해하기 위해 이전 코드에서 생성된 도표를 확인해보자.

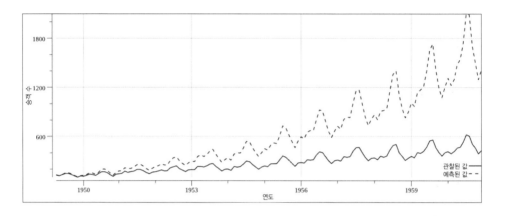

도표에서 볼 수 있듯이 제작한 모델이 특히 시간이 더 오래 지날수록 과잉 예측하는 것을 확인할 수 있다. 이 모델은 원본 데이터에서 볼 수 있는 구조를 보여주며 원본 데이터와 비슷한 경향을 나타낸다. 하지만 이 시계열 데이터를 더 현실적으로 표현하기 위해서는 보다 정교한 모델이 필요해 보인다.

 모든 상황에서 완벽한 머신 러닝 모델은 없으며 예제에서는 상당히 간단한 시계열 분석 모델로 예측을 시도했다. 예제를 통해 간단하고 해석 가능한 모델을 유지했다는 점은 좋다고 할 수 있지만 이를 통해 얻은 평가 결과는 현실 세계의 시나리오를 모델링하기 위해 리팩토링이 필요하다는 동기를 얻기에 충분하다. 시도를 통해 무언가를 배웠다는 것을 의미하기 때문에 리팩토링은 좋다고 할 수 있다.

▌ 자동 회귀 이동 평균 모델 및 기타 시계열 분석 모델

앞에서 시도한 모델은 상대적으로 간단하고 순수한 자동 회귀 모델이었다. 하지만 책에서 소개하는 시계열 모델에서는 자동 회귀 모델 또는 순수한 자동 회귀 모델에만 국한되지 않는다. 책에서 살펴봤던 머신 러닝 모델의 다른 유형들과 마찬가지로 시계열 분석 기법 역시 다양한 방법들이 존재하며 이들을 여기에서 모두 다룰 수는 없다. 하지만 이 책을 본 후 추가로 살펴볼 수 있는 몇 가지 주목할 만한 기법들을 언급하고자 한다.

자동 회귀 모델은 종종 이동 평균 모델이라 불리는 모델과 결합돼 사용된다. 두 모델을 결합한 모델을 **자동 회귀 이동 평균**ARMA **모델** 또는 **자동 회귀 통합 이동 평균**ARIMA **모델**이라 지칭한다. ARMA/ARIMA 모델의 이동 평균 부분을 사용하면 화이트 노이즈white noise나 시계열의 기타 오차 항과 같은 효과를 활용해 앞의 예제에서 제작했던 항공 승객에 대한 AR(2) 모델을 효과적으로 개선시킬 수 있다.

불행하게도 이 장의 내용을 집필하는 시점에는 Go에서 ARIMA를 수행할 수 있는 패키지가 존재하지 않는다. 앞서 언급했듯이 자동 회귀 부분은 상대적으로 간단하지만 이동 평균 모델을 학습시키는 과정은 조금 더 복잡하다. 이 역시 Go 커뮤니티에 기여할 수 있는 좋은 기회가 될 수 있다고 생각한다.

ARIM 모델의 영역 밖에 있는 시계열 분석 모델 또한 존재한다. 예를 들어, **홀트-윈터스** Holt-Winters 방법은 예측 공식 및 3개의 평활 공식을 통해 시계열 데이터의 주기성seasonality 을 포착한다. github.com/datastream/holtwinters 및 github.com/dgryski/go-holtwinters에 홀트-윈터스 방법이 예비로 구현된 패키지들이 있다. 이 패키지들은 좀 더 관리되고 제품화가 필요해 보이지만 홀트-윈터스를 사용하는 출발점으로서 활용할 수 있다.

▌ 이상 감지

이 장을 소개할 때 언급했듯이 시계열 데이터를 예측하는데 관심이 없을 수도 있다. 그 대신 시계열 데이터에서 비정상적인 행동을 감지하고 싶을 수도 있다. 예를 들어, 네트워크로 들어오는 트래픽이 정상적인 수준을 넘어 폭발적으로 증가하는 시점을 알고 싶을 수도 있고, 애플리케이션 내에서 특정 행동을 하는 사용자들의 수가 정상적인 수준을 넘어서는 시점을 알고 싶을 수도 있다. 이런 이벤트들은 보안 문제와 연관될 수도 있고 애플리케이션의 기본 기능이나 설정을 조정하는데 사용될 수도 있다.

다행히도 시계열 데이터에서 이상 감지를 위해 사용할 수 있는 Go 기반의 다양한 선택 사항이 존재한다. 이런 도구들은 기반 시설(네트워크 등) 및 애플리케이션을 모니터링하는 동안 비정상적인 동작을 감지하는 데 사용돼 왔으며 책에서 소개할 수 있는 것보다 더 많은 도구들이 있다. 책에서는 이런 도구들 중 몇 가지를 소개하려고 한다.

먼저 InfluxDB(https://www.influxdata.com/)와 Prometheus(https://prometheus.io/) 생태계는 이상 감지를 위한 다양한 옵션을 제공한다. InfluxDB와 Prometheus 모두 오픈 소스의 Go 기반 시계열 데이터베이스 및 관련 도구들을 제공한다. 이들은 기반 시설 및 애플리케이션을 모니터링하는 데 유용하며 둘 모두 Go 커뮤니티와 Go 커뮤니티 외부에서 널리 사용되고 있다. 예를 들어, InfluxDB 사용에 관심이 있는 경우 github.com/nathanielc/morgoth를 이상 감지에 활용할 수 있다.

이 패키지는 Lossy Counting 알고리즘(LCA)을 구현한다. Prometheus 측에서는 쿼리 기반의 접근 방식을 활용할 수 있으며 자세한 내용은 https://prometheus.io/blog/2015/06/18/practical-anomaly-detection/에서 확인할 수 있다.

이상 감지를 위한 독립형 Go 패키지들도 존재하며 여기에는 github.com/lytics/anomalyzer 및 github.com/sec51/goanomaly 등이 포함된다. 특히 github.com/lytics/anomalyzer는 누적 분포 함수, 순열, 윌콕슨 순위 합Wilcoxon rank-sum 등을 구현한다.

github.com/lytics/anomalyzer를 사용해 비정상적인 행동을 감지하려면 몇 가지 설

270

정과 anomalyzer.Anomalyzer값을 생성해야 한다. 이 작업이 완료되면 anomalyzer. Anomalyzer값에서 간단히 Push( ) 메소드를 호출하면 이상 감지를 수행할 수 있다. 다음은 이를 수행하는 코드 내용이다.

```go
// 어떤 이상 감지 메소드를 사용할 지와 같은 설정을 적용해
// AnomalyzerConf값을 초기화한다.
conf := &anomalyzer.AnomalyzerConf{
    Sensitivity: 0.1,
    UpperBound: 5,
    LowerBound: anomalyzer.NA, // ignore the lower bound
    ActiveSize: 1,
    NSeasons: 4,
    Methods: []string{"diff", "fence", "highrank", "lowrank",
        "magnitude"},
}

// 주기적인 관찰 데이터가 포함되는 시계열 데이터를 float 배열로 생성한다.
// 이 값들은 앞의 예제에서 사용했던 것처럼
// 데이터베이스나 파일에서 읽어올 수 있다.
ts := []float64{0.1, 0.2, 0.5, 0.12, 0.38, 0.9, 0.74}

// 기존의 시계열 데이터 값과 설정을 기반으로
// 새 anomalyzer를 생성한다.
anom, err := anomalyzer.NewAnomalyzer(conf, ts)
if err != nil {
    log.Fatal(err)
}

// Anomalyzer에 새로 관찰된 값을 추가한다.
// Anomalyzer는 시계열 데이터의 기존 값을 참조해 값을 분석하고
// 해당 값이 비정상적일 확률을 출력한다.
prob := anom.Push(15.2)
fmt.Printf("15.2가 비정상적일 확률: %0.2f\n", prob)
prob = anom.Push(0.43)
fmt.Printf("0.33이 비정상적일 확률: %0.2f\n", prob)
```

이상 감지를 수행하는 이 코드를 컴파일하고 실행하면 다음의 결과를 얻을 수 있다.

```
$ go build
$ ./myprogram
15.2가 비정상적일 확률: 0.98
0.33이 비정상적일 확률: 0.80
```

▎참조

시계열 분석 통계(ACF 및 PACF)

- ACF 사용법: https://coolstatsblog.com/2013/08/07/how-to-use-theautocorreation-function-acf/
- ARIMA 모델에 사용되는 AR(자동 회귀) 또는 MA(이동 평균)에 대한 용어: https://people.duke.edu/~rnau/411arim3.htm

자동 회귀 모델

- AR 모델에 대한 더 다양한 수학적 소개: https://onlinecourses.science.psu.edu/stat501/node/358
- github.com/sajari/regression 패키지 문서: https://godoc.org/github.com/sajari/regression

ARMA/ARIMA 모델

- ARIMA에 대한 소개: https://people.duke.edu/~rnau/411arim.htm

이상 감지

- InfluxDB: https://www.influxdata.com/
- Prometheus: https://prometheus.io/

- github.com/lytics/anomalyzer 패키지 문서: https://godoc.org/github.com/lytics/anomalyzer

- github.com/sec51/goanomaly 패키지 문서: https://godoc.org/github.com/sec51/goanomaly

▌ 요약

이 장을 통해 시계열 데이터가 무엇인지 알게 됐다. 또한 시계열 데이터를 Go에서 표현하는 방법과 시계열 데이터를 통해 예측을 수행하는 방법 그리고 시계열 데이터에서 비정상적인 행동을 감지하는 방법에 대해서도 살펴봤다. 이런 기법들은 주가와 관련된 데이터를 모니터링하든 기반 시설과 관련된 데이터를 모니터링하든, 시간에 따라 변하는 데이터로 작업을 할 때 매우 유용하게 활용할 수 있을 것이다.

다음 장에서는 신경망과 딥러닝을 포함한 고급 기법들을 살펴봄으로써 Go 기반 머신 러닝의 수준을 높이고자 한다.

신경망 및 딥러닝

지금까지 예측을 위해 기계를 훈련하거나 가르치는 내용을 많이 살펴봤다. 예측이라는 목표를 달성하기 위해 회귀분석, 의사결정 트리, 최근접 이웃 등의 유형을 포함해 유용하고 흥미로운 알고리즘을 다양하게 살펴봤다. 우리는 언제나 정확한 예측을 수행하고 데이터가 내포하는 의미를 알고 싶어한다. 우리가 모방하고 싶어하는 대상이 어떤 것인지 천천히 고민해보자.

이 질문에 대한 가장 명백한 대답은 우리 자신의 두뇌를 모방해야 한다는 것이다. 우리는 인간으로서 자연스럽게 사물을 인식하고 수량을 예측하며 사기성 여부를 알아차리는 등의 능력이 있다. 바로 이런 능력들이 기계가 인공적으로 수행하기를 바라는 것들이다. 물론 인간으로서 이런 활동에 대해 완벽하지는 않지만 상당히 좋은 수준으로 수행할 수 있다는 것을 우리는 잘 알고 있다.

이런 유형의 사고(생각)가 **인공 신경망**(그냥 **신경망**이라고도 함)의 개발로 이어졌다. 이 모델은 **뉴런**neuron과 같이 두뇌의 특정 구조를 대략적으로 모방하려고 노력한다. 신경망은 여러 산업 분야에서 널리 성공해왔으며 현재 다양하고 흥미로운 문제에 적용되고 있다.

최근에는 더욱 전문화되고 복잡한 유형의 신경망이 많은 흥미와 관심을 불러일으키고 있다. 이러한 신경망은 **딥러닝**deep learning 범주에 속하며 주로 일반 신경망으로 간주되는 것보다 **더 깊은** 구조를 가진다.

이 장에서는 Go 기반 신경망과 딥러닝 모델 모두를 소개하려고 한다. 이 주제들은 그 폭이 매우 넓고 내용이 방대해 딥러닝 자체의 내용만으로 채워진 책들도 있다. 따라서 여기에서는 간단하게 살펴볼 예정이다. 즉, 이 장에서 제공하는 내용은 Go에서 신경망을 구축하는 출발점을 제공할 것이다.

▌ 신경망에 대한 용어 이해하기

신경망에는 매우 다양한 유형들이 있으며 이런 신경망의 각 유형은 고유한 용어들을 사용한다. 하지만 활용하는 신경망의 유형에 상관없이 알아야 할 공통되는 용어들이 있다. 다음은 이 용어들을 정리한 내용이다.

- **노드**Node, **퍼셉트론**Perceptron, **뉴런**Neuron : 상호 교환적으로 사용이 가능한 이 용어들은 신경망을 구성하는 기본 요소를 나타낸다. 각 노드 또는 뉴런은 입력 데이터를 받아 해당 입력에 대한 작업을 수행한다. 작업을 수행한 후 해당 노드/뉴런은 작업의 결과를 다른 노드/뉴런에 전달한다(또는 결과에 따라 전달하지 않을 수도 있다).
- **활성화**Activation : 노드의 작업과 관련된 출력 또는 값.
- **활성화 함수**Activation Function : 노드에 대한 입력을 출력 또는 활성화로 변환하는 함수에 대한 정의.

- **가중치**Weights 또는 **바이어스**Biase : 이 값은 활성화 함수에서 입력과 출력 데이터 간의 관계를 정의한다.

- **입력 계층**Input Layer : 신경망의 입력 계층에는 신경망에 대한 초기 입력을 받는 일련의 노드가 포함된다(예: 일련의 특성이나 속성).

- **출력 계층**Output Layer : 신경망의 출력 계층에는 신경망 내부로 전달되고 최종 출력으로 변환되는 정보를 받는 일련의 노드가 포함된다.

- **은닉 계층**Hidden Layer : 신경망의 은닉 계층은 입력과 출력 계층 사이에 존재하기 때문에 입력 계층이나 출력 계층 외부에서는 **숨겨져** 있다.

- **피드포워드**Feedforward 또는 **피드 포워드**Feed forward : 이 용어는 어떤 데이터가 신경망의 입력 계층으로 입력되어 출력 계층으로 순방향으로 전송되는 시나리오를 나타낸다(어떠한 반복이나 사이클 없이).[1]

- **역전파**Backpropagation : 이 용어는 신경망 모델을 훈련시키기 위한 방법이다. 신경망을 통해 순방향으로 값을 전송하고, 생성되는 오차를 계산한 다음, 이런 오차에 기반한 변화를 다시 신경망으로(역방향) 전송한다.

- **아키텍처**Architecture : 신경망에서 뉴런들이 서로 연결되어 있는 전체 **구조**를 아키텍처라 부른다.

이런 개념에 대한 이해를 돕기 위해 다음의 신경망 설계도를 참고해보자.

---

1 피드포워드는 순방향 데이터 전송을 의미한다. – 옮긴이

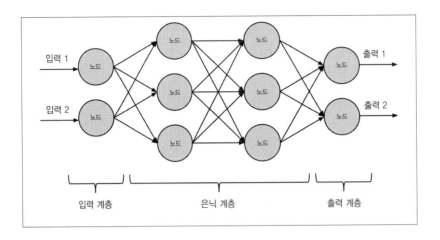

이 그림은 기본적인 피드포워드(즉, 비순환 또는 비재귀[2]) 신경망을 보여준다. 이 신경망에는 두 개의 은닉 계층이 존재하며 두 개의 입력을 받아들이고 두 개의 클래스값(또는 결과)을 출력한다.

지금은 이런 용어들이 너무 많고 어려워 보인다 해도 걱정하지 않길 바란다. 이 내용들을 세부적으로 이해하기 위한 예제들을 살펴볼 예정이다. 또한 이 장에서 진행하는 다양한 예제가 너무 어렵게 느껴지고 이런 용어들이 혼동된다면 여기에 정리한 내용들을 다시 살펴볼 수도 있다.

▌ 간단한 신경망 구축하기

많은 신경망 패키지들 및 신경망 애플리케이션들이 모델을 블랙 박스Black Boxes로 다룬다. 즉, 대부분의 사람들은 기본값과 자동화를 사용해 신경망을 빠르게 구축하는 경향이 있다. 이들 중 일부는 어떤 결과를 낼 수도 있지만 일반적으로 이런 종류의 편리한 도구를 통해서는 모델이 실제로 어떻게 동작하는지에 대해 이해할 수 없다. 그 결과로 모델이 예상대

---

2 순방향. – 옮긴이

로 동작하지 않을 때 왜 모델이 이상한 예측이나 값을 수렴하는 데 어려움을 겪는지에 대한 이유를 이해하기 어려워진다.

더 복잡한 신경망을 살펴보기 전에 신경망에 대한 기본적인 내용을 이해하고 이를 바탕으로 앞서 설명한 문제에 빠지지 않도록 하자. 간단한 신경망을 처음부터 구축하는 과정을 통해 신경망의 기본 구성요소들에 대해 학습하고 이런 구성요소들이 어떻게 동작하는지에 대해 살펴보자.

 참고: 여기에서는 신경망을 처음부터 만들지만 신경망 제작, 신경망 학습, 신경망을 활용한 예측을 수행하는데 도움이 되는 다양한 Go 패키지들이 존재한다. 이런 Go 패키지들에는 github.com/tleyden/neurgo, github.com/fxsjy/gonn, github.com/NOX73/goneural, github.com/milosgajdos83/gosom, github.com/made2591/go-perceptron-go, github.com/chewxy/gorgonian 등이 있다.

 이 장에서는 분류 문제를 해결하는 데 신경망을 사용하려고 한다. 하지만 신경망은 회귀분석을 수행하기 위해 사용할 수도 있다. 이에 대한 자세한 내용은 https://heuristically.wordpress.com/2011/11/17/using-neural-network-for- regression/에서 참고할 수 있다.

신경망의 노드

신경망을 구성하는 노드 또는 뉴런은 상대적으로 간단한 기능을 가진다. 각 뉴런은 하나 또는 그 이상의 값(x_1, x_2 등)을 가지며 활성화 함수에 따라 이런 값들을 결합하고 단일 출력 값을 생산한다. 다음 그림은 이런 출력 과정을 보여준다.

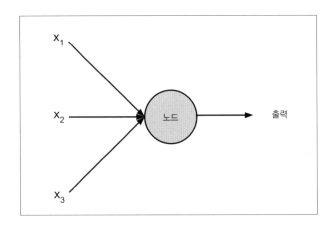

그렇다면 출력을 얻기 위해 이런 입력들을 어떻게 결합시킬 수 있을까? 이를 위해 조정 가능한 입력을 결합하는 방법이 필요한데(모델을 훈련(학습)시키는 것과 같이), 앞에서 이미 계수와 y절편을 사용해 변수를 결합하는 과정에 대해 살펴본 적이 있다. 4장, '회귀분석'에서 배웠던 내용을 다시 떠올려보자. 이와 같은 방식으로 계수(가중치)와 y절편(바이어스, bias)을 활용해 입력을 선형적으로 결합한다.

$$w_1 x_1 + w_2 x_2 + w_3 x_3 + b$$

여기에서 w_1, w_2 등은 가중치를 나타내며 b는 바이어스bias를 의미한다.

이 입력의 조합은 좋은 출발점은 될 수 있지만 선형적이기 때문에 결국 입력과 출력 간의 비선형적인 관계를 모델링하는 것이 불가능하다. 비선형성을 도입하기 위해 이 선형적인 입력의 조합에 활성화 함수를 적용할 것이다. 여기에서 사용할 활성화 함수는 5장, '분류'에서 소개했던 로지스틱 함수와 유사하다. 신경망의 맥락에서, 그리고 다음과 같은 형태의 로지스틱 함수를 **시그모이드**sigmoid **함수**라 부른다.

$$sigmoid(x) = \frac{1}{1 + e^{-x}}$$

시그모이드 함수는 비선형성을 도입하기 때문에 이 노드에 사용하기 적합하지만 제한된 범위(0에서 1사이)를 가진다. 그리고 간단하게 정의된 파생값(신경망을 훈련시키는 과정에서 사용할 예정)을 가지며 확률적 해석이 가능하다(이에 대해서는 5장, '분류'에서 자세히 살펴봤다).

 신경망에서 시그모이드 함수는 활성화 함수에 대한 유일한 선택은 아니다. 여기에 사용할 수 있는 다른 함수에는 쌍곡선 탄젠트 함수(hyperbolic tangent function), softmax, ReLU(rectified linear units[3]) 등이 포함된다. 각각의 장단점에 따른 활성화 함수의 선택에 대한 내용은 https://medium.com/towards-data-science/activation-functions-and-its-types-which-is-better-a9a5310cc8f에서 더 자세하게 살펴볼 수 있다.

이제 Go에서 활성화 함수를 정의해보자. 코드 내용은 다음과 같다.

```go
// sigmoid 함수는 활성화 함수에 사용될
// 시그모이드 함수를 구현한다.
func sigmoid(x float64) float64 {
    return 1.0 / (1.0 + math.Exp(-x))
}

// sigmoidPrime 함수는 역전파(backpropagation)를 위해
// 시그모이드 함수의 파생값을 구현한다.
func sigmoidPrime(x float64) float64 {
    return x * (1.0 - x)
}
```

---

3 ReLU는 시그모이드 함수를 개선한 함수다. - 옮긴이

신경망 아키텍처

우리가 제작하려는 신경망에는 입력 및 출력 계층이 포함된다(모든 신경망이 그렇듯이). 이 신경망에는 입력과 출력 계층 사이에 하나의 은닉 계층이 포함된다. 이 아키텍처는 다음과 같이 표현할 수 있다.

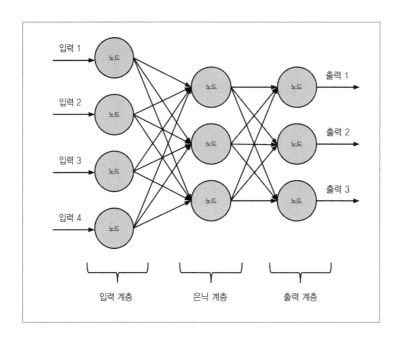

특히, 입력 계층에 4개의 노드, 은닉 계층에 3개의 노드, 출력 계층에 3개의 노드가 포함된다. 입력 계층의 4개의 노드는 신경망에 공급할 속성의 개수에 해당한다. 이 4개의 입력을 5장, '분류'에서 붓꽃을 분류하는 데 사용한 4가지 측정 방법과 비슷한 것으로 생각할 수 있다. 3가지 클래스 중 하나를 갖는(붓꽃의 품종이 3개) 붓꽃을 분류하는 신경망을 제작할 것이기 때문에 출력 계층에는 3개의 노드가 포함된다.

이제 은닉 계층에 대해 생각해보자. 여기에서 3개의 노드를 갖는 은닉 계층 하나를 사용하는 이유가 무엇일까? 대다수의 간단한 작업에서 은닉 계층은 하나로 충분하다. 데이터에서 다수의 비선형성, 많은 입력, 많은 양의 훈련 데이터가 있는 경우에는 은닉 계층을 추가해야 할 수도 있다 (이 내용은 이 장의 후반에서 딥러닝과 관련해 더 자세하게 살펴볼 예정). 은닉 계층의 3개의 노드는 평가 방법, 여러 번의 시도와 오차를 기반으로 조절될 수 있다. 또한 은닉 계층의 노드 수를 검색해 선택을 자동화할 수도 있다.

 은닉 계층에 더 많은 노드를 추가하면 신경망이 훈련 데이터를 더 완벽하게 학습할 수 있다는 점을 명심하자. 이는 다시 말해, 신경망 모델이 과적합돼 일반화될 수 없는 위험에 빠지게 된다. 이런 위험에 빠지지 않도록 하기 위해 신경망 모델이 일반화 될 수 있는지 세심하게 검증하는 것이 매우 중요하다.

이 아키텍처가 동작하는 이유

여기에서 잠시 멈춰서 어떤 것을 예측하기 위해 앞서 배열한 노드 설정에 대해 생각해보자. 이미 알고 있듯이 여기에서 우리가 하는 작업은 입력을 조합해 반복적으로 결과를 생산하는 것이 전부다. 그렇다면 이 결과가 이진 분류binary classifications를 수행하는 데 유용하다고 어떻게 기대할 수 있을까?

이진 분류 문제, 그 외 모든 분류 문제, 회귀분석 문제 등을 정의할 때는 기본적으로 입력(속성)과 출력(레이블 또는 응답) 사이의 어떤 규칙이나 관계가 성립할 것으로 기대한다. 본질적으로 속성을 응답이나 레이블로 변환할 수 있는 간단하거나 복잡한 함수가 존재한다고 가정한다.

선형 회귀분석, 로지스틱 회귀분석에서 했듯이 속성을 출력으로 변환시키는 모델을 위한 함수의 유형을 선택할 수 있다. 또한 입력과 출력 사이의 규칙 및 관계를 감지하기 위해 알고리즘적으로 훈련(학습)시킬 수 있는 함수를 연쇄적으로 설정하거나 조정 가능한 함수를 설정할 수도 있다. 이런 작업들이 바로 신경망을 활용해 수행하는 작업이다.

신경망의 노드는 그 규칙 및 관계에 상관 없이(선형, 비선형, 다이나믹 등), 공급되는 입력과 출력 사이의 규칙 및 관계를 모방할 때까지 조정되는 보조 함수sub-function와 비슷하다. 입력과 출력 사이에 규칙이 존재한다면 이런 규칙을 모방할 수 있는 신경망이 존재할 가능성이 높다.

신경망 훈련 및 학습 시키기

이제 예측을 진행하는데 이런 노드들의 조합이 도움이 되는 이유에 대해 명확히 이해했다. 그렇다면 실제로 입력 데이터를 기반으로 신경망 노드의 모든 보조 함수를 어떻게 조정할 수 있을까? 이 질문에 대한 답은 **역전파**backpropagation다.

역전파는 다음과 같은 내용(또는 훈련(학습) 데이터 집합에 대한 노출)을 포함하는 신경망을 반복적으로 훈련(학습)시키는 방법이다.

- 출력을 계산하기 위해 신경망을 통해 순방향으로 훈련 데이터를 전달한다.
- 출력에서 오차를 계산한다.
- 경사 하강법(gradient descent, 또는 관련 기법)을 사용해 오차를 기반으로 가중치와 바이어스bias를 어떻게 변경할지를 결정한다.
- 이렇게 변경된 가중치/바이어스 값을 신경망에 다시(반대 방향으로) 적용한다.

이 장 후반부에서 이 프로세스를 구현하고 세부내용을 살펴볼 예정이다. 하지만 경사 하강법과 같은 내용은 부록, '머신 러닝과 관련된 알고리즘/기술'에 자세히 설명돼 있으니 참고하기 바란다.

 신경망을 훈련(학습)시키는 역전파 방법은 모델링 세계에서는 널리 사용되는 방법이지만, 책에서 다루기 힘든 정도로 많은 양의 신경망 아키텍처와 기법들이 존재한다. 신경망은 학계와 산업에서 모두 활발히 연구되고 있는 분야다.

먼저 신경망 아키텍처를 정의하는 모든 매개변수를 포함하는 neuralNetConfig 구조체와 역전파 반복 작업을 어떻게 수행할지에 대해 정의해보자. 또한 훈련(학습)된 신경망을 정의하는 모든 정보를 포함하는 neuralNet 구조체도 정의한다. 나중에 훈련(학습)된 neuralNet값을 사용해 예측을 수행할 예정이다. 지금까지 설명한 정의는 다음 코드와 같이 구현할 수 있다.

```go
// neuralNet 구조체는 훈련(학습)된 신경망을 정의하는
// 모든 정보를 포함한다.
type neuralNet struct {
    config neuralNetConfig
    wHidden *mat.Dense
    bHidden *mat.Dense
    wOut *mat.Dense
    bOut *mat.Dense
}

// neuralNetConfig 구조체는 신경망 아키텍처 및
// 학습 매개변수를 정의한다.
type neuralNetConfig struct {
    inputNeurons int
    outputNeurons int
    hiddenNeurons int
    numEpochs int
    learningRate float64
}
```

여기에서 wHidden과 bHidden은 신경망의 은닉 계층에 대한 가중치와 바이어스이며 wOut과 bOut은 각각 신경망의 출력에 대한 가중치와 바이어스를 나타낸다. 여기에서 모든 가중치와 바이어스에 대해 gonum.org/v1/gonum/mat 행렬을 사용한 점에 주목하자. 비슷한 행렬을 입력과 출력을 표현하는 데 사용한다. 이렇게 하면 역전파와 관련된 작업과 그 수에 관계없이 입력, 은닉, 출력 계층의 노드에 대한 훈련(학습)을 일반화하는 작업을 쉽게 수행할 수 있다.

다음으로, neuralNetConfig값을 기반으로 새로운 신경망을 초기화하는 함수와 입력(x)의 행렬과 레이블(y)의 행렬을 기반으로 neuralNet값을 훈련(학습)시키는 메소드를 정의해보자.

```go
// NewNetwork 함수는 새로운 신경망을 초기화한다.
func newNetwork(config neuralNetConfig) *neuralNet {
    return &neuralNet{config: config}
}

// train 함수는 역전파를 사용해 신경망을 훈련(학습)시킨다.
func (nn *neuralNet) train(x, y *mat.Dense) error {
    // 채워질 예정...
}
```

train( ) 함수에서 역전파 메소드와 훈련된 가중치 및 바이어스의 결과를 리시버receiver에 배치하는 작업을 완성해야 한다. 먼저 다음 코드와 같이 train( ) 메소드에서 임의로 가중치 및 바이어스를 초기화하자.

```go
// 바이어스/가중치를 초기화한다.
randSource := rand.NewSource(time.Now().UnixNano())
randGen := rand.New(randSource)
wHiddenRaw := make([]float64, nn.config.hiddenNeurons*nn.config.inputNeurons)
bHiddenRaw := make([]float64, nn.config.hiddenNeurons)
wOutRaw := make([]float64, nn.config.outputNeurons*nn.config.hiddenNeurons)
bOutRaw := make([]float64, nn.config.outputNeurons)
for _, param := range [][]float64{wHiddenRaw, bHiddenRaw, wOutRaw, bOutRaw}
{
    for i := range param {
    param[i] = randGen.Float64()
    }
}
wHidden := mat.NewDense(nn.config.inputNeurons, nn.config.hiddenNeurons,
wHiddenRaw)
bHidden := mat.NewDense(1, nn.config.hiddenNeurons, bHiddenRaw)
```

```
    wOut := mat.NewDense(nn.config.hiddenNeurons, nn.config.outputNeurons,
wOutRaw)
    bOut := mat.NewDense(1, nn.config.outputNeurons, bOutRaw)
```

그런 다음, 신경망의 역전파를 완성하기 위해 앞서 설명했던 과정을 루프를 통해 반복해야 한다. 여기에는 출력이 계산되는 순방향 단계와 가중치와 바이어스에 대한 변화가 적용되는 역전파 단계가 포함된다. 역전파 프로세스는 부록, 머신 러닝과 관련된 알고리즘/기술에서 더 자세히 설명되어 있으니 관심이 있다면 이 내용을 참고하기 바란다. 지금은 구현에 초점을 맞추자. 주석으로 표시된 역전파 프로세스의 다양한 단계가 포함된 루프를 통한 작업은 다음과 같다.

```
    // 신경망의 출력을 정의한다.
    output := mat.NewDense(0, 0, nil)

    // 루프를 통해 모델을 훈련시키기 위해
    // 역전파를 활용한 작업을 수행한다.
    for i := 0; i < nn.config.numEpochs; i++ {

        // 순방향 프로세스를 완성한다. (데이터 전달 및 출력 계산)
        ...

        // 역전파 작업을 완성한다.
        ...

        // 매개변수를 조정한다.
        ...
    }
```

이 루프의 순방향 프로세스에서는 입력이 신경망을 통해 순방향으로 전달된다.

```
    // 순방향 프로세스를 완성한다. (데이터 전달 및 출력 계산)
    hiddenLayerInput := mat.NewDense(0, 0, nil)
    hiddenLayerInput.Mul(x, wHidden)
```

```go
    addBHidden := func(_, col int, v float64) float64 { return v + bHidden.At(0,
col)
    }
    hiddenLayerInput.Apply(addBHidden, hiddenLayerInput)
    hiddenLayerActivations := mat.NewDense(0, 0, nil)
    applySigmoid := func(_, _ int, v float64) float64 { return sigmoid(v) }
    hiddenLayerActivations.Apply(applySigmoid, hiddenLayerInput)

    outputLayerInput := mat.NewDense(0, 0, nil)
    outputLayerInput.Mul(hiddenLayerActivations, wOut)
    addBOut := func(_, col int, v float64) float64 { return v + bOut.At(0, col) }
    outputLayerInput.Apply(addBOut, outputLayerInput)
    output.Apply(applySigmoid, outputLayerInput)
```

그런 다음, 순방향 프로세스에서 결과를 얻으면 다음 코드와 같이, 신경망을 통해 출력 및 은닉 계층에 대한 변화량을 계산하는 역전파 작업을 진행한다.

```go
    // 역전파 작업을 완성한다.
    networkError := mat.NewDense(0, 0, nil)
    networkError.Sub(y, output)

    slopeOutputLayer := mat.NewDense(0, 0, nil)
    applySigmoidPrime := func(_, _ int, v float64) float64 { return
sigmoidPrime(v)
    }
    slopeOutputLayer.Apply(applySigmoidPrime, output)
    slopeHiddenLayer := mat.NewDense(0, 0, nil)
    slopeHiddenLayer.Apply(applySigmoidPrime, hiddenLayerActivations)

    dOutput := mat.NewDense(0, 0, nil)
    dOutput.MulElem(networkError, slopeOutputLayer)
    errorAtHiddenLayer := mat.NewDense(0, 0, nil)
    errorAtHiddenLayer.Mul(dOutput, wOut.T())

    dHiddenLayer := mat.NewDense(0, 0, nil)
    dHiddenLayer.MulElem(errorAtHiddenLayer, slopeHiddenLayer)
```

그런 다음, 이런 변화량은 신경망의 가중치 및 바이어스를 업데이트하는 데 사용된다. **학습률**Learning rate은 알고리즘 수렴에 도움이 될 수 있는 이런 변화량을 조정하는 데 사용된다. 역전파 루프의 마지막 부분에 대한 구현은 다음과 같다.

```
// 매개변수를 조정한다.
wOutAdj := mat.NewDense(0, 0, nil)
wOutAdj.Mul(hiddenLayerActivations.T(), dOutput)
wOutAdj.Scale(nn.config.learningRate, wOutAdj)
wOut.Add(wOut, wOutAdj)

bOutAdj, err := sumAlongAxis(0, dOutput)
if err != nil {
    return err
}
bOutAdj.Scale(nn.config.learningRate, bOutAdj)
bOut.Add(bOut, bOutAdj)

wHiddenAdj := mat.NewDense(0, 0, nil)
wHiddenAdj.Mul(x.T(), dHiddenLayer)
wHiddenAdj.Scale(nn.config.learningRate, wHiddenAdj)
wHidden.Add(wHidden, wHiddenAdj)

bHiddenAdj, err := sumAlongAxis(0, dHiddenLayer)
if err != nil {
    return err
}
bHiddenAdj.Scale(nn.config.learningRate, bHiddenAdj)
bHidden.Add(bHidden, bHiddenAdj)
```

여기에서 다른 차원Dimension을 특정 차원에 따라 행렬의 합을 계산할 수 있도록 도움 함수helper function를 사용한 것에 주목하자. 이 sumAlongAxis() 함수는 다음 코드와 같다.

```
// sumAlongAxis 함수는 다른 차원(dimension)을 유지하면서
// 특정 차원에 따라 행렬을 더한다.
```

```go
func sumAlongAxis(axis int, m *mat.Dense) (*mat.Dense, error) {

    numRows, numCols := m.Dims()

    var output *mat.Dense

    switch axis {
    case 0:
        data := make([]float64, numCols)
        for i := 0; i < numCols; i++ {
            col := mat.Col(nil, i, m)
            data[i] = floats.Sum(col)
        }
        output = mat.NewDense(1, numCols, data)
    case 1:
        data := make([]float64, numRows)
        for i := 0; i < numRows; i++ {
            row := mat.Row(nil, i, m)
            data[i] = floats.Sum(row)
        }
        output = mat.NewDense(numRows, 1, data)
    default:
        return nil, errors.New("invalid axis, must be 0 or 1")
    }

    return output, nil
}
```

train( ) 메소드에서 마지막으로 처리할 작업은 훈련(학습)의 결과로 얻은 가중치와 바이어스를 리시버receiver값에 추가하고 이를 반환하는 것이다.

```go
// 훈련된 신경망을 정의한다.
nn.wHidden = wHidden
nn.bHidden = bHidden
nn.wOut = wOut
```

```
    nn.bOut = bOut

    return nil
```

이로써 상당히 훌륭하게 작업을 완료했다. 약 100줄 정도의 Go 코드로 신경망을 훈련할 수 있는 메소드를 완성했다. 이 코드가 실행되고 가중치와 바이어스가 어떤 모양을 하고 있는지 확인하기 위해 간단한 더미 데이터[4]로 신경망을 훈련(학습)시켜보자. 다음 절에서 신경망을 활용해 보다 현실적인 예제를 수행할 것이지만, 지금은 다음 코드와 같이 더미 데이터를 활용해 실행이 잘 되는지 확인해보자.

```
// 입력 속성을 정의한다.
input := mat.NewDense(3, 4, []float64{
    1.0, 0.0, 1.0, 0.0,
    1.0, 0.0, 1.0, 1.0,
    0.0, 1.0, 0.0, 1.0,
})

// 레이블을 정의한다.
labels := mat.NewDense(3, 1, []float64{1.0, 1.0, 0.0})

// 신경망 아키텍처 및 학습 매개변수를 정의한다.
config := neuralNetConfig{
    inputNeurons: 4,
    outputNeurons: 1,
    hiddenNeurons: 3,
    numEpochs: 5000,
    learningRate: 0.3,
}

// 신경망을 훈련(학습)시킨다.
network := newNetwork(config)
if err := network.train(input, labels); err != nil {
```

---

4 큰 의미가 없는 데이터. – 옮긴이

```
    log.Fatal(err)
}

// 신경망을 정의하는 가중치를 출력한다.
f := mat.Formatted(network.wHidden, mat.Prefix(" "))
fmt.Printf("\nwHidden = % v\n\n", f)

f = mat.Formatted(network.bHidden, mat.Prefix(" "))
fmt.Printf("\nbHidden = % v\n\n", f)

f = mat.Formatted(network.wOut, mat.Prefix(" "))
fmt.Printf("\nwOut = % v\n\n", f)

f = mat.Formatted(network.bOut, mat.Prefix(" "))
fmt.Printf("\nbOut = % v\n\n", f)
```

신경망을 훈련(학습)시키는 이 코드를 컴파일하고 실행하면 다음과 같은 가중치 및 바이어스가 출력되는 것을 볼 수 있다.

```
bOut$ go build
$ ./myprogram

wHidden = ⎡ 2.105009524680073  2.022752980359344  2.5200192466310547⎤
          | -2.033896626042324 -1.8652059633980662 -1.5861504822640748|
          | 1.821046795894909  2.436963623058306  1.717510016887383|
          ⎣-0.7400175664445425 -0.5800261988090052 -0.9277709997772002⎦

bHidden = [ 0.06850421921273529 -0.40252869229501825 -0.03392255287230178]

wOut = ⎡ 2.321901257946553⎤
       | 3.343178681830189|
       ⎣1.7581701319375231⎦

bOut = [-3.471613333924047]
```

292

이 가중치 및 바이어스는 전체적으로 훈련된 신경망을 정의한다. 즉, wHidden과 bHidden은 입력을 신경망의 출력 계층에 입력되는 값으로 변환하는 데 사용할 수 있고 wOut과 bOut은 이 값을 신경망의 최종 출력으로 변환하는 데 사용할 수 있다.

 예제에서 임의의 수를 사용했기 때문에 앞에 나온 결과와 다른 결과가 나타날 수 있다. 하지만 비슷한 범위의 값을 보일 것이다.

▍간단한 신경망 활용하기

이제 신경망을 훈련시키는 실제로 동작하는 함수가 준비됐으니 좀 더 현실적인 모델링 시나리오에 이 기능을 활용해보자. 책에서 자주 애용했던 붓꽃 데이터 집합(5장, '분류'에서 사용했던)을 다시 사용해보자.

이 데이터 집합을 사용해 붓꽃을 분류할 때 3개의 품종(setosa, virginica, versicolor) 중의 하나로 분류했던 것을 기억할 것이다. 앞서 제작한 신경망에서는 float의 행렬을 입력으로 사용하기 때문에 이 3개의 품종을 숫자 열로 변환해야 한다. 이를 수행하는 한 가지 방법은 각 품종에 대한 데이터 집합에서 열을 하나 더 생성하는 것이다. 그런 다음 해당 품종인 경우 (1.0)으로 다른 품종인 경우 (0.0)으로 해당 열의 값을 설정한다.

또한 5장, '분류'의 로지스틱 회귀분석에서 살펴봤던 것과 비슷한 이유로 데이터를 표준화한다. 이렇게 하면 다음과 같이, 데이터 집합이 이전 예제와 약간 다르게 보인다.

```
$ head train.csv
sepal_length,sepal_width,petal_length,petal_width,setosa,virginica,versicolor
0.305555555556,0.583333333333,0.118644067797,0.0416666666667,1.0,0.0,0.0
0.25,0.291666666667,0.491525423729,0.541666666667,0.0,0.0,1.0
0.194444444444,0.5,0.0338983050847,0.0416666666667,1.0,0.0,0.0
0.833333333333,0.375,0.898305084746,0.708333333333,0.0,1.0,0.0
```

```
0.555555555556,0.208333333333,0.661016949153,0.583333333333,0.0,0.0,1.0
0.416666666667,0.25,0.508474576271,0.458333333333,0.0,0.0,1.0
0.666666666667,0.416666666667,0.677966101695,0.666666666667,0.0,0.0,1.0
0.416666666667,0.291666666667,0.491525423729,0.458333333333,0.0,0.0,1.0
0.5,0.416666666667,0.661016949153,0.708333333333,0.0,1.0,0.0
```

모델을 평가하기 위해 80/20의 비율로 훈련(학습)용 데이터 집합과 테스트용 데이터 집합을 분할해 사용할 예정이다. 다음과 같이, 훈련(학습) 데이터 집합은 train.csv 파일에 저장되고 테스트 데이터 집합은 test.csv 파일에 저장된다.

```
$ wc -l *.csv
   31 test.csv
  121 train.csv
  152 total
```

실제 데이터를 사용해 신경망 훈련시키기

이 붓꽃 데이터를 사용해 신경망을 훈련(학습)시키기 위해서는 훈련(학습)용 데이터를 읽어 두 개의 행렬을 만들어야 한다. 첫 번째 행렬은 모든 속성(행렬 입력)을 저장하고 두 번째 행렬은 모든 레이블(행렬 레이블)을 저장한다. 다음과 같이 이 행렬들을 구성한다.

```
// 훈련(학습) 데이터 집합 파일을 연다.
f, err := os.Open("train.csv")
if err != nil {
    log.Fatal(err)
}
defer f.Close()

// 열린 파일을 읽는 새 CSV reader를 생성한다.
reader := csv.NewReader(f)
reader.FieldsPerRecord = 7
```

```go
// CSV 레코드를 모두 읽는다.
rawCSVData, err := reader.ReadAll()
if err != nil {
    log.Fatal(err)
}

// inputsData와 labelsData 변수는
// 최종적으로 행렬을 만드는 데
// 사용될 float값들을 저장한다.
inputsData := make([]float64, 4*len(rawCSVData))
labelsData := make([]float64, 3*len(rawCSVData))

// inputsIndex 변수는 입력 행렬값의 현재 인덱스를,
// labelsIndex 변수는 레이블 행렬값의 현재 인덱스를
// 각각 추적하는 데 사용된다.
var inputsIndex int
var labelsIndex int

// 순차적으로 행을 읽어 float 배열에 값을 채운다.
for idx, record := range rawCSVData {

    // 헤더 행은 건너뛴다.
    if idx == 0 {
        continue
    }

    // 루프를 통해 float 열을 읽는다.
    for i, val := range record {

        // 값을 float로 변환한다.
        parsedVal, err := strconv.ParseFloat(val, 64)
        if err != nil {
            log.Fatal(err)
        }

        // 값에 해당하는 경우 labelsData에 추가한다.
        if i == 4 || i == 5 || i == 6 {
```

```
            labelsData[labelsIndex] = parsedVal
            labelsIndex++
            continue
        }

        // float값을 float 배열에 추가한다.
        inputsData[inputsIndex] = parsedVal
        inputsIndex++
    }
}

// 행렬을 만든다.
inputs := mat.NewDense(len(rawCSVData), 4, inputsData)
labels := mat.NewDense(len(rawCSVData), 3, labelsData)
```

그런 다음, 앞에서 더미 데이터를 사용해 했던 것과 같이 신경망을 초기화하고 훈련(학습)시킬 수 있다. 유일한 차이점은 3개의 출력 클래스에 해당하는 3개의 출력 뉴런을 사용한다는 점이다. 훈련(학습) 프로세스는 다음과 같다.

```
// 신경망 아키텍처 및 학습 매개변수를
// 정의한다.
config := neuralNetConfig{
    inputNeurons: 4,
    outputNeurons: 3,
    hiddenNeurons: 3,
    numEpochs: 5000,
    learningRate: 0.3,
}

// 신경망을 훈련(학습)시킨다.
network := newNetwork(config)
if err := network.train(inputs, labels); err != nil {
    log.Fatal(err)
}
```

신경망 평가하기

훈련(학습)된 신경망을 활용해 예측을 수행하기 위해 neuralNet 유형에 대한 predict( ) 메소드를 생성해야 한다. 다음과 같이, 이 predict 메소드는 새로운 입력을 받아 신경망을 통해 입력을 전달하고 예측된 출력을 생산한다.

```go
// predict 함수는 훈련(학습)된 신경망을 기반으로 예측을 수행한다.
func (nn *neuralNet) predict(x *mat.Dense) (*mat.Dense, error) {

    // neuralNet값이 훈련(학습)된 모델을 표현하는지 확인한다.
    if nn.wHidden == nil || nn.wOut == nil || nn.bHidden == nil || nn.bOut ==
nil {
        return nil, errors.New("the supplied neural net weights and biases are
empty")
    }

    // 신경망의 출력을 정의한다.
    output := mat.NewDense(0, 0, nil)
    //github.com/tensorflow/tensorflow/tensorflow/go

    // 순방향 데이터 입력 프로세스를 완성한다.
    hiddenLayerInput := mat.NewDense(0, 0, nil)
    hiddenLayerInput.Mul(x, nn.wHidden)
    addBHidden := func(_, col int, v float64) float64 { return v + nn.bHidden.
At(0, col) }
    hiddenLayerInput.Apply(addBHidden, hiddenLayerInput)

    hiddenLayerActivations := mat.NewDense(0, 0, nil)
    applySigmoid := func(_, _ int, v float64) float64 { return sigmoid(v) }
    hiddenLayerActivations.Apply(applySigmoid, hiddenLayerInput)

    outputLayerInput := mat.NewDense(0, 0, nil)
    outputLayerInput.Mul(hiddenLayerActivations, nn.wOut)
    addBOut := func(_, col int, v float64) float64 { return v + nn.bOut.At(0,
col) }
    outputLayerInput.Apply(addBOut, outputLayerInput)
    output.Apply(applySigmoid, outputLayerInput)
```

```
        return output, nil
    }
```

그런 다음, 테스트용 데이터 집합을 적용해 predict( ) 메소드를 사용하면 훈련된 모델을 평가할 수 있다. train.csv 파일을 읽어서 했던 것과 비슷하게 test.csv 파일 내 데이터를 읽어 두 개의 새로운 행렬 testInputs와 testLabels를 생성한다. testInputs는 예측을 수행하기 위해 predict( ) 메소드의 입력으로 사용된다. 그런 다음, 예측 결과와 testLabels를 비교해 평가 측정치를 계산할 수 있다. 예제에서는 모델의 정확도[accuracy]를 계산한다.

정확도를 계산할 때 주의해야 할 한 가지 내용은 모델로부터 단일 예측 결과를 결정하는 것이다. 신경망은 실제로 붓꽃의 각각의 품종에 대해 0.0에서 1.0 사이의 출력 값을 생산한다. 이들 중 가장 높은 값을 예측되는 품종으로 사용할 예정이다.

모델의 정확도를 계산하는 과정은 다음 코드와 같다.

```
// 훈련(학습)된 모델을 사용해 예측을 수행한다.
predictions, err := network.predict(testInputs)
if err != nil {
    log.Fatal(err)
}

// 모델의 정확도를 계산한다.
var truePosNeg int
numPreds, _ := predictions.Dims()
for i := 0; i < numPreds; i++ {

    // 레이블값을 읽는다.
    labelRow := mat.Row(nil, i, testLabels)
    var species int
    for idx, label := range labelRow {
        if label == 1.0 {
            species = idx
            break
```

```
        }
    }

    // true positive/negative의 수를 누적시킨다.
    if predictions.At(i, species) == floats.Max(mat.Row(nil, i, predictions)) {
        truePosNeg++
    }
}

// 정확도를 계산한다(부분 정확도).
accuracy := float64(truePosNeg) / float64(numPreds)

// 표준 출력을 통해 정확도값을 출력한다.
fmt.Printf("\n정확도 = %0.2f\n\n", accuracy)
```

코드를 컴파일하고 실행해 출력된 평가 결과는 다음과 같다.

```
$ go build
$ ./myprogram

정확도 = 0.97
```

도구를 사용하지 않고 직접 제작한 신경망을 활용해 붓꽃의 품종을 예측하는 모델에서 97%라는 높은 정확도를 얻었다. 앞서 언급했듯이 이렇게 단일 은닉 계층을 가진 신경망은 대부분의 분류 작업에 대해 매우 강력하며 이런 신경망에 대한 기본 구성요소들이 그렇게 복잡하지 않다는 것을 알 수 있을 것이다.

▌ 딥러닝 소개

이전 절에서 사용했던 것과 같은 단순한 신경망이 많은 경우에 매우 강력하지만 최근 몇 년간 다양한 유형의 데이터를 기반으로 여러 산업에 걸쳐 더 복잡한 구조의 신경망 아키텍처가 적용되고 있다. 이렇게 더 복잡한 아키텍처는 보드/비디오 게임, 자동차 주행, 예술품 제작, 이미지 변환 등 다양한 분야에서 활용되고 있다. 이는 마치 어떤 모델을 선택해 흥미로운 모든 작업에 활용할 수 있는 것처럼 보인다. 하지만 이들은 특히 컴퓨터 비전[5], 음성 인식, 텍스처 추론 및 기타 복잡하고 정의하기 어려운 작업을 수행하는 데 적합한 것처럼 보인다.

여기에서는 딥러닝에 대해 소개하고 Go에서 딥러닝 모델을 실행해보려고 한다.

하지만 딥러닝 모델의 응용 및 다양성은 그 양이 매우 방대하며 매일 증가하고 있다.

이 주제에 대한 많은 책들과 강좌들이 있기 때문에 지금 진행하는 이 간단한 소개가 여러분의 흥미를 자극했다면 다음 자료들 중 하나를 살펴볼 것을 권장한다.

- Hands-On Deep Learning with TensorFlow(텐서플로를 활용한 딥러닝 실습): https://www.packtpub.com/bigdata-and-business-intelligence/hands-deep-learning-tensorflow
- Deep Learning by Example(예제를 통한 딥러닝): https://www.packtpub.com/big-data-andbusiness-intelligence/deep-learning-example
- Deep Learning for Computer Vision(컴퓨터 비전을 위한 딥러닝): https://www.packtpub.com/big-data-andbusiness-intelligence/deep-learning-computer-vision

이 자료들은 모두가 Go를 활용하지는 않지만 다음 예제에서 볼 수 있듯이 Go를 활용해 이런 기술들을 완벽하게 적용할 수 있으며 텐서플로TensorFlow 및 H2O와 같은 기술과 함께 사용할 수 있다.

---

5 컴퓨터에서 시각 정보를 처리하는 기술. - 옮긴이

딥러닝 모델이란?

딥러닝에서 딥^{deep}은 크고 복잡한 아키텍처를 만들기 위한 다양한 신경망 구조의 연속적인 조합과 활용을 의미한다. 이렇게 크고 복잡한 아키텍처는 일반적으로 많은 양의 훈련(학습) 데이터를 필요로 하며 결과로 산출된 구조는 해석하기가 매우 어렵다.

최근 딥러닝 모델의 규모와 복잡성을 보여주는 예로 Google의 LeNet (http://www.cv-foundation.org/openaccess/content_cvpr_2015/papers/Szegedy_Going_Deeper_With_2015_CVPR_paper.pdf)을 들 수 있다. 물체 인식에 사용할 수 있는 이 모델은 다음 링크에 이미지로 표시돼 있다(이미지 제공: https://adeshpande3.github.io/adeshpande3.github.io/The-9-Deep-Learning-Papers-You-Need-To-Know-About.html).

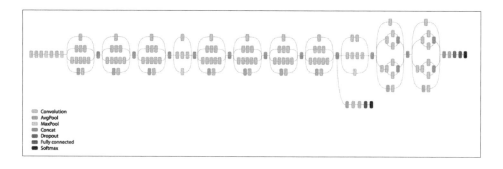

이 구조는 그 자체로는 이해하기가 어렵다. 하지만 이 다이어그램에서 복잡해 보일 수 있는 각 블록, 기본 신경망 자체를 이해하면 더욱 인상적으로 느껴질 수 있다(기호로 표시돼 있듯이).

일반적으로 딥러닝 모델은 함께 연결되어 구성되고 경우에 따라 다음과 같은 구조 중 하나 또는 그 이상이 다시 함께 연결된다.

- **완전히 연결된 신경망 아키텍처**: 이 블록은 붓꽃 감지를 위해 이 장에서 만들었던 것과 비슷할 수 있다. 이 블록에는 완전히 연결된 계층에 배열된 다수의 신경망 노드가 포함된다. 즉, 하나의 계층에서 다른 계층으로 흐르고 모든 노드가 한 계층에서 다른 계층으로 연결된다.

- **컨볼루션 신경망**convolutional neural network, CNN 또는 ConvNet: 컨볼루션 신경망은 하나 이상의 컨볼루션convolutional 계층을 구현한 신경망이다. 컨볼루션 계층에는 입력 데이터에 부분적으로 연결된 여러 가중치로 매개변수화된 뉴런이 포함된다. 대부분의 컨볼루션 신경망에는 이런 컨볼루션 계층의 계층적 조합이 포함되어 있어 입력 데이터의 낮은 레벨에도 반응할 수 있다.

- **순환신경망**recurrent neural network, RNN 또는 Long Short-Term Memory(LSTM) 셀: 이 구성요소는 기억Memory과 같은 인자를 모델에 사용하려고 시도한다. 순환신경망은 모든 입력이 독립적이라고 가정하기 보다는 일련의 입력에 의존해 결과를 산출한다. LSTM 셀은 순환신경망과 관련되어 있지만 장기적인 기억을 고려한다.

> 💡 **TIP**
> 이 장에서는 딥러닝을 설명하기 위해 이미지를 사용하지만 순환신경망(RNN) 및 LSTM을 사용하는 딥러닝 모델은 텍스트 기반 문제 해결 및 다른 자연어 처리 문제에 더 적합하다. 예를 들어, 이런 신경망에 구축된 기억 덕분에 다음에 오게 될 글자를 이해하는 것이 가능하다. 텍스트 데이터를 기반으로 딥러닝 모델을 실행하는 데 관심이 있는 경우에는 github.com/chewxy/gorgonian 패키지를 사용하는 다음 예제를 살펴볼 것을 권장한다. https://github.com/chewxy/gorgonia/tree/master/examples/charRNN.

> ℹ️
> 딥러닝 모델은 강력하다. 특히 컴퓨터 비전과 같은 작업에 매우 강력하다. 하지만 이런 신경망 구성요소의 복잡한 조합은 해석하기가 매우 어렵다는 점을 항상 명심해야 한다. 즉, 딥러닝 모델이 특정 예측을 수행한 이유를 확인하는 것이 거의 불가능에 가까울 수 있다. 이는 특정 산업 및 관할 구역에서 규정을 유지해야 할 때 문제(어려움)가 될 수 있으며 응용 프로그램의 디버깅 또는 유지보수를 방해하는 요인이 될 수 있다. 이런 이유로 인해, 딥러닝 모델의 해석가능성을 개선하기 위한 주요 노력들이 계속되고 있다. 이런 노력들 중 주목할 만한 것이 LIME 프로젝트다. https://github.com/marcotcr/lime.

Go를 활용한 딥러닝

Go에서 딥러닝 모델을 구축하거나 활용하려고 할 때 고려할 수 있는 선택사항은 다양하다. 딥러닝 자체가 발전해가고 있기 때문에 이런 선택사항 역시 지속적으로 변화해가고 있다. Go를 활용한 딥러닝 모델의 구축, 훈련, 활용할 때의 선택사항은 일반적으로 다음과 같다.

- Go 패키지 사용하기: Go를 딥러닝 모델의 구축 및 훈련을 위한 주요 인터페이스로 사용할 수 있도록 하는 Go 패키지들이 있다. 이 패키지들 중에서 가장 많은 기능을 제공하고 가장 많이 개발된 패키지가 바로 github.com/chewxy/gorgonia다. github.com/chewxy/gorgonia는 수치 라이브러리와의 인터페이스로 cgo를 사용하지만, Go를 일급 객체[6]로 취급하며 Go로 작성돼 있다.

- API 또는 Go로 작성되지 않은 DL 프레임워크를 위한 Go 클라이언트 사용하기: 텐서플로TensorFlow, 머신 박스Machine Box, H2O 및 다양한 클라우드 공급자 또는 타사에서 제공하는 API(IBM의 Watson과 같은)를 포함해 Go에서 다른 유명한 딥러닝 서비스 및 프레임워크를 통합해 사용할 수 있다. 텐서플로와 머신박스는 실제로 Go 바인딩 또는 SDK를 제공하며 지속적으로 향상되고 있다. 다른 서비스들에 대해서는 REST를 통해 상호작용하거나 exec를 사용해 바이너리를 호출해야 할 수도 있다.

- cgo 사용하기: 물론, Go는 텐서플로 라이브러리 및 Intel에서 제공하는 다양한 라이브러리를 포함해 C/C++ 딥러닝 라이브러리와 통신이 가능하다. 하지만 이것은 어려운 방법이기 때문에 꼭 필요한 경우에만 사용하기를 권장한다.

현재 텐서플로가 가장 인기 있는 딥러닝 프레임워크이기 때문에 앞서 설명한 것들 중 두 번째 카테고리를 간단하게 살펴보려고 한다. 하지만 텐서플로 Go 바인딩은 현재 개발 중이고 일부 기능은 매우 초기 단계에 있다. 따라서 텐서플로팀은 Go에서 텐서플로 모델을

---

6 OOP에서의 일급 객체의 의미. – 옮긴이

사용하려는 경우에는 먼저 파이썬을 사용하는 모델을 훈련(학습)시키고 이를 내보내기export를 권장한다. 그런 다음, 이렇게 미리 훈련(학습)된 모델은 Go에서 사용될 수 있으며 다음 절에서 예제를 통해 살펴볼 예정이다.

텐서플로에서 Go를 일급객체 그 이상으로 만들기 위해 열심히 노력하는 많은 커뮤니티 구성원들이 있다. 텐서플로의 매끄럽지 못한 면을 발전시키려는 노력이 진행되고 있다. 이런 내용을 지속적으로 확인하고 싶으면 Gopher Slack(https://invite.slack.golangbridge.org/)의 #data-science 채널에 가입하기 바란다. 이 주제는 자주 논의되는 주제이며 질문을 하고 참여할 수 있는 좋은 장소가 될 것이다.

 여기에서는 텐서플로 예제를 빠르게 살펴보겠지만 특히 Go에서 사용자 정의 모델 또는 확장된 모델링을 고려하는 경우에는 github.com/chewxy/gorgonia를 살펴볼 것을 적극 권장한다. 이 패키지는 매우 강력하며 여러 제품에도 사용되고 있다.

Go와 함께 사용하기 위한 텐서플로 설정

텐서플로팀은 텐서플로를 설치하고 Go와 함께 사용할 수 있도록 준비하는데 참고할 수 있는 좋은 문서를 제공한다. 이 문서는 https://www.tensorflow.org/install/install_go 에서 찾을 수 있다. 여기에는 몇 가지 예비 단계들이 있지만 텐서플로 C 라이브러리가 설치되면 다음과 같은 방법으로 Go 패키지를 설치할 수 있다.

```
$ go get github.com/tensorflow/tensorflow/tensorflow/go
```

오류 없이 github.com/tensorflow/tensorflow/tensorflow/go의 설치가 완료되면 대부분 문제가 없지만, 다음과 같은 테스트를 통해 텐서플로를 사용할 준비가 됐는지 확인할 수 있다.

```
$ go test github.com/tensorflow/tensorflow/tensorflow/go
ok github.com/tensorflow/tensorflow/tensorflow/go 0.045s
```

미리 훈련된 텐서플로 모델의 검색 및 호출

여기에서 사용할 모델은 Inception이라 불리는 이미지에서 물체를 인식하는 데 사용되는
Google 모델이다. 이 모델은 다음과 같이 검색할 수 있다.

```
$ mkdir model
$ cd model
$ wget
https://storage.googleapis.com/download.tensorflow.org/models/inception5h.zip
--2017-09-09 18:29:03--
https://storage.googleapis.com/download.tensorflow.org/models/inception5h.zip
Resolving storage.googleapis.com (storage.googleapis.com)... 172.217.6.112,
2607:f8b0:4009:812::2010
Connecting to storage.googleapis.com
(storage.googleapis.com)|172.217.6.112|:443... connected.
HTTP request sent, awaiting response... 200 OK
Length: 49937555 (48M) [application/zip]
Saving to: 'inception5h.zip'

inception5h.zip
100%[================================================================
=============================================>] 47.62M 19.0MB/s in
2.5s

2017-09-09 18:29:06 (19.0 MB/s) - 'inception5h.zip' saved [49937555/49937555]

$ unzip inception5h.zip
Archive: inception5h.zip
inflating: imagenet_comp_graph_label_strings.txt
inflating: tensorflow_inception_graph.pb
inflating: LICENSE
```

압축된 모델의 압축이 모두 해제되면 *.pb 파일을 확인할 수 있다. 이 파일은 모델의 동결 상태를 나타내는 protobuf 파일이다. 앞에서 제작했던 간단한 신경망 모델을 떠올려보자. 이 신경망 모델은 일련의 가중치와 바이어스로 완전히 정의됐다. 더 복잡하기는 하지만 이 모델도 비슷한 방식으로 정의될 수 있으며 이런 정의들이 protobuf 파일에 저장된다.

이 모델을 호출하기 위해 텐서플로 Go 바인딩 문서--https://godoc.org/github.com/tensorflow/tensorflow/tensorflow/go에 나와 있는 예제 코드를 사용한다. 이 코드는 모델을 로드하고 이 모델을 사용해 *.jpg 이미지의 내용을 감지하고 레이블을 추가한다.

코드가 텐서플로 문서에 포함돼 있기 때문에 자세한 내용은 생략하고 몇 가지 중요한 코드만 설명하려고 한다. 모델을 로드하기 위해서는 다음을 수행해야 한다.

```go
// 파일에서 직렬화된(serialized) GraphDef를 로드한다.
modelfile, labelsfile, err := modelFiles(*modeldir)
if err != nil {
    log.Fatal(err)
}
model, err := ioutil.ReadFile(modelfile)
if err != nil {
    log.Fatal(err)
}
```

그런 다음, 다음 코드와 같이 딥러닝 모델의 그래프 정의를 로드하고 이 그래프를 사용해 새로운 텐서플로 세션을 생성한다.

```go
// 직렬화된 형식으로 인-메모리 그래프를 생성한다.
graph := tf.NewGraph()
if err := graph.Import(model, ""); err != nil {
    log.Fatal(err)
}

// 그래프를 통한 추론을 위해 세션을 만든다.
```

```
session, err := tf.NewSession(graph, nil)
if err != nil {
    log.Fatal(err)
}
defer session.Close()
```

마지막으로 다음과 같이 모델을 사용해 추론을 수행할 수 있다.

```
// *imageFile 파일에 대한 추론을 실행한다.
// 여러 이미지의 경우 루프에서 session.Run()을 호출할 수 있다(동시에)
// 또는 모델이 이미지 데이터의 배치(묶음)를 입력으로 받을 수 있기 때문에
// 이미지를 일괄 처리하는 것도 가능하다.
tensor, err := makeTensorFromImage(*imagefile)
if err != nil {
    log.Fatal(err)
}
output, err := session.Run(
    map[tf.Output]*tf.Tensor{
        graph.Operation("input").Output(0): tensor,
    },
    []tf.Output{
        graph.Operation("output").Output(0),
    },
nil)
if err != nil {
    log.Fatal(err)
}

// output[0].Value()는 "batch" 내 각 이미지에 대한 레이블의
// 확률을 포함하는 벡터다. batch 크기는 1이다.
// 가장 확률이 높은 레이블 인덱스를 찾는다.
probabilities := output[0].Value().([][]float32)[0]
printBestLabel(probabilities, labelsfile)
```

Go에서 텐서플로를 사용해 물체 인식하기

텐서플로 GoDocs에 설명된 대로 물체 인식을 위한 Go 프로그램은 다음과 같이 호출할 수 있다.

```
$ ./myprogram -dir=<path/to/the/model/dir> -image=<path/to/a/jpg/image>
```

프로그램이 호출되면, 미리 훈련(학습)되어 로드된 모델을 사용해 지정된 이미지의 내용을 추론한다. 그런 다음, 계산된 확률에 따라 해당 이미지와 가장 가능성이 높은 내용을 출력한다.

이 과정을 설명하기 위해 다음과 같이 airplane.jpg로 저장된 비행기 이미지에서 물체 인식을 수행해 보자.

Go에서 텐서플로 모델을 실행하면 다음과 같은 결과를 확인할 수 있다.

```
$ go build
$ ./myprogram -dir=model -image=airplane.jpg
2017-09-09 20:17:30.655757: W
tensorflow/core/platform/cpu_feature_guard.cc:45] The TensorFlow library
wasn't compiled to use SSE4.1 instructions, but these are available on your
machine and could speed up CPU computations.
```

```
2017-09-09 20:17:30.655807: W
tensorflow/core/platform/cpu_feature_guard.cc:45] The TensorFlow library
wasn't compiled to use SSE4.2 instructions, but these are available on your
machine and could speed up CPU computations.
2017-09-09 20:17:30.655814: W
tensorflow/core/platform/cpu_feature_guard.cc:45] The TensorFlow library
wasn't compiled to use AVX instructions, but these are available on your
machine and could speed up CPU computations.
2017-09-09 20:17:30.655818: W
tensorflow/core/platform/cpu_feature_guard.cc:45] The TensorFlow library
wasn't compiled to use AVX2 instructions, but these are available on your
machine and could speed up CPU computations.
2017-09-09 20:17:30.655822: W
tensorflow/core/platform/cpu_feature_guard.cc:45] The TensorFlow library
wasn't compiled to use FMA instructions, but these are available on your
machine and could speed up CPU computations.
BEST MATCH: (86% likely) airliner
```

CPU 계산 속도를 높이는 것에 대한 제안이 있은 후에 airliner라는 결과를 얻었다. 이로써 Go 프로그램에서 텐서플로를 통한 물체 인식을 수행하는데 성공했다.

다른 것도 시도해보자. 이번에는 다음과 같은 모습의 pug.jpg를 사용해보자.

이 이미지를 사용해 프로그램을 다시 실행하면 다음과 같은 결과를 얻을 수 있다.

```
$ ./myprogram -dir=model -image=pug.jpg
2017-09-09 20:20:32.323855: W
tensorflow/core/platform/cpu_feature_guard.cc:45] The TensorFlow library
wasn't compiled to use SSE4.1 instructions, but these are available on your
machine and could speed up CPU computations.
2017-09-09 20:20:32.323896: W
tensorflow/core/platform/cpu_feature_guard.cc:45] The TensorFlow library
wasn't compiled to use SSE4.2 instructions, but these are available on your
machine and could speed up CPU computations.
2017-09-09 20:20:32.323902: W
tensorflow/core/platform/cpu_feature_guard.cc:45] The TensorFlow library
wasn't compiled to use AVX instructions, but these are available on your
machine and could speed up CPU computations.
2017-09-09 20:20:32.323906: W
tensorflow/core/platform/cpu_feature_guard.cc:45] The TensorFlow library
wasn't compiled to use AVX2 instructions, but these are available on your
machine and could speed up CPU computations.
2017-09-09 20:20:32.323911: W
tensorflow/core/platform/cpu_feature_guard.cc:45] The TensorFlow library
wasn't compiled to use FMA instructions, but these are available on your
machine and could speed up CPU computations.
BEST MATCH: (84% likely) pug
```

물체를 인식하는 데 성공했다. 모델이 그림에서 개가 있다는 것을 인식했을 뿐만 아니라 그림의 개가 퍼그pug라는 것도 정확하게 인식해냈다.

한 번 더 시도해보자. 이 책은 Go 책이기 때문에 다음과 같은 모양의 gopher.jpg 이미지를 시도해보지 않을 수 없다(Go gopher의 아티스트 레니 프렌치Renee French에게 무한한 감사를 전한다).

모델을 실행하면 다음과 같은 결과를 얻을 수 있다.

```
$ ./myprogram -dir=model -image=gopher.jpg
2017-09-09 20:25:57.967753: W
tensorflow/core/platform/cpu_feature_guard.cc:45] The TensorFlow library
wasn't compiled to use SSE4.1 instructions, but these are available on your
machine and could speed up CPU computations.
2017-09-09 20:25:57.967801: W
tensorflow/core/platform/cpu_feature_guard.cc:45] The TensorFlow library
wasn't compiled to use SSE4.2 instructions, but these are available on your
machine and could speed up CPU computations.
2017-09-09 20:25:57.967808: W
tensorflow/core/platform/cpu_feature_guard.cc:45] The TensorFlow library
wasn't compiled to use AVX instructions, but these are available on your
machine and could speed up CPU computations.
2017-09-09 20:25:57.967812: W
tensorflow/core/platform/cpu_feature_guard.cc:45] The TensorFlow library
wasn't compiled to use AVX2 instructions, but these are available on your
machine and could speed up CPU computations.
2017-09-09 20:25:57.967817: W
tensorflow/core/platform/cpu_feature_guard.cc:45] The TensorFlow library
wasn't compiled to use FMA instructions, but these are available on your
machine and could speed up CPU computations.
BEST MATCH: (12% likely) safety pin
```

이번에는 정확하게 인식하는 데 실패했다. Go gopher를 인식할 수 있도록 모델의 리팩토링이 필요해 보인다. 좀 더 구체적으로는 Go gopher가 안전핀(safety pin, 앞선 실행의 결과)이 아니기 때문에 훈련(학습)용 데이터 집합에 다양한 Go gophers 이미지를 추가해야 할 것으로 보인다.

▌ 참조

신경망에 대한 기본적인 내용

- 신경망에 대한 간단한 소개A quick introduction to neural networks : https://ujjwalkarn. me/2016/08/09/quick-intro-neural-networks/
- 딥러닝 및 신경망에 대한 친숙한 소개A friendly introduction to deep learning and neural networks : https://youtu.be/BR9h47Jtqyw
- github.com/tleyden/neurgo 패키지, 문서: https://godoc.org/github.com/ tleyden/neurgo
- github.com/fxsjy/gonn/gonn 패키지, 문서: https://godoc.org/github.com/ fxsjy/gonn/gonn

보다 자세한 딥러닝 자료

- 텐서플로를 활용한 딥러닝 실습Hands-On Deep Learning with TensorFlow : https://www. packtpub.com/bigdata-and-business-intelligence/hands-deep-learning-tensorflow
- 예제를 통한 딥러닝Deep Learning by Example : https://www.packtpub.com/big-data-andbusiness-intelligence/deep-learning-example
- 컴퓨터 비전을 위한 딥러닝Deep Learning for Computer Vision : https://www.packtpub. com/big-dataand-business-intelligence/deep-learning-computer-vision

Go를 활용한 딥러닝

- 텐서플로 Go 바인딩 문서: https://godoc.org/github.com/tensorflow/
  tensorflow/tensorflow/go

- github.com/chewxy/gorgonian 패키지, 문서: https://godoc.org/github.com/
  chewxy/gorgonia

- MachineBox Go SDK 문서: https://godoc.org/github.com/machinebox/
  sdk-go

- cgo를 사용하는 미리 훈련된 모델 호출 예제: https://github.com/gopherdata/
  dlinfer

▌요약

축하한다! 이로써 Go를 활용한 데이터 구문 분석에서부터 Go에서 딥러닝 모델을 호출하는 내용까지 살펴봤다. 이제 신경망에 대한 기본적인 내용과 Go 프로그램에서 이를 구현하고 활용하는 방법에 대해 알게 됐다. 9장에서는 이런 모델 및 응용프로그램을 여러분의 컴퓨터에서 꺼내 데이터 파이프라인에서 생산 규모로 실행하는 방법에 대해 살펴본다.

09

분석 결과 및 모델 배포하기

지금까지 회귀분석, 분류, 클러스터링 등을 포함해 Go에서 모든 종류의 머신 러닝 모델을 구현했다. 또한 머신 러닝 모델을 개발하는 것과 관련된 프로세스에 대해서도 배웠다. 책에서 제작했던 모델들은 질병의 진행 상황, 꽃의 품종, 이미지 내의 물체를 성공적으로 예측해냈다. 하지만 아직 머신 러닝 퍼즐에서 중요한 부분인 배포, 유지관리, 확장이 빠졌기 때문에 모두 완성됐다고 볼 수 없다.

머신 러닝 모델이 여러분의 컴퓨터에만 머물러있으면 회사 내에서 상품으로서의 가치를 생산해내지 못한다. 조직에 이미 배치된 시스템에 이런 머신 러닝 모델을 통합하는 방법을 알아야 하며 시간이 지남에 따라 이런 머신 러닝 모델의 확장, 업데이트 및 유지보수를 하는 방법에 대해서도 알아야 한다.

본질적으로 머신 러닝 모델이 여러 단계의 작업 흐름을 가진다는 사실은 배포 및 유지관리를 다소 어렵게 만드는 요인이 될 수 있다. 이런 머신 러닝 모델을 훈련하고 테스트하고 활용해야 하며 경우에 따라서는 데이터의 사전처리 및 사후처리가 필요할 수도 있다. 또한 특정 모델을 함께 연결해야 할 수도 있다. 응용 프로그램의 단순함과 무결성을 유지하면서 이런 모든 단계를 어떻게 배치하고 연결할 수 있을까? 예를 들어, 어떤 훈련(학습) 데이터 집합이 어떤 모델을 생산하는지 알고 있고, 어떤 모델이 어떤 결과를 산출하는지 알고 있는 상태에서 시간이 지남에 따라 훈련(학습) 데이터 집합을 어떻게 업데이트할 수 있을까? 예측에 대한 요구가 증가하거나 감소함에 따라 어떻게 하면 예측을 쉽게 확장(또는 축소)할 수 있을까? 마지막으로, 기존의 기반 시설에 있는 응용프로그램 또는 기반 시설자체의 특정 부분(데이터베이스, 큐queue 등)과 머신 러닝 모델을 어떻게 통합할 수 있을까?

9장에서는 이 질문 모두에 대해 살펴보려고 한다. 결과적으로 Go와 Go로 작성된 기반 시설 도구는 머신 러닝 모델을 배포하고 관리할 수 있는 훌륭한 플랫폼을 제공한다. 따라서 처음부터 끝까지 완전히 Go 기반의 접근 방법을 사용하고 대규모 데이터 과학에서 이런 방법들이 어떤 도움이 될 수 있는지에 대해 살펴본다.

▍원격 컴퓨터에서 안정적으로 머신 러닝 모델 실행하기

회사에서 사내에 구축된 인프라를 사용하든 클라우드 인프라를 사용하든 상관없이 어느 순간에는 여러분의 컴퓨터가 아닌 다른 곳에서 머신 러닝 모델을 실행해야 한다. 이런 머신 러닝 모델을 통해 사기성 여부를 예측하는 정보를 제공하거나 실시간으로 사용자가 업로드하는 사진을 처리해야 할 수도 있다. 여러분의 컴퓨터에서 머신 러닝 모델을 실행해서는 이런 정보를 제공할 수 없다.

하지만, 데이터를 처리하고 머신 러닝 응용 프로그램이 로컬 컴퓨터를 벗어나 실행되도록 하기 위해서는 다음과 같은 내용이 보장돼야 한다.

1. 배포 및 확장을 위해 응용프로그램을 복잡하게 만들지 않아야 한다. 응용프로그램을 간단하게 유지해야 한다. 그러면 시간이 지남에 따라 유지관리가 쉽고 무결성을 보장하는 데 도움이 된다.
2. 머신 러닝 응용프로그램이 로컬 컴퓨터에서 실행됐던 것처럼 배포된 컴퓨터에서도 동일하게 실행될 수 있도록 보장해야 한다.

배포된 머신 러닝 모델이 개발 과정에서 동작했던 것과 다르게 동작하는 경우에는 기대하던 가치를 생산해낼 수 없다. 따라서 머신 러닝 모델이 개발 과정에서 어떻게 동작하는지 명확하게 이해할 수 있어야 하며 제품 환경에서도 동일한 방식으로 수행할 것이라고 가정할 수 있어야 한다. 개발 과정에서 불필요한 복잡성이 추가되면 이 목적을 달성하는 것이 점점 더 어려워진다.

배포를 간단하고, 이식 가능하며, 동일한 기능을 유지시키는 한 가지 방법은 도커Docker (https://www.docker.com/)를 사용하는 것이다. 책에서도 머신 러닝 응용프로그램을 배포하는 데 도커를 활용한다.

 도커 자체는 Go로 작성되었으며 머신 러닝 배포 과정에서 사용할 첫 번째 Go 기반의 인프라 도구다.

도커 및 도커 용어에 대한 간단한 소개

도커 및 도커와 관련된 전체 시스템 환경에는 자체적으로 사용하는 용어들이 있다. 이런 용어들은 혼란을 줄 수 있는데 특히, 가상 머신과 같은 환경에서의 경험이 있는 사람들에게 혼란을 줄 수 있다. 계속 진행하기 전에 다음에 설명된 용어를 이해하고 넘어가자.

- Docker image는 파일 시스템, 라이브러리, 환경 변수 등이 함께 정의된 데이터 계층의 모음이다. 파일 시스템, 라이브러리, 환경 변수 등은 소프트웨어 컨테이

너 내부에서 실행되는 응용프로그램에서 볼 수 있다. 이 이미지를 응용프로그램, 다른 관련 라이브러리 또는 패키지, 응용프로그램이 실행하는 데 필요한 환경의 특정 부분이 포함된 패키지로 생각할 수 있다. Docker image는 전체 운영 체제는 포함하지 않는다.

- Dockerfile은 Docker image의 다양한 계층을 정의하는 파일이다.

- Docker engine은 Docker image의 제작, 관리, 실행을 도와준다.

- 응용프로그램에 대한 Docker image를 제작하는 과정은 일반적으로 응용프로그램을 Docker-izing한다고 지칭한다.

- 컨테이너container 또는 소프트웨어 컨테이너software container는 실행 중인 Docker image의 인스턴스를 의미한다. 기본적으로 실행중인 컨테이너에는 Docker image의 모든 계층과 읽기/쓰기 계층이 포함돼 응용프로그램을 실행하고, 데이터의 입력/출력 등의 작업을 수행할 수 있다.

- Docker reigstry는 Docker image를 보관하는 장소를 나타낸다. 이 레지스트리는 로컬에서 실행될 수도 있고 원격 시스템에서 실행될 수도 있다. 또한 Docker Hub 또는 Quay, 아마존 웹 서비스AWS, 아마존 EC2, Container RegistryECR 등과 같은 호스팅 서비스를 통해 레지스트리를 실행할 수도 있다.

 주의: Docker image는 가상 머신과 동일하지 않다. Docker image에는 응용프로그램, 파일시스템, 다양한 라이브러리 및 패키지가 포함되지만 운영 체제는 포함되지 않는다. 게다가 실행 시 호스트 시스템 일정량의 메모리, 디스크, CPU의 사용량을 차지하지도 않는다. Docker 컨테이너는 Docker engine이 실행되는 기본 커널의 리소스를 공유한다.

다음 절에 나오는 예제를 통해 이 모든 용어를 이해할 수 있을 것이다. 이 책의 다른 주제들과 마찬가지로 여러분은 도커 및 소프트웨어 컨테이너에 대해 더 자세하게 살펴볼 수 있다. 이를 위해 9장에서 도커에 대해 참조한 링크를 포함할 예정이다.

다음 예제에서는 여러분이 Docker image를 로컬에서 빌드하고 실행할 수 있다고 가정한다. https://www.docker.com/community-edition#/download에 나오는 자세한 지침에 따라 도커를 설치할 수 있다.

머신 러닝 응용 프로그램의 Docker-izing

이 장에서 배포 및 확장할 머신 러닝 모델은 4장, '회귀분석'에서 개발했던 당뇨병의 진행을 예측하는 선형 회귀분석 모델이다. 이번 배포에서는 모델의 세 가지 부분을 고려하려고 한다.

- 단일 회귀분석 모델의 훈련(학습) 및 내보내기export(체질량 지수(BMI)를 활용한 질병의 진행상황 모델링)
- 다중 회귀분석 모델의 훈련(학습) 및 내보내기(체질량 지수 및 혈액 측정치 LTG를 활용한 질병의 진행상황 모델링)
- 훈련(학습)된 여러 모델 중 하나와 입력 속성을 기반으로 질병의 진행 상황 추론

9장의 뒷부분에서 작업을 세 부분으로 구분한 이유가 분명해질 것이다. 지금은 각 작업의 부분들을 도커에 적용하는 것에 집중하자(이 세 가지 작업을 실행할 수 있는 Docker image 제작하기).

모델의 훈련 및 내보내기 작업을 도커에 적용하기

기본적으로 4장, '회귀분석'에서 모델링을 훈련(학습)하는 데 사용했던 것과 동일한 코드를 사용한다. 하지만 보다 사용자 친화적이고 작업의 다른 부분들과도 연동이 가능하도록 코드를 약간 수정할 예정이다. 실제 모델링 코드에서는 사용자 친화적으로 코드를 작성하거나 작업의 다른 부분과의 연동 등의 문제를 고려하지 않는다. 오히려 이런 작업들은 좀 더 일반적으로 사용하려고 준비한 응용프로그램에 적용할 것들이다.

```go
// 입력 및 출력 디렉토리 flag를 선언한다.
inDirPtr := flag.String("inDir", "", "The directory containing the training
data")
outDirPtr := flag.String("outDir", "", "The output directory")

// 커맨드 라인 flag를 구분 분석을 통해 읽는다.
flag.Parse()
```

그런 다음, 구조체 유형을 생성하면 모델의 계수 및 y절편을 JSON 파일로 내보낼 수 있다. 계수 및 y절편을 통해 모델을 완전히 매개변수화할 수 있기 때문에 기본적으로 이렇게 생성된 JSON 파일은 훈련(학습)된 모델의 버전을 유지한다. 이 구조체들은 다음과 같이 정의된다.

```go
// ModelInfo 구조체에는 훈련(학습)을 거쳐 생성된 모델에 대한
// 정보가 포함된다.
type ModelInfo struct {
    Intercept float64 `json:"intercept"`
    Coefficients []CoefficientInfo `json:"coefficients"`
}

// CoefficientInfo 구조체에는 모델의 특정 계수에 대한
// 정보가 포함된다.
type CoefficientInfo struct {
    Name string `json:"name"`
    Coefficient float64 `json:"coefficient"`
}
```

그 외의 나머지 내용은 4장, '회귀분석'에서 사용했던 훈련(학습) 코드와 동일하다. 모델을 훈련(학습)시킬 때는 여전히 github.com/sajari/regression을 사용한다. 이 모델을 JSON 파일로 내보낸다. 단일 회귀분석 모델을 훈련(학습)시키고 내보내는 과정에 대한 코드는 다음과 같다.

```
// 4장, 회귀분석에서 했던 것처럼
// github.com/sajari/regression을 사용해
// 단일 회귀분석 모델을 훈련(학습)/적합시킨다.

// 모델 정보를 채운다.
modelInfo := ModelInfo{
    Intercept: r.Coeff(0),
    Coefficients: []CoefficientInfo{
        CoefficientInfo{
            Name: "bmi",
            Coefficient: r.Coeff(1),
        },
    },
}

// 모델 정보를 마샬링(Marshal)한다.
outputData, err := json.MarshalIndent(modelInfo, "", " ")
if err != nil {
    log.Fatal(err)
}

// 마샬링된 결과를 특정 권한을 적용해 파일로 저장한다.
// (http://permissions-calculator.org/decode/0644/).
if err := ioutil.WriteFile(filepath.Join(*outDirPtr, "model.json"),
    outputData, 0644); err != nil { e model to the JSON file
    log.Fatal(err)
}
```

이어서 다중 회귀분석 모델에 대한 프로세스는 다음과 같다.

```
// 4장, 회귀분석에서 했던 것처럼
// github.com/sajari/regression을 사용해
// 다중 회귀분석 모델을 훈련/적합시킨다.

// 모델 정보를 채운다.
modelInfo := ModelInfo{
```

```go
        Intercept: r.Coeff(0),
        Coefficients: []CoefficientInfo{
            CoefficientInfo{
                Name: "bmi",
                Coefficient: r.Coeff(1),
            },
            CoefficientInfo{
                Name: "ltg",
                Coefficient: r.Coeff(2),
            },
        },
    }

    // 모델 정보를 마샬링(Marshal)한다.
    outputData, err := json.MarshalIndent(modelInfo, "", " ")
    if err != nil {
        log.Fatal(err)
    }

    // 마샬링된 결과를 파일로 저장한다.
    if err := ioutil.WriteFile(filepath.Join(*outDirPtr, "model.json"),
        outputData, 0644); err != nil {
        log.Fatal(err)
    }
```

이 훈련 프로세스들을 도커에 적용하려면 각 단일 회귀분석 훈련(학습) 프로그램 및 다중
회귀분석 훈련(학습) 프로그램에 대한 Dockerfile을 생성해야 한다. 하지만 각각에 대해 동
일한 Dockerfile을 사용할 수 있다. 이 Dockerfile은 각 프로그램과 동일한 디렉토리 위
치에 있어야 하며, 이는 다음과 같다.

```
FROM alpine
ADD goregtrain /
```

상당히 간단하다는 것을 알 수 있다. 앞의 두 줄이 어떤 목적을 가지고 있는지 살펴보자. Docker image가 응용 프로그램이 실행될 환경을 지정하는 여러 계층이라는 것을 기억할 것이다. 이 Dockderfile은 두 개의 Dockerfile 명령, FROM과 ADD로 두 계층을 구성한다.

FROM alpine은 Docker Hub에서 제공하는 공식 Alpine Linux Docker image를 기반으로 Docker image 파일시스템, 응용프로그램, 라이브러리를 사용한다는 내용을 지정한다. 기본 Docker image로 alpine을 사용하는 이유는 매우 작은 Docker image이며(이식이 간편함) 리눅스 쉘 명령어의 일부가 포함되어 있기 때문이다.

ADD goregtrain /은 Docker image의 / 디렉토리(루트 디렉토리)에 goregtrain 파일을 추가한다는 내용을 지정한다. 이 goregtrain 파일은 실제로 Go 코드에서 빌드할 Go 바이너리에 해당한다. 따라서 Dockerfile은 Alpine Linux에서 Go 바이너리를 실행한다는 것을 의미한다.

 cgo를 사용하고 여러 외부 C 라이브러리를 사용하지 않는 한, 항상 Docker image를 빌드하기 전에 Go 바이너리를 먼저 빌드한 다음, 이렇게 정적으로 연결된 Go 바이너리를 Docker image로 복사해야 한다. 이렇게 하면 Docker 빌드의 속도를 높일 수 있고 Docker image를 작게 만들 수 있어, 어떤 시스템으로도 쉽게 이식이 가능하며 빠르게 시작할 수 있다.

이제 Docker image를 빌드하기 전에 Go 바이너리를 빌드하고 이렇게 빌드한 Go 바이너리를 Docker image로 복사해야 한다. 이를 위해 다음과 같은 Makefile을 사용한다.

```
all: compile docker push clean

compile:
        GOOS=linux GOARCH=amd64 CGO_ENABLED=0 go build -o goregtrain
docker:
        sudo docker build --force-rm=true -t dwhitena/goregtrain:single .
push:
        sudo docker push dwhitena/goregtrain:single
```

```
clean:
    rm goregtrain
```

- make complie은 타겟 아키텍처로 Go 바이너리를 컴파일하고 goregtrain으로 이름을 지정한다.

- make docker는 Dockerfile을 기반으로 Docker image를 빌드할 때 Docker engine(docker CLI(Command Line Interface)를 통해)을 사용하고 Docker image의 태그를 dwhitena/goregtrain:single로 지정한다.

- 태그의 dwhitena 부분은 Docker image를 저장할 Docker Hub의 사용자 이름(예제에서는 dwhitena)을 지정하고, goregtrain은 Docker image의 이름을 지정하며, :single은 이 image의 태그 버전을 지정한다.

- Docker image가 빌드되면, make push는 새로 빌드된 Docker image를 레지스트리에 저장한다. 여기에서는 dwhitena라는 사용자 이름 아래 Docker Hub에 저장한다(물론, 다른 개인 레지스트리 또는 공개 레지스트리에 저장하는 것도 가능하다).

- 마지막으로 make clean을 사용해 바이너리를 정리clean한다.

앞서 설명했듯이, 이 Dockerfile 및 Makefile은 단일 및 다중 회귀분석 모델에 모두 동일하게 사용된다. 하지만 두 모델을 구분하기 위해 다른 Docker image 태그를 사용한다. 단일 회귀분석 모델에는 dwhitena/goregtrain:single을 사용하고 다중 회귀분석 모델에는 dwhitena/goregtrain:multi를 사용한다.

 이 예제와 9장의 나머지에서는 Docker Hub의 dwhitena 아래에 저장된 공개 Docker image를 사용할 수 있다. 이 공개 Docker image를 사용하면 책에 나와있는 예제를 수정할 필요가 없다. 하지만 이 공개 Docker image를 사용하면 여러분이 dwhitena 사용자가 아니기 때문에 Docker Hub의 dwhitena로 여러분만의 버전을 빌드하고 저장할 수 없다는 점을 명심해야 한다. 이 공개 파일을 사용하는 대신 여러분의 Docker Hub 사용자를 사용해 다른 공간에 저장할 수도 있다. 이렇게 하면 여러분만의 Docker image를 빌드하고, 저장하고 활용할 수 있다.

단일 회귀분석 모델 또는 다중 회귀분석 모델에 대한 Docker image를 빌드한 후에는
build, push, clean을 수행하기 위해 다음 코드와 같이 make를 실행할 수 있다.

```
$ make
GOOS=linux GOARCH=amd64 CGO_ENABLED=0 go build -o goregtrain
sudo docker build --force-rm=true -t dwhitena/goregtrain:multi .
[sudo] password for dwhitena:
Sending build context to Docker daemon 2.449MB
Step 1/2 : FROM alpine
---> 7328f6f8b418
Step 2/2 : ADD goregtrain /
---> 9c13594ad7de
Removing intermediate container 6e717232c6d1
Successfully built 9c13594ad7de
Successfully tagged dwhitena/goregtrain:multi
sudo docker push dwhitena/goregtrain:multi
The push refers to a repository [docker.io/dwhitena/goregtrain]
375642156c06: Pushed
5bef08742407: Layer already exists
multi: digest:
sha256:f35277a46ed840922a0d7e94c3c57632fc947f6ab004deed66d3eb80a331e40f
size: 738
rm goregtrain
```

앞의 출력 결과에서 Docker engine이 Docker image의 두 계층을 만들고 이미지의 태
그를 추가하고 Docker Hub에 이미지를 저장한 것을 볼 수 있다. 이제 다음 명령을 통해
로컬 레지스트리에서 Docker image를 확인할 수 있다.

```
$ sudo docker images | grep "goregtrain"
dwhitena/goregtrain multi 9c13594ad7de About a minute ago 6.41MB
```

또한 다음 그림과 같이, Docker Hub(https://hub.docker.com/r/dwhitena/goregtrain/)에서
도 확인할 수 있다.

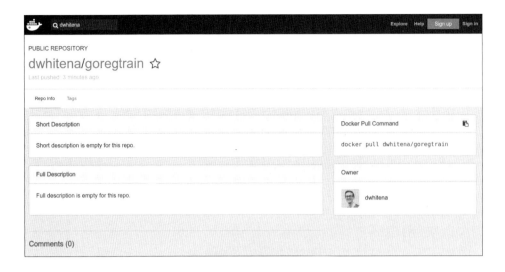

이 Docker image의 실행 및 사용 방법에 대해 짧게 살펴볼 예정이지만 먼저 JSON 모델을 기반으로 예측을 수행하는 다른 Docker image를 만들어보자.

도커를 활용해 모델의 예측 수행하기

모델을 훈련(학습)시켰던 것처럼 커맨드 라인을 사용해 예측을 수행하는 프로그램에서 사용될 입력 디렉토리 및 출력 디렉토리를 지정한다. 이번에는 두 개의 입력 디렉토리가 있다. 하나는 지속되는 모델을 위한 디렉토리이고, 다른 하나는 수행할 예측의 속성을 포함하는 디렉토리다. 따라서 이 프로그램은 다음과 같은 작업을 수행한다.

1. 모델 입력 디렉토리에서 모델을 읽는다.
2. 속성 입력 디렉토리에서 파일을 탐색한다.
3. 속성 입력 디렉토리(질병의 진행에 해당하는 예측이 없는 속성 포함)의 각 파일에 대해 로드된 모델을 사용해 질병의 진행상황을 예측한다.
4. 커맨드 라인을 통해 지정된 출력 디렉토리에 질병의 진행상황을 출력 파일로 출력한다.

이 과정을 다음과 같이 생각할 수 있다. 질병의 진행 상황을 예측하기 위해 과거의 기록을 가진 데이터를 기반으로 모델을 훈련(학습)시켰고 의사나 병원이 어떤 방식으로든 새로운 환자에게 이 예측을 활용하기를 원한다. 해당 의사나 병원은 우리에게 새로운 환자들의 속성(체질량 지수BMI 및 장기 성장LTG)을 보내고 우리는 이 입력 속성들을 기반으로 예측을 수행한다.

프로그램에 입력될 입력 속성들은 다음과 같은 JOSN 파일의 형태라고 가정한다(큐queue에서 나온 JSON 메시지 또는 JSON API 응답으로 생각할 수 있다).

```
{
    "independent_variables": [
        {
            "name": "bmi",
            "value": 0.0616962065187
        },
        {
            "name": "ltg",
            "value": 0.0199084208763
        }
    ]
}
```

입력 속성을 디코딩decode하고 출력 예측을 마샬링marshal하기 위해 예측 프로그램에 다음과 같은 구조체를 생성해보자.

```go
// PredictionData 구조체에는 예측을 생성하고
// 출력된 예측 결과를 인코딩하는데 필요한 정보가 포함된다.
type PredictionData struct {
    Prediction float64 `json:"predicted_diabetes_progression"`
    IndependentVars []IndependentVar `json:"independent_variables"`
}

// IndependentVar 구조체에는 독립 변수에 대한
```

```go
    // 정보와 값이 포함된다.
    type IndependentVar struct {
        Name string `json:"name"`
        Value float64 `json:"value"`
    }
```

모델 입력 디렉토리(즉, 지속되는 모델)에서 읽은 ModelInfo값을 기반으로 예측을 수행할 수 있는 함수를 생성해보자. 예측 함수는 다음 코드와 같다.

```go
    // Predict 함수는 입력 JSON을 기반으로 예측을 수행한다.
    func Predict(modelInfo *ModelInfo, predictionData *PredictionData) error {

        // prediction값을 y절편으로 초기화한다.
        prediction := modelInfo.Intercept

        // 독립 변수 계수의 맵(map)을 생성한다.
        coeffs := make(map[string]float64)
        varNames := make([]string, len(modelInfo.Coefficients))
        for idx, coeff := range modelInfo.Coefficients {
            coeffs[coeff.Name] = coeff.Coefficient
            varNames[idx] = coeff.Name
        }

        // 독립 변수값의 맵(map)을 생성한다.
        varVals := make(map[string]float64)
        for _, indVar := range predictionData.IndependentVars {
            varVals[indVar.Name] = indVar.Value
        }

        // 루프를 통해 독립 변수에 대한 작업을 수행한다.
        for _, varName := range varNames {

            // 계수를 읽어온다.
            coeff, ok := coeffs[varName]
            if !ok {
                return fmt.Errorf("Could not find model coefficient %s", varName)
```

```
    }

    // 변수 값을 읽어온다.
    val, ok := varVals[varName]
    if !ok {
        return fmt.Errorf("Expected a value for variable %s", varName)
    }

    // 예측을 추가한다.
    prediction = prediction + coeff*val
}

// 예측을 prediction 데이터에 추가한다.
predictionData.Prediction = prediction
return nil
}
```

앞서 선언한 구조체와 함께 이 예측 함수를 사용하면 지정된 입력 디렉토리에 저장된 속
성 JSON 파일을 살펴보고 각 파일에 대한 질병 예측 결과를 출력할 수 있다. 이 과정은 다
음 코드에 구현되어 있다.

```
// 입력 및 출력 디렉토리 flag를 선언한다.
inModelDirPtr := flag.String("inModelDir", "", "The directory containing the
model.")
inVarDirPtr := flag.String("inVarDir", "", "The directory containing the input
attributes.")
outDirPtr := flag.String("outDir", "", "The output directory")

// 커맨드 라인 flag를 구문 분석을 통해 읽는다.
flag.Parse()

// 모델 파일을 로드한다.
f, err := ioutil.ReadFile(filepath.Join(*inModelDirPtr, "model.json"))
if err != nil {
    log.Fatal(err)
```

```go
}

// 모델 정보의 마샬링을 해제한다.
var modelInfo ModelInfo
if err := json.Unmarshal(f, &modelInfo); err != nil {
    log.Fatal(err)
}

// 입력 디렉토리에 있는 파일들을 살펴본다.
if err := filepath.Walk(*inVarDirPtr, func(path string, info os.FileInfo,
err error) error {

    // 디렉토리는 모두 건너뛴다.
    if info.IsDir() {
        return nil
    }

    // 파일은 모두 연다.
    f, err := ioutil.ReadFile(filepath.Join(*inVarDirPtr, info.Name()))
    if err != nil {
        return err
    }

    // 독립 변수의 마샬링을 해제한다.
    var predictionData PredictionData
    if err := json.Unmarshal(f, &predictionData); err != nil {
        return err
    }

    // 예측을 수행한다.
    if err := Predict(&modelInfo, &predictionData); err != nil {
        return err
    }

    // 예측 데이터를 마샬링한다.
    outputData, err := json.MarshalIndent(predictionData, "", " ")
    if err != nil {
        log.Fatal(err)
```

```
    }

    // 마샬링된 출력을 파일로 저장한다.
    if err := ioutil.WriteFile(filepath.Join(*outDirPtr, info.Name()),
    outputData, 0644); err != nil {
        log.Fatal(err)
    }

    return nil
}); err != nil {
    log.Fatal(err)
}
```

그런 다음, 앞에서 사용했던 것과 동일한 Dockerfile과 Makefile을 사용해 이 예측 프로그램에 도커를 적용할 수 있다. 앞에서 했던 것과의 유일한 차이점은 Go 바이너리의 이름을 goregpredict로 지정하고 Docker image의 태그를 dwhitena/goregpredict로 지정한다는 점이다. make 명령을 사용해 Docker image를 생성하면 앞에서 생성됐던 것과 비슷한 결과물이 생성된다.

```
$ cat Makefile
all: compile docker push clean

compile:
        GOOS=linux GOARCH=amd64 CGO_ENABLED=0 go build -o goregpredict

docker:
        sudo docker build --force-rm=true -t dwhitena/goregpredict .

push:
        sudo docker push dwhitena/goregpredict

clean:
        rm goregpredict
$ cat Dockerfile
```

```
FROM alpine
ADD goregpredict /
$ make
GOOS=linux GOARCH=amd64 CGO_ENABLED=0 go build -o goregpredict
sudo docker build --force-rm=true -t dwhitena/goregpredict .
[sudo] password for dwhitena:
Sending build context to Docker daemon 2.38MB
Step 1/2 : FROM alpine
---> 7328f6f8b418
Step 2/2 : ADD goregpredict /
---> a2d9a63f4926
Removing intermediate container c1610b425835
Successfully built a2d9a63f4926
Successfully tagged dwhitena/goregpredict:latest
sudo docker push dwhitena/goregpredict
The push refers to a repository [docker.io/dwhitena/goregpredict]
77f12cb6c6d4: Pushed
5bef08742407: Layer already exists
latest: digest:
sha256:9a8a754c434bf2250b2f6102bb72d56fdf723f305aebcbf5bff7e5de707dd384
size: 738
3a05f65b1d1d: Layer already exists
5bef08742407: Layer already exists
ult: digest:
sha256:153adaa9b4b9a1f2bf02466201163c60230ae85164d9d22261f455979a94aed4
size: 738
rm goregpredict
```

Docker image를 로컬에서 테스트하기

도커가 적용된 모델링 프로세스를 서버에 저장하기 전에, 이를 로컬에서 테스트해 기대하는 동작을 수행하는지 확인하는 것이 좋다. 그런 다음, 모델의 동작에 대해 만족하면 도커를 실행하는 모든 호스트에서 이 Docker image가 동일하게 실행된다고 확신할 수 있다. 이런 확인 작업은 Docker image를 활용해 배포 버전의 재현성(모델이 동일한 동작을 수행해야 하는 성격)을 유지하는 데 중요한 역할을 한다.

다음 디렉토리에 훈련(학습) 데이터와 입력 속성 파일이 있다고 가정해보자.

```
$ ls
attributes model training
$ ls model
$ ls attributes
1.json 2.json 3.json
$ ls training
diabetes.csv
```

docker run 명령을 사용해 이 Docker imager를 소프트웨어 컨테이너로 실행할 수 있다. 또한 -v flag를 사용하면 실행 중인 컨테이너 안에 로컬 디렉토리를 마운트할 수 있다. 이렇게 하면 로컬 파일시스템에서 파일을 읽고 쓸 수 있다.

먼저 다음과 같이 도커 컨테이너에서 단일 회귀분석 모델의 훈련(학습)을 실행해보자.

```
$ sudo docker run -v $PWD/training:/tmp/training -v $PWD/model:/tmp/model
dwhitena/goregtrain:single /goregtrain -inDir=/tmp/training -
outDir=/tmp/model

Regression Formula:
Predicted = 152.13 + bmi*949.44
```

이제 모델 디렉토리를 살펴보면 model.json 파일에 새롭게 훈련(학습)된 모델 계수와 y절편이 있는 것을 볼 수 있다. 이 값들은 Docker image에서 실행되는 프로그램에서 출력된 결과들이다. 이 값들은 다음 코드에 나온 것과 같다.

```
$ ls model
model.json
$ cat model/model.json
{
    "intercept": 152.13348416289818,
```

```
    "coefficients": [
        {
            "name": "bmi",
            "coefficient": 949.4352603839862
        }
    ]
}
```

이로써 도커 컨테이너를 사용해 모델을 훈련(학습)시키는 데 성공했다. 이제 이 모델을 사용해 예측을 수행해보자. 구체적으로, 속성 디렉토리에 있는 3개의 속성 파일에 대한 예측을 수행하기 위해 훈련(학습)된 모델을 사용해 goregpredict Docker image를 실행해보자. 다음 코드에서는 Docker image를 실행하기 전에는 속성 파일에 해당 예측 정보가 없지만, Docker image를 실행한 후에는 예측 결과가 포함된 것을 볼 수 있다.

```
$ cat attributes/1.json
{
    "independent_variables": [
        {
            "name": "bmi",
            "value": 0.0616962065187
        },
        {
            "name": "ltg",
            "value": 0.0199084208763
        }
    ]
}
$ sudo docker run -v $PWD/attributes:/tmp/attributes -v
$PWD/model:/tmp/model dwhitena/goregpredict /goregpredict
-inModelDir=/tmp/model -inVarDir=/tmp/attributes -outDir=/tmp/attributes
$ cat attributes/1.json
{
    "predicted_diabetes_progression": 210.7100380636843,
    "independent_variables": [
```

```
        {
            "name": "bmi",
            "value": 0.0616962065187
        },
        {
            "name": "ltg",
            "value": 0.0199084208763
        }
    ]
}
```

원격 컴퓨터에서 Docker image 실행하기

지금 이 시점에서는 도커를 통해 얻을 수 있는 기능과 Go 프로그램을 빌드하고 실행하는 것으로 얻을 수 있는 기능이 동일해 도커를 사용하는 중요한 이유가 무엇인지에 대해 의문이 생길 수도 있다. 이 점은 로컬 컴퓨터에서 실행할 때는 그렇지만 로컬 컴퓨터가 아닌 다른 환경에서 동일한 기능을 실행하려고 할 때 도커의 진가가 발휘된다.

Docker image를 가지고 특정 호스트에서 로컬에서 했던 것과 동일한 방식으로 도커를 실행할 수 있으며 동일한 동작을 수행할 수 있다. 이는 모든 Docker image에서 마찬가지다. Docker image 안에 계층으로 구성될 수 있는 종속성dependencies을 설치할 필요가 없다. 도커만 있으면 된다.

앞의 Docker image의 크기는 약 3MB다. 그렇기 때문에 어떤 호스트에서도 매우 빠른 속도로 다운로드가 가능하며 빠르게 실행될 수 있다. 기가바이트 크기의 가상 머신과 수동으로 리소스를 지정하는 것에 대해 걱정할 필요가 없다.

▌ 확장 가능하고 재현 가능한 머신 러닝 파이프라인 구축하기

도커는 머신 러닝 모델이 회사의 기반 시스템에 배치될 수 있도록 하는 다양한 도구들을 제공한다. 하지만 다음에 설명한 것과 같이 몇 가지 누락된 내용들이 있다.

- 다양한 머신 러닝 모델의 다양한 단계를 어떻게 함께 연결시킬 수 있을까? 간단한 예로 훈련 단계와 예측 단계가 나뉘어 구성될 수 있다. 다른 모델에서는 데이터 사전처리, 데이터 분할, 데이터 결합, 시각화, 평가 등 다양한 단계로 구성될 수도 있다.

- 새로운 데이터나 변경된 데이터를 받는 경우에 모델의 특정 단계에서 필요한 데이터를 어떻게 정확히 얻을 수 있을까? 새로운 예측을 수행할 때마다 수동으로 예측 Docker image가 함께 있는 폴더에 업데이트를 하고 훈련(학습) 데이터 집합의 업데이트가 필요할 때마다 서버에 로그인하는 방법으로는 지속할 수 없다.

- 유지보수 개발 및 디버깅을 위해 다양한 모델을 어떻게 추적하며 동일한 결과를 어떻게 재현시킬 수 있을까? 시간에 따라 예측을 수행하고 시간에 따라 모델 및 훈련(학습) 데이터 집합을 업데이트할 경우 동일한 결과를 재현할 수 있도록 하기 위해 어떤 모델이 어떤 결과를 산출하는지 이해해야 한다.

- 어떻게 하면 여러 대의 컴퓨터로 프로세스를 확장할 수 있으며 경우에 따라 여러 공유 리소스를 활용하도록 확장할 수 있을까? 회사의 공유 자원에서 프로세스를 확장해 실행해야 하는 경우가 발생할 수 있다. 따라서 더 많은 계산 능력이 필요하거나 이런 리소스에서 다른 응용 프로그램의 실행이 예약되어 있는 경우를 고려해 이런 공유 리소스에서 실행될 수 있도록 프로세스를 확장하는 것이 좋다.

다행히 이런 문제를 해결해줄 수 있는 오픈 소스 도구 두 가지가 있다(모두 Go로 작성됐다). 이 뿐만 아니라 이미 데이터 처리의 시스템으로 구축한 Docker image를 사용할 수 있다. 이 도구들은 **쿠버네티스**(k8s)와 **파키덤**이다.

파키덤은 이미 1장, '데이터 수집 및 구성'에서 설명한 적이 있다. 1장에서는 파키덤을 활용해 데이터 버전관리에 대한 이해를 위해 설명하는 데 사용했다. 파키덤은 데이터 관리, 추적, 재생산에 관련된 문제를 해결하는 데 도움을 준다. 또한 파키덤은 데이터 관리 및 버전관리 기능과 데이터 파이프라이닝 기능을 모두 제공하기 때문에 파키덤은 확장 및 파이프 라인 구축에 관해 해결해야 하는 나머지 모든 문제들도 해결한다.

쿠버네티스는 컨테이너를 조정하는 엔진으로서 공유 자원의 클러스터에서 컨테이너로 제작된 작업(예: Docker image)을 스케줄링 하는데 특화된 기능을 제공한다. 쿠버네티스는 현재 널리 사용되고 있으며 파키덤은 컨테이너로 제작된 데이터 처리 파이프라인을 관리하기 위해 내부적으로 쿠버네티스를 사용한다.

파키덤 및 쿠버네티스 클러스터 설정하기

쿠버네티스Kubernetes는 어디에나 배치될 수 있다. 따라서 쿠버네티스에서 실행되는 파키덤 역시 어디에나 배포가 가능하다. 모든 유명한 클라우드 공급자에 파키덤를 배포할 수 있으며 로컬 컴퓨터에도 배포할 수 있다. 다음과 같은 방법으로 파키덤을 배포할 수 있다.

1. 실행 중인 쿠버네티스 클러스터를 확보한다.
2. 선택한 곳의 객체 저장소(예: S3, Glasglow Coma Scale (GCS) 또는 Minio)에 대한 접근 권한을 확보한다. 이 객체 저장소는 버전관리 및 처리되는 모든 데이터가 저장되는 파키덤 클러스터의 백업 저장소 역할을 한다.
3. 파키덤 CLI를 사용해 쿠버네티스 클러스터에 파키덤을 배포한다.

> ℹ️ 클라우드 공급자 또는 자체 서버 시스템에 파키덤을 배포하는 자세한 지침은 http://pachyderm.readthedocs.io/en/latest/deployment/deploy_intro.html에서 찾을 수 있다. 다른 방법으로 minikube를 사용해 로컬 파키덤 클러스터를 쉽게 테스트하고 개발할 수 있다. 이에 대한 자세한 내용은 http://pachyderm.readthedocs.io/en/latest/getting_started/local_installation.html에서 찾을 수 있다.

쿠버네티스 클러스터가 다음과 같은 상태에서 실행될 수 있도록 다음 지침을 따른다 (kubectl라 불리는 Kubernetes CLI 도구를 사용해 확인할 수 있음).

```
$ kubectl get all
NAME READY STATUS RESTARTS AGE
po/etcd-2142892294-38ptw 1/1 Running 0 2m
po/pachd-776177201-04l6w 1/1 Running 0 2m

NAME CLUSTER-IP EXTERNAL-IP PORT(S) AGE
svc/etcd 10.0.0.141 <nodes> 2379:32379/TCP 2m
svc/kubernetes 10.0.0.1 <none> 443/TCP 3m
svc/pachd 10.0.0.178 <nodes> 650:30650/TCP,651:30651/TCP,652:30652/TCP 2m

NAME DESIRED CURRENT UP-TO-DATE AVAILABLE AGE
deploy/etcd 1 1 1 1 2m
deploy/pachd 1 1 1 1 2m

NAME DESIRED CURRENT READY AGE
rs/etcd-2142892294 1 1 1 2m
rs/pachd-776177201 1 1 1 2m
```

여기에서 pachd인 파키덤 데몬(또는 서버)이 쿠버네티스 클러스터에서 pod로 실행되는 것을 볼 수 있다. pod는 단순히 하나 또는 그 이상의 컨테이너 그룹을 의미한다. 예제의 파이프라인 단계 또한 쿠버네티스 pod로 실행되지만 파키덤이 세부 내용을 처리하기 때문에 이에 대해 너무 걱정할 필요가 없다.

 앞의 출력에 나열된 포트 및 IP는 배포 및 다양한 구성에 따라 다를 수 있다. 하지만 정상적인 파키덤 클러스터는 거의 비슷할 것이다.

파키덤 클러스터가 실행 중이고 파키덤 배포 가이드 중 하나를 따랐다면 pachctl CLI 도구도 설치돼 있을 것이다. pachctl이 성공적으로 파키덤 클러스터에 연결되면 추가 확인을 위해 다음 명령을 실행해볼 수 있다(실행되는 파키덤의 버전에 따라 버전 숫자가 다를 수 있다).

```
$ pachctl version
COMPONENT          VERSION
pachctl            1.6.0
pachd              1.6.0
```

 파키덤의 배포 또는 파이프라인을 구축하거나 실행하는데 문제가 있는 경우에 활용할 수 있는 파키덤 커뮤니티 공개 Slack 채널이 있다. http://slack.pachyderm.io/에 방문해 채널에 가입할 수 있다. 커뮤니티는 매일 활발하게 활동하며 궁금한 점을 언제든지 물어볼 수 있다.

파키덤 머신 러닝 파이프라인 구축하기

앞서 확인했듯이, 머신 러닝 파이프라인 예제는 두 단계로 구성된다. 파이프라인의 모델 단계는 모델을 훈련(학습)시키고 유지되는 모델의 버전을 파일로 내보낸다. 파이프라인의 예측 단계에서는 훈련(학습)된 모델을 사용해 입력 속성 파일에 대한 예측을 수행한다. 전반적으로 이 파이프라인은 파키덤에서 다음과 같은 모양을 할 것이다.

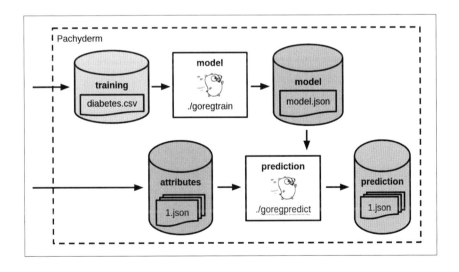

앞의 그림에서 각 원통은 버전 관리되는 파키덤 데이터 저장소를 나타낸다. 이 데이터 저장소들은 이미 1장, '데이터 수집 및 구성'에서 살펴봤다. 각각의 박스는 컨테이너로 제작된 데이터 파이프라인 단계를 나타낸다. 파키덤에서 데이터 처리의 기본 단위는 Docker image다. 따라서 이 데이터 파이프라인에서 앞에서 만든 Docker image를 사용할 수 있다.

버전 관리된 데이터의 모음(이를 데이터에 대한 일종의 Git이라고 생각할 수 있다)을 함께 연결하고, 컨테이너를 사용해 이런 데이터 모음을 처리하고, 결과를 버전 관리된 다른 데이터 모음에 저장함으로써 파키덤 파이프라인은 흥미롭고 유용한 의미를 갖는다.

먼저 데이터의 특정 부분을 확인하기 위해 어느 시점으로든 돌아가 확인할 수 있다. 이런 기능은 모델을 개발하는 과정에서 데이터의 특정 상태를 개발하려는 경우에 도움이 될 수 있다. 또한 협력해서 팀으로 개발할 때에도 시간이 지난 뒤에 팀의 데이터를 추적해볼 수 있기 때문에 많은 도움을 얻을 수 있다. 데이터에 대한 변경사항이 모두 좋은 것은 아니다. 따라서 데이터가 시스템에 적용된 후 문제가 발생하면 이를 되돌릴 수 있어야 한다.

다음으로, 모든 파이프라인의 결과는 정확한 Docker image와 이 결과를 생산하는 다른 데이터의 정확한 상태와 연결된다. 파키덤 팀은 이를 **출처**provenance라 부른다. 이를 통해 처리 과정의 어떤 부분과 데이터의 어떤 부분이 특정 결과 산출에 기여하는지 알 수 있다. 예를 들어, 이 파이프라인을 통해 특정 결과를 산출하는 모델의 정확한 버전을 알 수 있고, 해당 모델을 만든 정확한 Docker image 및 이 Docker image에 입력된 훈련 데이터의 정확한 상태를 모두 확인할 수 있다. 따라서 모든 파이프라인의 전체 실행을 재현할 수 있고, 비정상적인 모델의 동작을 디버깅할 수 있으며 해당 입력 데이터에 대한 결과를 확인할 수 있다.

마지막으로, 파키덤은 데이터 저장소의 어느 부분이 새로 입력되었거나 변경됐는지 알기 때문에 데이터 파이프라인은 데이터를 점진적으로 처리할 수 있고 이를 자동으로 감지할 수 있다. 속성 데이터 저장소에 백만 개의 속성 파일을 저장한 다음, 10개의 파일을 더 저장했다고 가정해보자. 결과를 업데이트하기 위해 첫 번째 백만 개의 파일을 다시 처리할 필요가 없다. 파키덤은 10개의 새로운 파일을 처리해야 한다는 것을 인지하고 이 파일들이 처리될 수 있도록 예측 단계로 전송한다. 또한 파키덤은 입력과 결과가 동기화될 수 있도록 업데이트가 필요하다는 것을 알고 있기 때문에 (기본적으로) 이 업데이트를 자동으로 감지한다.

 점진적 처리 및 자동 감지는 파키덤 파이프라인의 기본적인 동작의 일부지만 파키덤에서 할 수 있는 유일한 기능은 아니다. 사실, 파키덤에서 할 수 있는 작업 중 극히 일부분만 살펴본 것에 불과하다. 분산 이미지 처리, 데이터베이스 테이블의 주기적 처리 등 다양한 작업을 수행할 수 있다. 따라서 여기에서 사용한 기법은 다양한 영역에 이전되어 사용될 수 있다.

입력 저장소 생성 및 채우기

배포된 파키덤 클러스터에 파키덤 파이프라인을 생성하려면 먼저, 파이프라인에서 사용할 입력 저장소를 생성해야 한다. 파이프라인에는 나머지 파이프라인을 구동하는 훈련(학습) 및 속성 데이터 저장소가 있다는 점을 명심하자. 데이터를 입력 저장소에 추가하면 파키덤은 파이프라인의 다운스트림downstream 부분을 감지하고 결과를 계산한다.

1장, '데이터 수집 및 구성'에서 파키덤에서 데이터 저장소를 만들고 pachctl을 사용해 이 저장소에 데이터를 추가하는 방법에 대해 살펴봤다. 하지만 이번에는 Go 프로그램에서 이 작업을 직접 실행해보자. 이미 파일에 훈련(학습) 및 테스트용 데이터가 있고 이 파일들의 이름을 구분해서 파키덤에 쉽게 추가할 수 있기 때문에 예제에서 이 작업을 수행하는 실질적인 이점은 없다.

하지만 보다 현실적인 시나리오를 생각해보자. 회사에서 이미 작성된 다른 Go 서비스와 데이터 파이프라인을 연동하려고 한다고 가정해보자. 예를 들어 이런 서비스는 의사 또는 병원으로부터 입력된 환자의 의료 기록을 처리할 수도 있고, 이런 속성들을 질병의 진행상황에 대한 예측을 수행하기 위해 데이터 파이프라인에 추가하려는 경우를 생각해볼 수 있다.

이런 시나리오에서는 수동으로 모든 데이터를 복사하는 것보다는 서비스에서 파키덤으로 직접 속성들을 전달하는 것이 가장 이상적이다. 파키덤 Go 클라이언트, github.com/pachyderm/pachyderm/src/client는 바로 이런 경우에 매우 유용하다. 파키덤 Go 클라이언트를 사용하면 입력 저장소를 다음과 같이 만들 수 있다(파키덤 클러스터에 연결한 후).

```go
// 쿠버네티스 클러스터의 IP를 사용해 파키덤에 연결한다.
// 여기에서는 localhost를 사용해 k8s을 로컬에서 실행하고
// 파키덤 포트를 localhost로 포워딩하는 경우를 흉내냈다.
// 기본적으로 파키덤은 30650에서 실행된다.
c, err := client.NewFromAddress("0.0.0.0:30650")
if err != nil {
    log.Fatal(err)
}
defer c.Close()

// "training"이라는 이름의 데이터 저장소를 생성한다.
if err := c.CreateRepo("training"); err != nil {
    log.Fatal(err)
}

// "attributes"라는 이름의 데이터 저장소를 생성한다.
if err := c.CreateRepo("attributes"); err != nil {
    log.Fatal(err)
}

// 이제 추가 확인을 위해 파키덤 클러스터의
// 현재 데이터 저장소를 나열한다.
// 두 개의 데이터 저장소가 있어야 한다.
repos, err := c.ListRepo(nil)
if err != nil {
    log.Fatal(err)
}
```

```
// 데이터 저장소가 2개인지 확인한다.
if len(repos) != 2 {
    log.Fatal("Unexpected number of data repositories")
}

// 저장소의 이름이 예상하는 이름과 동일한지 확인한다.
if repos[0].Repo.Name != "attributes" || repos[1].Repo.Name != "training" {
    log.Fatal("Unexpected data repository name")
}
```

이 코드를 컴파일하고 실행하면 예상되는 대로 저장소를 생성하며 다음과 같이 확인할
수 있다.

```
$ go build
$ ./myprogram
$ pachctl list-repo
NAME CREATED SIZE
attributes 3 seconds ago 0B
training 3 seconds ago 0B
```

 간단히 작성하기 위해 앞의 코드는 저장소를 생성하고 한번만 확인한다. 코드를 다시 실행
하면 저장소가 이미 생성돼 있기 때문에 오류가 발생한다. 이를 개선하기 위해서는 저장소
가 이미 존재하는지 확인하고 존재하지 않는 경우에만 저장소를 생성하도록 해야 한다. 또
한 이름으로 저장소의 존재 여부를 확인할 수 있다.

이제 이어서 속성 파일을 속성 저장소에 추가하고 diabetes.csv 훈련(학습)용 데이터 파일
을 훈련(학습)용 데이터 저장소에 추가해보자. 이 작업 역시 파키덤 클라이언트를 통해 Go
에서 직접 매우 쉽게 처리할 수 있다.

```
// 파키덤에 연결한다.
c, err := client.NewFromAddress("0.0.0.0:30650")
```

```go
if err != nil {
    log.Fatal(err)
}
defer c.Close()

// "master" 브랜치에 있는 "attributes" 데이터 저장소에 속성 추가를 시작한다.
commit, err := c.StartCommit("attributes", "master")
if err != nil {
    log.Fatal(err)
}

// 속성 JSON 파일을 연다.
f, err := os.Open("1.json")
if err != nil {
    log.Fatal(err)
}

// 속성이 저장된 파일을 데이터 저장소에 추가한다.
if _, err := c.PutFile("attributes", commit.ID, "1.json", f); err != nil {
    log.Fatal(err)
}

// 속성 추가를 완료한다.
if err := c.FinishCommit("attributes", commit.ID); err != nil {
    log.Fatal(err)
}

// "master" 브랜치에 있는 "training" 데이터 저장소에 속성 추가를 시작한다.
commit, err = c.StartCommit("training", "master")
if err != nil {
    log.Fatal(err)
}

// 훈련(학습) 데이터 집합을 연다.
f, err = os.Open("diabetes.csv")
if err != nil {
    log.Fatal(err)
}
```

```
// 훈련(학습) 데이터 집합이 저장된 파일을 데이터 저장소에 추가한다.
if _, err := c.PutFile("training", commit.ID, "diabetes.csv", f); err !=
nil {
    log.Fatal(err)
}

// 파일 추가를 완료한다.
if err := c.FinishCommit("training", commit.ID); err != nil {
    log.Fatal(err)
}
```

이 코드를 실행하면 다음과 같이, 파키덤의 적절한 데이터 저장소에 데이터가 추가된다.

```
$ go build
$ ./myprogram
$ pachctl list-repo
NAME CREATED SIZE
training 13 minutes ago 73.74KiB
attributes 13 minutes ago 210B
$ pachctl list-file training master
NAME TYPE SIZE
diabetes.csv file 73.74KiB
$ pachctl list-file attributes master
NAME TYPE SIZE
1.json file 210B
```

 앞에서 시작한 속성 추가를 끝내는 것이 중요하다. 속성 추가를 시작한 채로 끝내지 않으면 다른 데이터 추가를 막을 수 있다. 따라서 안전을 위해 추가 작업의 종료를 확인해야 한다.

이제 원격 파키덤 클러스터의 적절한 데이터 저장소에 데이터가 저장됐다. 다음으로, 이 데이터를 처리하고 결과를 산출할 수 있다.

처리 단계 생성 및 실행하기

처리 단계는 파키덤의 파이프라인 사양을 통해 선언적으로 생성된다. 쿠버네티스를 사용해 작업해본 경험이 있는 경우 이런 유형의 작업이 친숙하게 느껴질 것이다. 기본적으로 파키덤에 처리할 작업을 선언하면 파키덤은 선언된 대로 처리 작업이 수행될 수 있도록 모든 세부사항을 처리한다.

먼저 `train.json` 파일에 저장된 JSON 파이프라인 사양을 사용해 파이프라인의 모델 단계를 생성해보자. 이 JSON 사양은 다음과 같다.

```json
{
    "pipeline": {
        "name": "model"
    },
    "transform": {
        "image": "dwhitena/goregtrain:single",
        "cmd": [
            "/goregtrain",
            "-inDir=/pfs/training",
            "-outDir=/pfs/out"
        ]
    },
    "parallelism_spec": {
        "constant": "1"
    },
    "input": {
        "atom": {
            "repo": "training",
            "glob": "/"
        }
    }
}
```

이 내용은 다소 복잡해 보일 수 있지만 여기에는 몇 가지 정보만 포함되어 있다. 각기 다른 부분에 대한 사양을 분석해보자.

1. 먼저 파이프라인의 이름을 파키덤에 알려준다.
2. 다음으로 이 모델 파이프라인에서 `dwhitena/goregtrain:single`을 사용해 데이터를 처리하도록 지정하고, 데이터를 처리 할 때 파이프라인이 컨테이너에서 `goregtrain` 바이너리를 실행하도록 파키덤에 알려준다.
3. 마지막으로, 훈련(학습) 데이터 저장소를 입력으로 처리할 의도가 있다는 것을 파키덤에 알려준다.

사양에 대한 다른 세부항목을 이해하기 위해서는 사양을 통해 파키덤 클러스터에 파이프라인을 생성하면 어떤 일이 벌어지는지에 대해 먼저 살펴봐야 한다. 파이프라인이 파키덤 클러스터에 생성되면 파키덤은 쿠버네티스 클러스터에서 하나 또는 그 이상의 작업 pod를 예약하기 위해 쿠버네티스를 사용한다. 그런 다음, 이 작업 pod는 대기해 파키덤 데몬에 의해 제공된 데이터 처리를 준비한다. 입력 저장소에 처리해야 하는 데이터가 있으면 파키덤 데몬은 데이터를 처리할 수 있도록 작업을 발생시킨다. 파키덤은 자동으로 /pfs/〈입력 저장소 이름〉 (예제에서는 /pfs/training)에 있는 컨테이너의 입력 데이터를 마운트 한다. 컨테이너가 /pfs/out에 쓰는 데이터는 자동으로 출력 데이터 저장소에서 파이프라인과 동일한 이름으로 버전 관리된다(예제에서는 model).

사양에서 `parallelism_spec` 부분은 입력 데이터를 처리하는 데 얼마나 많은 작업 프로세스workers를 사용할지를 파키덤에 알려준다. 여기에서는 하나의 작업 프로세스를 사용해 데이터를 순차적으로 처리한다. 이 장의 후반부에서 파이프라인 및 데이터와 관련된 부분을 병렬로 처리하는 방법에 대해 살펴볼 예정이다. 이 부분은 사양의 입력 섹션에서 glob 패턴에 의해 관리된다.

사양에 대해 충분히 이해했으니 이제 실제로 파키덤 클러스터에서 이 모델에 대한 파이프라인 단계를 생성하고 데이터를 처리해 보자. 파이프라인은 다음과 같은 방법으로 쉽게 생성할 수 있다.

```
$ pachctl create-pipeline -f model.json
```

앞의 명령을 실행하면 다음 코드에서 볼 수 있듯이, 파키덤이 kubectl을 사용해 쿠버네티스 클러스터에 생성하는 작업 프로세스^{worker}를 확인할 수 있다.

```
$ kubectl get pods
NAME READY STATUS RESTARTS AGE
etcd-2142892294-38ptw 1/1 Running 0 2h
pachd-776177201-04l6w 1/1 Running 0 2h
pipeline-model-v1-p0lnf 2/2 Running 0 1m
```

파키덤이 모델을 훈련(학습)시키기 위해 자동으로 작업을 실행시킨 것도 볼 수 있다. 이는 파키덤이 입력 저장소에 처리되지 않은 훈련(학습) 데이터가 있다는 것을 알고 있기 때문에 발생한다. 다음과 같이 자동으로 실행된 작업을 결과와 함께 확인할 수 있다.

```
$ pachctl list-job
ID OUTPUT COMMIT STARTED DURATION RESTART PROGRESS DL UL STATE
14f052ae-878d-44c9-a1f9-ab0cf6d45227 model/a2c7b7dfb44a40e79318c2de30c7a0c8
3 minutes ago Less than a second 0 1 + 0 / 1 73.74KiB 160B success

$ pachctl list-repo
NAME CREATED SIZE
model 3 minutes ago 160B
training About an hour ago 73.74KiB
attributes About an hour ago 210B

$ pachctl list-file model master
NAME TYPE SIZE k8s
```

348

```
model.json file 160B
$ pachctl get-file model master model.json
{
    "intercept": 152.13348416289818,
    "coefficients": [
        {
            "name": "bmi",
            "coefficient": 949.4352603839862
        }
    ]
}
```

모델의 훈련(학습)을 통해 기대했던 결과가 나온 것을 확인할 수 있다. 이 뿐만 아니라 파키덤은 파이프라인을 자동으로 실행하기에 충분히 똑똑하기 때문에 훈련(학습)용 데이터 집합이 변경될 때마다 이 모델을 업데이트할 것이다.

예측 파이프라인도 비슷한 방법으로 생성할 수 있다. 파이프라인의 사양인 `pipeline.json`은 다음과 같다.

```
{
    "pipeline": {
        "name": "prediction"
    },
    "transform": {
        "image": "dwhitena/goregpredict",
        "cmd": [
            "/goregpredict",
            "-inModelDir=/pfs/model",
            "-inVarDir=/pfs/attributes",
            "-outDir=/pfs/out"
        ]
    },
    "parallelism_spec": {
        "constant": "1"
    },
```

```
    "input": {
      "cross": [
        {
          "atom": {
            "repo": "attributes",
            "glob": "/*"
          }
        },
        {
          "atom": {
            "repo": "model",
            "glob": "/"
          }
        }
      ]
    }
  }
```

이 파이프라인 사양에서 가장 큰 차이점은 하나가 아닌 두 개의 입력 저장소가 있다는 것
이다. 이 두 개의 입력 저장소는 이전에 생성한 속성 저장소와 모델 파이프라인의 결과를
포함하는 모델 저장소다. 이 저장소들은 cross를 사용해 결합된다. cross는 모델의 모든
관련 쌍pair과 속성 파일이 처리되도록 보장한다.

 파키덤에서 데이터를 결합하는 다른 방법에 대해 관심이 있는 경우 파키덤 문서http://
pachyderm.readthedocs.io/en/latest/에서 더 자세한 내용을 참고하기 바란다.

이 파이프라인을 생성하고 결과(1.json에 해당하는 결과)를 검사하는 작업은 다음과 같은 방
법으로 수행할 수 있다.

```
$ pachctl create-pipeline -f prediction.json

$ pachctl list-job
```

```
ID OUTPUT COMMIT STARTED DURATION RESTART PROGRESS DL UL STATE
03f36398-89db-4de4-ad3d-7346d56883c0
prediction/5ce47c9e788d4893ae00c7ee6b1e8431 About a minute ago Less than a
second 0 1 + 0 / 1 370B 266B success
14f052ae-878d-44c9-a1f9-ab0cf6d45227 model/a2c7b7dfb44a40e79318c2de30c7a0c8
19 minutes ago Less than a second 0 1 + 0 / 1 73.74KiB 160B success

$ pachctl list-repo
NAME CREATED SIZE
prediction About a minute ago 266B
model 19 minutes ago 160B
training About an hour ago 73.74KiB
attributes About an hour ago 210B

$ pachctl list-file prediction master
NAME TYPE SIZE
1.json file 266B
$ pachctl get-file prediction master 1.json
{
"predicted_diabetes_progression": 210.7100380636843,
    "independent_variables": [
      {
        "name": "bmi",
        "value": 0.0616962065187
      },
      {
        "name": "ltg",
        "value": 0.0199084208763
      }
    ]
}
```

앞의 결과에서 예측 파이프라인의 결과를 버전 관리하기 위해 또 다른 데이터 저장소인 prediction이 생성된 것을 볼 수 있다. 이와 같은 방식으로 파키덤은 점차적으로 입력 데이터 저장소, 데이터 처리 단계, 출력 데이터 저장소 사이의 링크를 구축하기 때문에 어떤 데이터와 어떤 데이터 처리 구성요소가 연결돼 있는지 알 수 있다.

전체 머신 러닝 파이프라인의 배치가 이제 완료됐고 파이프라인의 각 단계를 모두 한 번 수행했다. 하지만 이 파이프라인은 준비된 상태로 더 많은 데이터를 처리하기 위해 대기한다. 따라서 파이프라인의 최상위에 데이터만 입력해주면 파키덤이 이를 인식해 결과를 업데이트하기 위해 필요한 모든 작업을 자동으로 실행시킨다. 이를 확인하기 위해 다음과 같이, 두 개의 파일을 속성 저장소에 추가해보자.

```
$ ls
2.json 3.json
$ pachctl put-file attributes master -c -r -f .
$ pachctl list-file attributes master
NAME TYPE SIZE
1.json file 210B
2.json file 211B
3.json file 211B
```

이렇게 하면 자동으로 파키덤이 예측 작업을 추가로 실행시켜 결과를 업데이트한다. 새로운 작업은 다음 코드에서 확인할 수 있다.

```
$ pachctl list-job
ID OUTPUT COMMIT STARTED DURATION RESTART PROGRESS DL UL STATE
be71b034-9333-4f75-b443-98d7bc5b48ab
prediction/bb2fd223df664e70ad14b14491109c0f About a minute ago Less than a
second 0 2 + 1 / 3 742B 536B success
03f36398-89db-4de4-ad3d-7346d56883c0
prediction/5ce47c9e788d4893ae00c7ee6b1e8431 8 minutes ago Less than a
second 0 1 + 0 / 1 370B 266B success
14f052ae-878d-44c9-a1f9-ab0cf6d45227 model/a2c7b7dfb44a40e79318c2de30c7a0c8
26 minutes ago Less than a second 0 1 + 0 / 1 73.74KiB 160B success
```

또한 새로 추가된 두 개의 입력 파일에 대해 예측 코드가 다시 실행되어 산출된 두 개의 새로운 결과가 prediction 저장소에 있는 것을 볼 수 있다.

```
$ pachctl list-file prediction master
NAME TYPE SIZE
1.json file 266B
2.json file 268B
3.json file 268B
```

 지난 결과에 나왔듯이, 파키덤이 1.json을 다시 처리하지 않았다는 점에 주목하자. 파키덤
은 내부적으로 1.json에 해당하는 결과가 이미 존재하기 때문에 이를 다시 처리할 필요가
없다는 것을 알고 있다.

파이프라인 업데이트 및 출처 검사

시간이 지나면 머신 러닝 모델을 업데이트하려고 할 것이다. 시간이 지나고 나서 머신 러
닝 모델에서 처리하는 데이터가 변경됐거나 다른 모델이나 더 나은 모델을 개발했을 수도
있다. 어떤 상황이든 파이프라인의 업데이트가 필요할 것이다.

파이프라인이 이전 절에서 설명했던 상태, 즉 전체 파이프라인이 생성됐고, 훈련(학습) 프
로세스가 한번 실행됐고, 속성 저장소에 두 개의 파일이 추가 완료되었다고 가정해보자.
이제 다중 회귀분석을 훈련(학습)시키기 위해 모델 파이프라인의 업데이트를 진행해보자.

이제 단일 회귀분석 모델 대신에 다중 회귀분석 모델을 훈련(학습)시키는 모델 파이프라인
을 업데이트하자. 이 작업은 실제로 매우 쉽다. model.json 파이프라인 사양의 "image":
"dwhitena/goregtrain:single"을 "image": "dwhitena/goregtrain:multi"로 변경한
다음 파이프라인을 다음과 같이 업데이트하면 된다.

```
$ pachctl update-pipeline -f model.json --reprocess
```

파키덤에 이 새로운 사양이 추가되면 파키덤은 자동으로 작업 pod를 업데이트하기 때문에 다중 회귀분석 모델을 사용해 컨테이너를 실행한다. 또한 `--reprocess flag`가 추가됐기 때문에 파키덤은 하나 또는 그 이상의 새로운 작업을 실행시켜 이전 Docker image에서 처리했던 입력 파일을 새로운 Docker image로 다시 처리한다. 이렇게 다시 처리하는 작업을 다음과 같이 확인할 수 있다.

```
$ pachctl list-job
ID OUTPUT COMMIT STARTED DURATION RESTART PROGRESS DL UL STATE
03667301-980b-484b-afbe-7ea30da695f5
prediction/ef32a74b04ee4edda7bc2a2b469f3e03 2 minutes ago Less than a
second 0 3 + 0 / 3 1.355KiB 803B success
5587e13c-4854-4f3a-bc4c-ae88c65c007f model/f54ca1a0142542579c1543e41f5e9403
2 minutes ago Less than a second 0 1 + 0 / 1 73.74KiB 252B success
be71b034-9333-4f75-b443-98d7bc5b48ab
prediction/bb2fd223df664e70ad14b14491109c0f 16 minutes ago Less than a
second 0 2 + 1 / 3 742B 536B success
03f36398-89db-4de4-ad3d-7346d56883c0
prediction/5ce47c9e788d4893ae00c7ee6b1e8431 23 minutes ago Less than a
second 0 1 + 0 / 1 370B 266B success
14f052ae-878d-44c9-a1f9-ab0cf6d45227 model/a2c7b7dfb44a40e79318c2de30c7a0c8
41 minutes ago Less than a second 0 1 + 0 / 1 73.74KiB 160B success
```

이 출력을 살펴보면 흥미로운 점을 발견할 수 있다. 모델 단계에서 새로운 다중 회귀분석 모델을 훈련(학습)시키고 이 모델을 `model.json`으로 출력할 때 파키덤은 예측 파이프라인의 결과가 이전 모델과 동기화돼 있지 않다는 것을 확인한다. 따라서 파키덤은 자동으로 새로운 다중 회귀분석 모델을 사용해 이전 결과를 업데이트하는 새로운 작업을 실행한다.

이런 작업 흐름은 모델의 여러 버전과 관련 데이터를 수동으로 옮기지 않아도 되기 때문에 모델을 배포하는 것과 모델의 개발 과정을 관리할 때 모두 매우 유용하다. 모든 작업이 자동으로 처리된다. 하지만 이 업데이트에 대해 자연스러운 질문이 생길 수 있다. 그렇다면 어떤 모델이 어떤 결과를 생산해냈는지를 어떻게 알 수 있을까?

이 질문에 대한 답은 파키덤의 데이터 버전관리와 파이프라인이 결합된 곳이 될 수 있다. 모든 예측 결과를 확인할 수 있고 파일 추가 작업의 출처를 확인하기 위해 이를 확인할 수 있다.

예제의 경우, 예측 결과 ef32a74b04ee4edda7bc2a2b469f3e03은 모델 f54ca1a0142542579 c1543e41f5e9403에서 비롯됐다는 것을 알 수 있으며, 이 정보는 다음과 같이 검색할 수 있다.

```
$ pachctl inspect-commit prediction ef32a74b04ee4edda7bc2a2b469f3e03
Commit: prediction/ef32a74b04ee4edda7bc2a2b469f3e03
Parent: bb2fd223df664e70ad14b14491109c0f
Started: 8 minutes ago
Finished: 8 minutes ago
Size: 803B
Provenance: training/e0f9357455234d8bb68540af1e8dde81
attributes/2e5fef211f14498ab34c0520727296bb
model/f54ca1a0142542579c1543e41f5e9403
```

하지만 이전 예측을 살펴보면, 이 예측은 다른 모델로부터 비롯된 것임을 알 수 있다.

```
$ pachctl inspect-commit prediction bb2fd223df664e70ad14b14491109c0f
Commit: prediction/bb2fd223df664e70ad14b14491109c0f
Parent: 5ce47c9e788d4893ae00c7ee6b1e8431
Started: 25 minutes ago
Finished: 25 minutes ago
Size: 802B
Provenance: model/a2c7b7dfb44a40e79318c2de30c7a0c8
training/e0f9357455234d8bb68540af1e8dde81
attributes/2e5fef211f14498ab34c0520727296bb
$ pachctl get-file model a2c7b7dfb44a40e79318c2de30c7a0c8 model.json
{
    "intercept": 152.13348416289818,
    "coefficients": [
        {
```

```
                "name": "bmi",
                "coefficient": 949.4352603839862
        }
    ]
}
```

실행된 작업의 수와 파이프라인을 업데이트한 횟수에 관계없이 언제든지 파이프라인에서 특정 데이터의 출처를 추적할 수 있다. 이는 시간이 지남에 따라서 유지되고, 개선되며, 큰 문제없이 업데이트되는 지속 가능한 머신 러닝 작업 흐름을 만드는 데 매우 중요하다.

파이프라인 단계 확장하기

파키덤의 각 파이프라인 사양은 해당하는 parallelism_spec 필드를 가질 수 있다. 이 필드는 입력의 glob 패턴과 함께 입력 데이터에 대해 파이프라인 단계를 병렬로 처리 가능하도록 해준다. 각 파이프라인 단계는 다른 파이프라인 단계와 독립돼 개별적으로 확장 가능하다.

파이프라인 사양의 parallelism_spec 필드를 사용하면 파키덤이 해당 파이프라인 단계에서 데이터를 처리하기 위해 운영하는 작업 프로세스의 수를 제어할 수 있다. 예를 들어, 다음과 같은 parallelism_spec은 파이프라인에서 10개의 작업 프로세스를 사용하겠다고 파키덤에게 말하는 것과 같다.

```
"parallelism_spec": {
    "constant": "10"
},
```

입력의 glob 패턴은 파키덤에게 parallelism_spec에 의해 선언된 작업 프로세스들 간에 입력 데이터를 공유하는 방법을 알려준다. 예를 들어, glob 패턴에 /*를 설정하면, 여러 입력 데이터 파일들을 저장소의 루트 디렉토리에 저장되는 여러 개별 파일로 나눌 수 있다고 파키덤에게 알려준다. glob 패턴을 /*/*로 설정하면 여러 입력 데이터 파일들을 저장소 디렉토리 구조의 더 깊은 레벨에 저장되는 여러 개별 파일로 나눌 수 있다고 파키덤에게 알려준다. glob 패턴이 처음인 경우 예제와 함께 설명된 다음 링크를 참고하기 바란다. https://en.wikipedia.org/wiki/Glob_(programming).

예제 파이프라인의 경우 해당 예측이 필요한 속성이 큰 규모로 입력되기 때문에 파이프라인의 예측 단계를 확장해야 한다고 생각할 수 있다. 확장을 해야 하는 경우 prediction. json 파이프라인 사양의 parallelism_spec을 "constant": "10"으로 변경할 수 있다. 파이프라인을 새 사양으로 업데이트하면 그 즉시, 파키덤은 예측 파이프라인의 대한 10개의 새로운 작업 프로세스를 다음과 같이 준비시킨다.

```
$ pachctl update-pipeline -f prediction.json

$ kubectl get pods
NAME READY STATUS RESTARTS AGE
etcd-2142892294-38ptw 1/1 Running 0 3h
pachd-776177201-04l6w 1/1 Running 0 3h
pipeline-model-v2-168k5 2/2 Running 0 29m
pipeline-prediction-v2-0p6zs 0/2 Init:0/1 0 6s
pipeline-prediction-v2-3fbsc 0/2 Init:0/1 0 6s
pipeline-prediction-v2-c3m4f 0/2 Init:0/1 0 6s
pipeline-prediction-v2-d11b9 0/2 Init:0/1 0 6s
pipeline-prediction-v2-hjdll 0/2 Init:0/1 0 6s
pipeline-prediction-v2-hnk64 0/2 Init:0/1 0 6s
pipeline-prediction-v2-q29f1 0/2 Init:0/1 0 6s
pipeline-prediction-v2-qlhm4 0/2 Init:0/1 0 6s
pipeline-prediction-v2-qrnf9 0/2 Init:0/1 0 6s
pipeline-prediction-v2-rdt81 0/2 Init:0/1 0 6s

$ kubectl get pods
NAME READY STATUS RESTARTS AGE
etcd-2142892294-38ptw 1/1 Running 0 3h
pachd-776177201-04l6w 1/1 Running 0 3h
pipeline-model-v2-168k5 2/2 Running 0 30m
```

```
pipeline-prediction-v2-0p6zs 2/2 Running 0 26s
pipeline-prediction-v2-3fbsc 2/2 Running 0 26s
pipeline-prediction-v2-c3m4f 2/2 Running 0 26s
pipeline-prediction-v2-d11b9 2/2 Running 0 26s
pipeline-prediction-v2-hjdll 2/2 Running 0 26s
pipeline-prediction-v2-hnk64 2/2 Running 0 26s
pipeline-prediction-v2-q29f1 2/2 Running 0 26s
pipeline-prediction-v2-qlhm4 2/2 Running 0 26s
pipeline-prediction-v2-qrnf9 2/2 Running 0 26s
pipeline-prediction-v2-rdt81 2/2 Running 0 26s
```

이제 속성 저장소에 새로운 속성을 추가하면 10개의 작업 프로세스의 의해 병렬로 처리된다. 예를 들어, 속성 저장소에 100개의 속성을 추가하면 파키덤은 10개의 작업 프로세스 각각에 이 1/10의 파일을 전달해 병렬로 처리한다. 모든 결과는 예측 저장소에서와 동일하다.

물론, 작업 프로세스의 수를 상수로 설정하는 것이 파키덤 및 쿠버네티스를 확장하는 유일한 방법은 아니다. 대기 작업 프로세스에 대한 문턱값(threshold)을 줄이면 파키덤이 작업 프로세스를 줄이도록 할 수도 있다. 또한 파키덤이 자동 조절하는 작업 프로세스와 쿠버네티스 클러스터가 자동 조절하는 자원과 결합하여 대량의 데이터 처리 및 일괄 처리 작업을 수행할 수 있다. 또한 파키덤을 사용해 파이프라인에 필요한 자원을 지정할 수 있고, 이 자원 사양을 사용하면 머신 러닝 작업의 가중되는 부하를 가속기(예: GPU 등)로 분담시킬 수 있다.

▌ 참조

Docker

- Docker에 대한 소개: https://training.docker.com/introduction-todocker
- Go 앱을 위해 Docker image를 최대한 작은 크기로 만들기^{Building minimal Docker images for Go apps}: https://blog.codeship.com/building-minimal-docker-containers-for-go-applications/

파키덤

- 공개 Slack 채널: http://slack.pachyderm.io/
- 시작 안내서: http://pachyderm.readthedocs.io/en/latest/getting_started/getting_started.html
- Go 클라이언트 문서: https://godoc.org/github.com/pachyderm/pachyderm/src/client
- 파키덤을 활용한 머신 러닝: http://pachyderm.readthedocs.io/en/latest/cookbook/ml.html
- 머신 러닝 예제: http://pachyderm.readthedocs.io/en/latest/examples/readme.html#machine-learning
- 파키덤을 활용한 분산 처리: http://pachyderm.readthedocs.io/en/latest/fundamentals/distributed_computing.html
- 일반적인 Pachyderm 배포: http://pachyderm.readthedocs.io/en/latest/deployment/deploy_intro.html
- 자동으로 크기 조절되는 파키덤 클러스터: http://pachyderm.readthedocs.io/en/latest/managing_pachyderm/autoscaling.html

▌ 요약

지금까지 CSV 데이터를 수집해서 완전히 배포된 분산형 머신 러닝 파이프라인을 구축하기까지 모든 과정을 완료했다. 이제 Go를 활용한 머신 러닝 모델을 제작할 수 있고 이렇게 제작한 모델을 다른 곳으로 배포할 수 있다. 이런 패턴을 통해 다양한 지능형 응용프로그램을 구축하고 배포할 수 있을 것이다. 여러분이 제작한 멋진 결과물을 볼 수 있기를 기대한다.

부록

머신 러닝과 관련된 알고리즘/기술

책에서 사용된 머신 러닝 예제와 관련된 알고리즘 및 기법 중에서 해당 알고리즘/기법을 사용한 장에서 자세하게 설명하지 못했던 내용들을 여기에서 설명한다.

▌ 경사 하강법

다양한 예제에서(4장, '회귀분석' 및 5장 '분류'를 포함해) **경사 하강법**Gradient descent이라 불리는 최적화 기법을 사용했다. 경사 하강법에는 여러 변형 버전이 있는데, 일반적으로 머신 러닝 분야에서 상당히 많이 사용되는 것을 볼 수 있다. 가장 두드러지는 예로, 선형 회귀분석이나 로지스틱 회귀분석과 같은 알고리즘에 대한 최적 계수를 결정하는 데 사용된다. 따라서 경사 하강법은 종종 적어도 부분적으로 선형/로지스틱 회귀분석을 기반으로 하는, 보다 복잡한 기술에서도 중요한 역할을 하기도 한다.

경사 하강법의 일반적인 개념은 어떤 측정치(오차와 같은)를 최적화하기 위해 올바른 방향으로 나아갈 수 있도록 하는 매개변수에서 변경된 값의 방향과 크기를 결정하는 것이다. 어떤 넓은 지형에 서있다고 생각해보자. 낮은 고도로 이동하려면 아래쪽 방향으로 나아가야 한다. 이것이 기본적으로 경사 하강법이 파라미터를 최적화할 때 알고리즘적으로 수행하는 내용이다.

소위 **확률적 경사 하강법**SGD, Stochastic Gradient Descent이라 불리는 방법을 살펴봄으로써 이 과정에 대해 좀 더 자세히 살펴보자. 이 방법은 점진적으로 증가하는 종류의 경사 하강법이다. 5장, '분류'에서 로지스틱 회귀분석을 구현할 때 확률적 경사 하강법을 실제로 활용했다. 이 예제에서 로지스틱 회귀분석 매개변수의 훈련(또는 적합)을 다음과 같이 구현했다.

```go
// logisticRegression 함수는 주어진 데이터에 대해
// 로지스틱 회귀분석 모델을 적합(훈련)시킨다.
func logisticRegression(features *mat64.Dense, labels []float64, numSteps
int, learningRate float64) []float64 {

    // 가중치를 임의로 초기화한다.
    _, numWeights := features.Dims()
    weights := make([]float64, numWeights)

    s := rand.NewSource(time.Now().UnixNano())
    r := rand.New(s)

    for idx, _ := range weights {
        weights[idx] = r.Float64()
    }

    // 가중치를 반복해서 최적화한다.
    for i := 0; i < numSteps; i++ {

        // 이번 반복 실행에 대한 오차를 누적시키기 위한 변수를 초기화한다.
```

```
    var sumError float64

    // 각 레이블에 대한 예측을 수행하고 오차를 누적시킨다.
    for idx, label := range labels {

        // 이 레이블에 해당하는 수치를 가져온다.
        featureRow := mat64.Row(nil, idx, features)

        // 이번 반복 실행의 가중치에 대한 오차를 계산한다.
        pred := logistic(featureRow[0]*weights[0] + featureRow[1]*weights[1])
        predError := label - pred
        sumError += math.Pow(predError, 2)

        // 가중치 수치를 업데이트한다.
        for j := 0; j < len(featureRow); j++ {
            weights[j] += learningRate * predError * pred * (1 - pred) *
                featureRow[j]
        }
    }
}

    return weights
}
```

'//가중치를 반복해서 최적화한다'라고 주석 처리된 루프 아래에서 로지스틱 회귀분석 매개변수를 최적화하기 위해 확률적 경사 하강법(SGD)을 구현한다. 이 루프를 따로 떼어내 정확히 어떤 일이 벌어지고 있는지 살펴보자.

먼저 현재의 가중치와 예측값과 이상적인 값(즉, 실제 관측) 사이의 차이를 적용해 모델의 결과를 계산한다.

```
// 이번 반복 실행의 가중치에 대한 오차를 계산한다.
pred := logistic(featureRow[0]*weights[0] + featureRow[1]*weights[1])
predError := label - pred
sumError += math.Pow(predError, 2)
```

그런 다음, 확률적 경사 하강법에 따라 다음과 같이, 매개변수(예제의 경우에는 가중치)에 대한 업데이트를 계산한다.

$$update \ = \ learning \ rate \ \times \ gradient \ of \ the \ parameters$$

여기에서 경사도gradient는 문제에서 비용 함수의 수학적 기울기를 의미한다.

 경사도에 대한 좀 더 자세한 수학적 정보는 http://mathworld.wolfram.com/Gradient.html 에서 확인할 수 있다.

그런 다음, 업데이트는 다음과 같이 적용될 수 있다.

$$parameters \ = \ parameters \ - \ update$$

로지스틱 회귀분석 모델의 경우에는 다음과 같은 형태로 작업이 진행된다.

```
// 가중치를 업데이트한다.
for j := 0; j < len(featureRow); j++ {
    weights[j] += learningRate * predError * pred * (1 - pred) * featureRow[j]
}
```

이런 유형의 확률적 경사 하강법(SGD)은 머신 러닝에서 널리 사용된다. 하지만 경우에 따라 경사 하강법으로 인해 과적합overfitting이 발생하거나 로컬 최솟값/최댓값에 걸릴 수도 있다(전역 최적 값을 찾는 대신).

이런 문제를 해결하기 위해 **배치 경사 하강법**batch gradient descent이라는 경사 하강법의 변형을 사용할 수 있다. 배치 경사 하강법에서는 특정 관찰 값이나 데이터 집합의 열row에 대한 경사도를 기반으로 하는 것과 대조적으로, 훈련(학습) 데이터 집합의 모든 값에 대한 경사도를 기반으로 매개변수 업데이트를 계산한다. 이를 통해 과적합을 방지할 수 있지만 각 매개변수에 대한 데이터 집합 전체를 사용해 경사도를 각각 계산해야 하기 때문에 속도가 느려질 수 있고 메모리 문제가 발생할 수 있다. 또 다른 변형인 **미니 배치 경사 하강법**mini-batch gradient descent은 배치 경사 하강법의 이점은 유지하면서 계산이 더 간편하다. 미니 배치 경사 하강법에서는 전체 훈련(학습) 데이터 집합을 사용하는 대신 훈련 데이터 집합의 일부분에 대한 경사도를 계산한다.

로지스틱 회귀분석의 경우 경사 상승법(gradient ascent) 또는 경사 하강법을 모두 사용할 수 있다. 경사 상승법은 비용 함수의 음수가 적용된다는 점만 제외하면 경사 하강법과 동일하다. 일관성만 유지한다면 로지스틱 비용 함수에서는 두 가지 선택사항을 모두 사용할 수 있다. 이에 대한 더 자세한 내용은 https://stats.stackexchange.com/questions/261573/using-gradient-ascent-instead-of-gradientdescent-for-logistic-regression에서 확인할 수 있다.

경사 하강법은 gonum팀의 의해 gonum.org/v1/gonum/optimize에 이미 구현돼 있다. https://godoc.org/gonum.org/v1/gonum/optimize#GradientDescent에서 이 구현에 대한 문서를 확인할 수 있다.

▌ 엔트로피, 정보 획득 및 관련 기법

5장, '분류'에서 모델이 if/then 구문의 트리로 구성된 의사결정 트리 기법에 대해 살펴봤다. 의사결정 트리에서 이 if/then 부분은 훈련(학습) 데이터 집합의 값 중 하나를 기반으로 예측 로직을 분할한다. 의료 환자를 "건강함" 또는 "건강하지 않음" 범주로 분류를 시도했던 예제에서 의사결정 트리는 가장 먼저 성별값을 기반으로 로직을 분할한 다음, 나이값을 기반으로, 그리고 몸무게를 기반으로 하는 식으로 로직을 분할한 다음, 최종적으로 "건강함" 또는 "건강하지 않음"에 도달한다.

그렇다면 알고리즘은 의사결정 트리에서 어떤 값을 가장 먼저 사용할지를 어떻게 결정할까? 앞의 예제에서는 성별에 대해 먼저 분할하는 것도 가능하고, 몸무게 먼저, 그 외의 어떤 값이라도 가장 먼저 사용할 수 있다. 따라서 모델이 최적의 예측을 수행할 수 있도록 최적의 방법으로 분할하는 방법이 필요하다.

5장, '분류'에서 사용했던 것을 포함한 많은 의사결정 트리 모델 구현들은 **엔트로피**라는 양과 의사결정 트리를 구축하기 위해 **정보 이득**information gain을 분석해 이를 사용한다. 예제를 통해 이 내용을 살펴보자. 다양한 특징을 가진 건강한 사람들의 수에 대한 다음과 같은 데이터가 있다고 가정해보자.

	건강함	건강하지 않음
비건 식단(Vegain Diet)	5	2
채식 식단(Vegetarian Diet)	4	1
육류 식단(Meat Eating Diet)	3	4

	건강함	건강하지 않음
40세 이상	3	5
40세 미만	9	2

여기에서는 데이터에서 식단 및 나이, 두 가지 특징이 있고 식단 및 나이를 기반으로 사람들이 건강한지 건강하지 않은지 여부를 예측하는 의사결정 트리를 구축하려고 한다. 이를 위해 의사결정 트리를 나이로 먼저 분할할지 식단으로 분할할지를 결정해야 한다. 또한 데이터에는 12명의 건강한 사람과 7명의 건강하지 않은 사람이 표시돼 있다는 것도 주목하자.

시작을 위해 데이터에서 클래스의 전체 엔트로피를 계산한다. 이 값은 다음과 같이 정의된다.

$$E = -p_1 log_2(p_1) - p_2 log_2(p_2) - p_3 log_2(p_3) - \dots$$

여기에서 p_1, p_2 등은 첫 번째 범주, 두 번째 범주 등의 확률을 의미한다. 예제와 같이 특별한 경우 (12명의 건강한 사람과 7명의 건강하지 않은 사람이 있는 경우), 전체 엔트로피는 다음과 같다.

$$E(Health) = -\left(\frac{12}{19}\right) log_2 \left(\frac{12}{19}\right) - \left(\frac{7}{19}\right) log_2 \left(\frac{7}{19}\right) = 0.95$$

이 0.95라는 측정값은 예제의 건강 데이터의 균등성^{homogeneity}을 나타낸다. 이 값은 0에서 1사이의 값을 가지며 높은 값일수록 데이터의 균등성이 낮다는 것을 의미한다.

의사결정 트리를 분할하기 위해 나이를 먼저 사용할지 식단을 사용할지를 결정하려면 어떤 수치가 가장 많은 정보 이득을 제공하는지 계산해야 한다. 간단히 말해, 앞의 엔트로피에 의해 측정된 것처럼, 해당 수치를 기반으로 트리를 분할 했을 때 가장 균등한 수치를 찾아야 한다. 엔트로피의 이런 감소를 **정보 이득**$^{information\ gain}$이라고 한다.

예제의 특정 수치에 대한 정보 이득은 다음과 같이 정의된다.

$$G = E(Health) - E(Health, Feature)$$

여기에서 $E(Health, Feature)$는 주어진 특징(나이 또는 식단)에 대한 엔트로피의 두 번째 측정치이다. 식단의 경우 이 두 번째 측정치는 다음과 같이 계산할 수 있다.

$$E(Health, Age) = p_{40+} E(Health, 40+) + p_{<40} E(Health, < 40)$$

P_{40+} 및 $p_{<40}$의 양은 40세 이상 또는 40세 미만(각각 8/19 및 11/19)의 확률이다. $E(Health, 40+)$와 $E(Health, <40)$의 양은 Health 엔트로피(이전 수식에 정의한대로)이지만 각각 40세 이상 및 40세 미만에 해당하는 숫자만 사용한다.

예제 데이터의 경우 나이 수치에 대한 정보 이득은 0.152로 나오고 식단 수치에 대한 정보 이득은 0.079로 나타난다. 따라서 나이를 사용했을 때 데이터의 균등성을 가장 많이 증가시키기 때문에 의사결정 트리를 분할하는 데 나이를 사용하기로 선택한다.

TIP http://www.saedsayad.com/decision_tree.htm에서 엔트로피를 기반으로 의사결정 트리를 제작하는 방법에 대한 자세한 정보를 찾을 수 있고 https://github.com/sjwhitworth/golearn/blob/master/trees/entropy.go에서 Go에서 구현된 예제를 확인할 수 있다.

█ 역전파

8장, '신경망 및 딥러닝'에는 Go에서 처음부터 제작한 신경망의 예제가 있다. 이 신경망에는 신경망을 훈련(학습)시키기 위한 역전파^{Backpropagation} 메소드가 구현되어 있고, 이 메소드는 거의 모든 신경망 코드에서 찾아볼 수 있다. 8장에서 세부내용의 일부를 살펴봤지만 이 메소드는 자주 사용되기 때문에 단계별로 살펴보려고 한다.

역전파를 사용해 신경망을 학습시키려면 일련의 신경 단위(뉴런 등)에 대해 다음 작업을 수행해야 한다.

1. 출력을 생산하는 신경망을 통해 훈련 데이터를 입력한다.
2. 기대하는 출력값과 예측 출력값 사이의 오차를 계산한다.
3. 오차를 기반으로 신경망 가중치 및 바이어스^{biases}에 대한 업데이트를 계산한다.
4. 이 업데이트를 다시 신경망으로 전달한다(역방향).

다시 상기하기 위해 단일 은닉 계층을 갖는 신경망에 대한 이 과정을 살펴보면 다음과 같다 (wHidden 및 wOut은 은닉 계층 및 출력 계층 가중치이고 bHidden 및 bOut은 은닉 계층 및 출력 계층의 바이어스를 나타낸다).

```
105 // 신경망의 출력을 정의한다.
106 output := mat.NewDense(0, 0, nil)
107
108 // 루프를 통해 모델을 훈련시키기 위해
```

```
109  // 역전파를 활용한 작업을 수행한다.
110  for i := 0; i < nn.config.numEpochs; i++ {
111
112      // 순방향 프로세스를 완성한다. (데이터 전달 및 출력 계산)
113      hiddenLayerInput := mat.NewDense(0, 0, nil)
114      hiddenLayerInput.Mul(x, wHidden)
115      addBHidden := func(_, col int, v float64) float64 { return v + bHidden.At(0, col) }
116      hiddenLayerInput.Apply(addBHidden, hiddenLayerInput)
117
118      hiddenLayerActivations := mat.NewDense(0, 0, nil)
119      applySigmoid := func(_, _ int, v float64) float64 { return sigmoid(v) }
120      hiddenLayerActivations.Apply(applySigmoid, hiddenLayerInput)
121
122      outputLayerInput := mat.NewDense(0, 0, nil)
123      outputLayerInput.Mul(hiddenLayerActivations, wOut)
124      addBOut := func(_, col int, v float64) float64 { return v + bOut.At(0, col) }
125      outputLayerInput.Apply(addBOut, outputLayerInput)
126      output.Apply(applySigmoid, outputLayerInput)
127
128      // 역전파 작업을 완성한다.
129      networkError := mat.NewDense(0, 0, nil)
130      networkError.Sub(y, output)
131
132      slopeOutputLayer := mat.NewDense(0, 0, nil)
133      applySigmoidPrime := func(_, _ int, v float64) float64 { return sigmoidPrime(v)
134      slopeOutputLayer.Apply(applySigmoidPrime, output)
135      slopeHiddenLayer := mat.NewDense(0, 0, nil)
136      slopeHiddenLayer.Apply(applySigmoidPrime, hiddenLayerActivations)
137
138      dOutput := mat.NewDense(0, 0, nil)
139      dOutput.MulElem(networkError, slopeOutputLayer)
140      errorAtHiddenLayer := mat.NewDense(0, 0, nil)
141      errorAtHiddenLayer.Mul(dOutput, wOut.T())
142
143      dHiddenLayer := mat.NewDense(0, 0, nil)
```

```
144    dHiddenLayer.MulElem(errorAtHiddenLayer, slopeHiddenLayer)
145
146    // 매개변수를 조정한다.
147    wOutAdj := mat.NewDense(0, 0, nil)
148    wOutAdj.Mul(hiddenLayerActivations.T(), dOutput)
149    wOutAdj.Scale(nn.config.learningRate, wOutAdj)
150    wOut.Add(wOut, wOutAdj)
151
152    bOutAdj, err := sumAlongAxis(0, dOutput)
153    if err != nil {
154        return err
155    }
156    bOutAdj.Scale(nn.config.learningRate, bOutAdj)
157    bOut.Add(bOut, bOutAdj)
158
159    wHiddenAdj := mat.NewDense(0, 0, nil)
160    wHiddenAdj.Mul(x.T(), dHiddenLayer)
161    wHiddenAdj.Scale(nn.config.learningRate, wHiddenAdj)
162    wHidden.Add(wHidden, wHiddenAdj)
163
164    bHiddenAdj, err := sumAlongAxis(0, dHiddenLayer)
165    if err != nil {
166        return err
167    }
168    bHiddenAdj.Scale(nn.config.learningRate, bHiddenAdj)
169    bHidden.Add(bHidden, bHiddenAdj)
170 }
```

이 구현에서 정확히 어떤 일이 벌어지고 있는지 이해하기 위해 여러 부분으로 나눠 살펴 보자.

출력을 생성하는 순방향 데이터 전달 과정에서는 다음과 같은 작업을 수행한다.

1. 입력 데이터와 은닉 계층 가중치를 곱하고 은닉 계층 바이어스를 더한 다음, 은닉 계층의 출력 hiddenLayerActivations를 계산하기 위해 시그모이드 활성화 함수 sigmoid activation function를 적용한다(앞의 코드의 112에서 120줄 까지).

2. 출력 계층 가중치와 `hiddenLayerActivations`를 곱한 다음, 출력 계층 바이어스를 더하고 출력을 계산하기 위해 시그모이드 활성화 함수를 적용한다(코드에서 122부터 126줄 까지).

순방향 데이터 전달 과정에서는 입력 계층에 있는 입력 데이터로 시작해 출력에 도달할 때까지 은닉 계층을 통한 순방향 작업을 수행한다는 점이 주목하자.

순방향 데이터 전달 과정 후에는 가중치와 바이어스에 대한 최적의 업데이트를 계산해야 한다. 부록의 경사 하강법$^{gradient\ descent}$ 부분을 살펴본 후 예상할 수 있듯이 경사 하강법은 이런 가중치 및 바이어스를 찾는 데 매우 적합하다. 앞의 코드에서 129줄부터 144줄까지는 확률적 경사 하강법(SGD)을 구현한다.

마지막으로 147줄부터 169줄에서 한 작업과 같이 이 업데이트 값들을 다시 신경망에 적용해야 한다. 이런 업데이트의 역방향 전달로부터 역전파(backpropagation)라는 이름이 비롯됐다. 이 과정에서는 특별한 것은 없고, 다음과 같은 작업을 수행한다.

1. 계산된 업데이트를 출력 가중치 및 바이어스에 적용한다(147줄부터 157줄까지).
2. 계산된 업데이트를 은닉 계층 가중치 및 바이어스에 적용한(159줄부터 169줄까지).

출력 계층에서 어떻게 시작했고 변경된 값을 입력에 다시 적용하기 위해 작업을 어떻게 수행했는지를 주의해서 살펴보기 바란다.

수학적 증명을 포함한 역전파에 대한 자세한 설명은 http://neuralnetworksanddeeplearning.com/chap2.html에서 확인할 수 있다.

역전파는 데이비드 루멜하트(David Rumelhart), 제프리 힌튼(Geoffrey Hinton), 로날드 윌리암스(Ronald Williams)가 1986년 발표한 논문에 의해 널리 사용되기 시작했다. 이 방법이 신경망 산업 전반에 걸쳐 널리 활용되고 있음에도 불구하고, 최근 제프리 힌튼은 자신이 역전파에 대해 깊은 의심을 품고 있으며 역전파의 대안을 찾는 노력을 해야 한다는 의견을 냈다.

3장

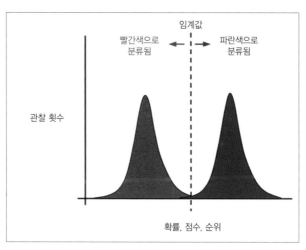

p.110

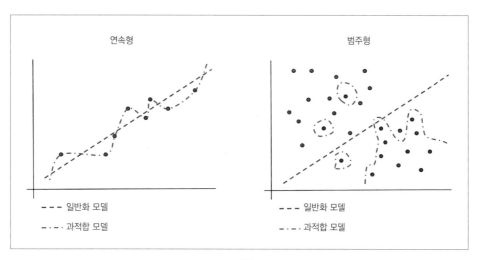

p.113

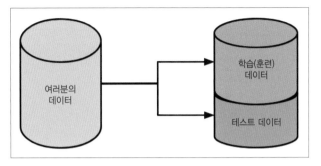

p.114

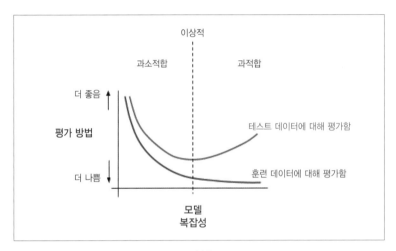

p.116

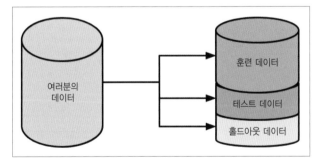

p.120

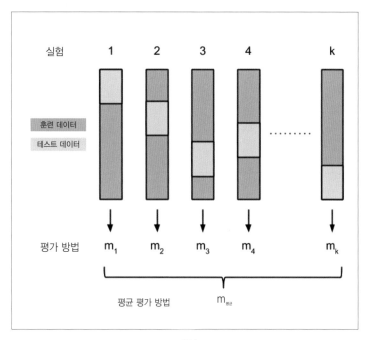

p.121

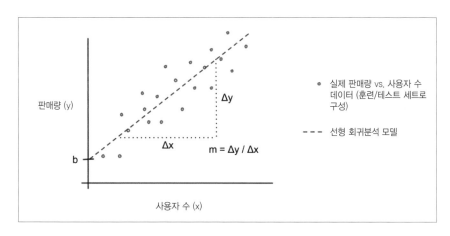

p.128

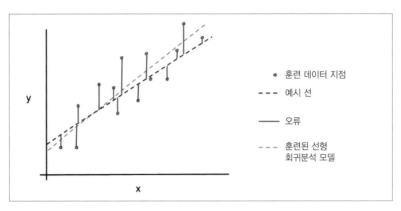

●	훈련 데이터 지점
---	예시 선
——	오류
---	훈련된 선형 회귀분석 모델

p.129

5장

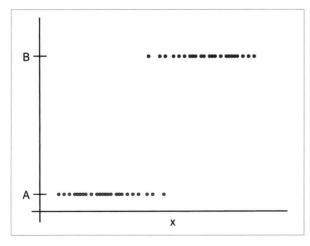

p.166

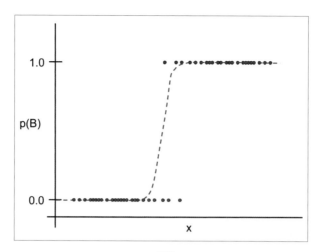

p.169

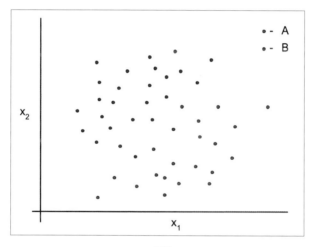

p.189

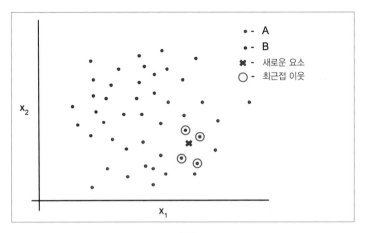

p.190

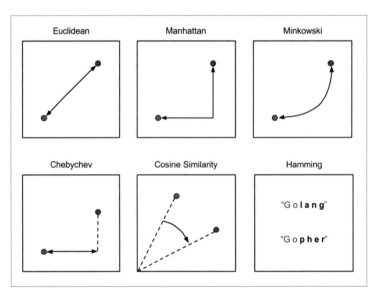

p.208

378

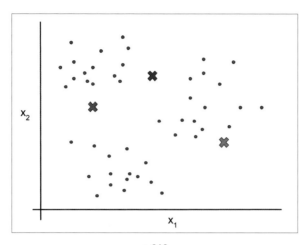

p.218

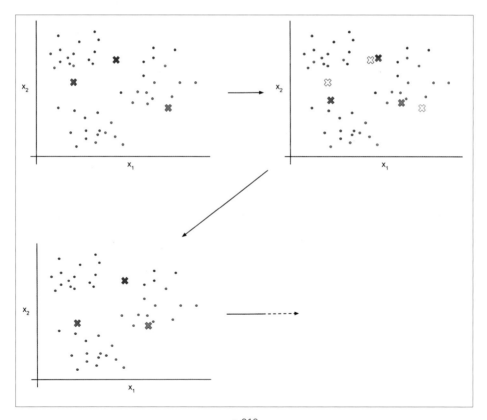

p.219

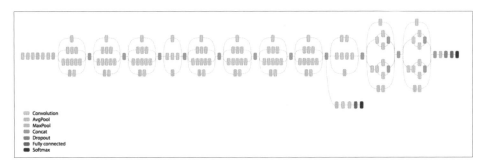

p.299

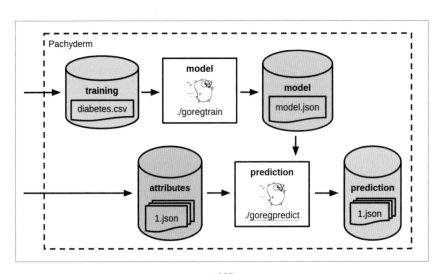

p.337

찾아보기

에이콘출판의 기틀을 마련하신 故 정완재 선생님 (1935-2004)

Go를 활용한 머신 러닝

Go 프로그래밍 언어를 사용해 회귀분석, 분류, 클러스터링, 시계열 모델, 신경망 및 딥러닝 구현하기

발 행 | 2019년 1월 31일

지은이 | 다니엘 화이트낵
옮긴이 | 장 세 윤

펴낸이 | 권 성 준
편집장 | 황 영 주
편 집 | 배 혜 진
디자인 | 박 주 란

에이콘출판주식회사
서울특별시 양천구 국회대로 287 (목동)
전화 02-2653-7600, 팩스 02-2653-0433
www.acornpub.co.kr / editor@acornpub.co.kr

한국어판 ⓒ 에이콘출판주식회사, 2019, Printed in Korea.
ISBN 979-11-6175-266-2
ISBN 978-89-6077-210-6 (세트)
http://www.acornpub.co.kr/book/ml-with-go

이 도서의 국립중앙도서관 출판시도서목록(CIP)은 서지정보유통지원시스템 홈페이지(http://seoji.nl.go.kr)와
국가자료공동목록시스템(http://www.nl.go.kr/kolisnet)에서 이용하실 수 있습니다.(CIP제어번호: CIP2019002448)

책값은 뒤표지에 있습니다.